Erweiterung eines betriebswirtschaftlichen Praktikums zum Zwecke der Personalauswahl

Dissertation
zur Erlangung des Grades eines Doktors der Wirtschaftswissenschaften
der Rechts- und Wirtschaftswissenschaftlichen Fakultät
der Universität Bayreuth

vorgelegt
von

Ewald Schamel

aus Glashütten

Dekan:	Prof. Dr. Jochen Sigloch
Erstberichterstatter:	Prof. Dr. Dr. h. c. Peter Rütger Wossidlo
Zweitberichterstatter:	Prof. Dr. Heymo Böhler
Tag der mündlichen Prüfung:	12.02.2010

Ewald Schamel

**Das betriebswirtschaftliche Praktikum
als Instrument zur Personalauswahl**

GABLER RESEARCH

Ewald Schamel

Das betriebswirtschaftliche Praktikum als Instrument zur Personalauswahl

Mit einem Geleitwort von
Prof. Dr. Dr. h. c. Peter Rütger Wossidlo

RESEARCH

Bibliografische Information der Deutschen Nationalbibliothek
Die Deutsche Nationalbibliothek verzeichnet diese Publikation in der
Deutschen Nationalbibliografie; detaillierte bibliografische Daten sind im Internet über
<http://dnb.d-nb.de> abrufbar.

Dissertation Universität Bayreuth, 2010

1. Auflage 2010

Alle Rechte vorbehalten
© Gabler Verlag | Springer Fachmedien Wiesbaden GmbH 2010

Lektorat: Ute Wrasmann | Stefanie Loyal

Gabler Verlag ist eine Marke von Springer Fachmedien.
Springer Fachmedien ist Teil der Fachverlagsgruppe Springer Science+Business Media.
www.gabler.de

Das Werk einschließlich aller seiner Teile ist urheberrechtlich geschützt. Jede Verwertung außerhalb der engen Grenzen des Urheberrechtsgesetzes ist ohne Zustimmung des Verlags unzulässig und strafbar. Das gilt insbesondere für Vervielfältigungen, Übersetzungen, Mikroverfilmungen und die Einspeicherung und Verarbeitung in elektronischen Systemen.

Die Wiedergabe von Gebrauchsnamen, Handelsnamen, Warenbezeichnungen usw. in diesem Werk berechtigt auch ohne besondere Kennzeichnung nicht zu der Annahme, dass solche Namen im Sinne der Warenzeichen- und Markenschutz-Gesetzgebung als frei zu betrachten wären und daher von jedermann benutzt werden dürften.

Umschlaggestaltung: KünkelLopka Medienentwicklung, Heidelberg
Gedruckt auf säurefreiem und chlorfrei gebleichtem Papier
Printed in Germany

ISBN 978-3-8349-2479-7

Geleitwort

Das Herausfiltern geeigneter Personen für vorgegebene betriebliche Aufgabenbereiche stellt eine der wichtigsten aperiodischen Managementaufgaben dar. Insbesondere für kaufmännische und technische Führungstätigkeiten entwickelte die Forschung verschiedene methodische Konzepte, um eine möglichst treffsichere Vorhersage über die Eignung der zur Wahl stehenden Kandidaten zu gewinnen. Unter diesen Konzepten ist das sogenannte Assessment Center (abgeleitet von dem englischen Wort to assess, also einschätzen, bewerten) wohl das anspruchvollste und ausgereifteste Verfahren. Dabei handelt es sich um ein meist mehrere Tage dauerndes Untersuchungsverfahren, das verschiedene Einschätzungsmethoden kombiniert, um gut fundierte Informationen zu den Ausprägungen vorher festgelegter Persönlichkeitsmerkmale zu erarbeiten, die zusammen ein möglichst vollständiges Persönlichkeitsbild der Kandidaten liefern sollen. An der Einschätzung sind aus Neutralitätsgründen mehrere Juroren (Assessoren genannt) beteiligt.

Die Methoden des Assessment Centers sind in der Fachliteratur, aber auch in der Praxis nicht unumstritten, da trotz sachkundiger Festlegung der von den Kandidaten zu lösenden Problemstellungen, der Wahl realistischer Problemumwelten und Rollenvorgaben und der Heranziehung fähiger Beurteiler die Übereinstimmung zwischen vorhergesagter und tatsächlicher Eignung der Kandidaten unbefriedigend bleibt. Neben dieser mangelnden Prognosevalidität werden u. a. die nicht unbeträchtlichen Kosten und die Zeitopfer für die Abstellung der Juroren, die letztlich doch immer künstlich anmutenden Problemstellungen und Situationen sowie die knappe Zeit für die Beurteilung gegen das Assessment Center ins Feld geführt.

Der Verfasser der vorliegenden Arbeit gibt sich mit dem derzeitigen Stand nicht zufrieden und fragt, ob sich das methodische Konzept des Assessment Centers nicht mit einem anderen Ausbildungselement, dem betrieblichen Praktikum, verbinden lässt. Schon auf den ersten Blick deuten sich beachtliche Vorzüge an: Die Nachwuchsauslese kann systematisch, periodisch ablaufen, die Beobachtung der Kandidaten kann über viele Wochen verteilt und wiederholbar erfolgen, die zu lösenden Problemstellungen sind realistisch, der jeweiligen Arbeitsumwelt unmittelbar entnommen und im Bedarfsfalle um zusätzliche Arbeitsaufträge zur Einschätzung wichtiger Persönlichkeitseigenschaften zu erweitern. Ewald Schamel, der lange Zeit an der Entwicklung des bekannten Gelenkten betrieblichen Praktikums der Universität Bayreuth mitarbeitete, dort auch verantwortlich an Längsschnittbefragungen von Studenten mitwirkte und später im deutschen Kammerwesen als Leiter der beruflichen Aus- und Weiterbildung arbeitete bringt hervorragende Vorkenntnisse für die vorliegende Untersuchung mit.

Die Abhandlung „Erweiterung eines betriebswirtschaftlichen Praktikums zum Zwecke der Personalauswahl" wird sicherlich die theoretische Diskussion um das Assessment Center, die in den letzten Jahren ein wenig zum Stillstand gekommen ist, um eine innovative Facette bereichern. Die Arbeit ist aber mindestens ebenso allen für Neuerungen aufgeschlossenen Personalverantwortlichen der Praxis zu empfehlen, weil sie systematisch aufzeigt, wie die Effektivität sowohl des klassischen Praktikums als auch des Assessment Centers ohne hohe zusätzliche Kosten verbessert werden kann und wo die Grenzen einer solchen erweiterten Konzeption liegen. Die Arbeit bietet schließlich allen Studierenden, die sich auf das ihnen bevorstehende betriebliche Praktikum vorbereiten, eine Fülle interessanter Einblicke und Hinweise, weil sie die aktuellen Praktikumsordnungen der deutschen Hochschulen systematisch analysiert und sich auf die Auswertung der Erfahrungsberichte von hunderten Studenten stützt.

Prof. Dr. Dr. h. c. Peter Rütger Wossidlo
Universität Bayreuth

Vorwort

Nach meinem Studium der Betriebswirtschaftslehre verblieb ich für mehrere Jahre an der Universität Bayreuth, um unter der Leitung von Prof. Dr. Dr. h. c. Peter Rütger Wossidlo an der Weiterentwicklung und dem Ausbau des Gelenkten Bayreuther Praktikanten-Programms mitzuarbeiten. Das Bayreuther Praktikums-Modell, das von einer Wirtschafts-Wissenschafts-Kommission entwickelt wurde, bestand aus drei Teilen: Dem gelenkten Bayreuther Pflichtprogramm für ein sechsmonatiges Praktikum im Diplomstudium, dem studienbegleitenden MASTER-Praktikum für fortgeschrittene Studenten und dem Auslandspraktikum.

Zu Beginn meiner Tätigkeit kooperierte die Universität Bayreuth mit rund fünfzig, meist regional tätigen Unternehmen, die regelmäßig Praktikumsplätze für die Bayreuther Studierenden zur Verfügung stellten. Unserer Begeisterung für das Praktikum war es zu verdanken, dass wir das Bayreuther-Praktikum zum Größten seiner Art an einer europäischen Universität ausbauen konnten. In den neunziger Jahren wurden wir von 300 Unternehmen im Inland und 150 im europäischen und außereuropäischen Ausland unterstützt. Die Argumente zur Gewinnung der Unternehmen waren vielfältig. Immer hoben wir jedoch hervor, dass das Praktikum nicht nur einen Nutzen für die Studierenden, sondern auch für die Unternehmen mit sich bringt.

In meinen späteren Berufsjahren bei verschiedenen Industrie- und Handelskammern zeigte sich mir, dass Unternehmen durchweg Praktikanten ausbilden, die Möglichkeiten des Praktikums jedoch nicht ausschöpfen. Insbesondere die Informationen, die sich während der Beobachtung der Praktikanten bei der Aufgabenerfüllung ergeben, werden nur unzureichend ausgewertet und genutzt. Als in den vergangenen Jahren die Anwendung des Assessment Centers auch für die Personalauslese in mittelständischen Unternehmen empfohlen wurde, entstand der Wunsch eine Dissertation anzufertigen, die sich mit der Potentialbeurteilung im betriebswirtschaftlichen Praktikum auseinandersetzt.

Mein herzlicher und aufrichtiger Dank gilt Herrn Prof. Dr. Dr. h. c. Peter Rütger Wossidlo, der mich zur Anfertigung der Dissertation ermutigte und den Weg bis zur Fertigstellung mit persönlichem Engagement begleitete. Seine ständige Bereitschaft zu fachlichen Diskussionen und persönlichen Gesprächen mit vielen wertvollen Ratschlägen und konstruktiven Anregungen hat maßgeblich zur Realisierung der Arbeit beigetragen.

Danken möchte ich auch den Unternehmern und Personalleitern, die mir im Gespräch und bei Betriebsbesichtigungen über die Ausgestaltung der Praktika in ihren Unternehmen bereitwillig Auskunft gaben. Durch den Kontakt mit der betrieblichen Praxis gewann ich einen realistischen Blick für das Machbare. Zu Dank verpflichet bin ich darüber hinaus Frau Martina Oberndorfer und Herrn Burkhard Szech, die die Arbeit Korrektur lasen und zur verlagsgerechten Aufbereitung beitrugen. Herrn Prof. Dr. Heymo Böhler gilt mein Dank für seine Bereitschaft zur Übernahme des Zweitgutachtens.

Mein größter Dank gilt jedoch meinen Eltern, vor allem meiner Mutter.

Ewald Schamel

Inhaltsverzeichnis

Geleitwort V

Vorwort VII

Inhaltsverzeichnis IX

Abbildungsverzeichnis XIII

Tabellenverzeichnis XV

Abkürzungsverzeichnis XIX

1 Einführung 1
1.1 Problemstellung 1
1.2 Zielsetzung, Methodik und Aufbau der Arbeit 7

2 Das betriebswirtschaftliche Praktikum 9
2.1 Entwicklung 9
2.2 Zielsetzung 24
2.3 Ausgestaltung 28
   2.3.1 Vorgaben zum Ausbildungsprozess 28
      2.3.1.1 Zeitliche Vorgaben 28
         2.3.1.1.1 Gesamtdauer des Praktikums 29
         2.3.1.1.2 Teilbarkeit des Praktikums 35
         2.3.1.1.3 Zeitliche Platzierung der Praktika im Studienverlauf ... 37
      2.3.1.2 Inhaltliche Vorgaben 40
      2.3.1.3 Vorgaben zu den Ausbildungstechniken 45
   2.3.2 Vorgaben zur Ausbildungsstätte 50
      2.3.2.1 Qualifikation der Ausbilder 50
      2.3.2.2 Branchenzugehörigkeit und Größe der Ausbildungsstätte 51
   2.3.3 Administrative Vorgaben zum Praktikum 53
      2.3.3.1 Praktikumsvertrag 54
      2.3.3.2 Praktikumsvergütung 55
      2.3.3.3 Praktikumsnachweis 58
   2.3.4 Befreiung vom Praktikum 60

2.4	Bewährung	62
2.5	Perspektiven	67

3	**Das Assessment Center**		**71**
3.1	Entwicklung		72
3.2	Zielsetzung		77
3.3	Gestaltungsprozess und -prinzipien		79
	3.3.1	Bestimmung der Persönlichkeitsanforderungen	80
	3.3.2	Operationalisierung der Persönlichkeitsanforderungen	82
	3.3.2.1	Rollenspiele	83
	3.3.2.2	Fact-Finding	85
	3.3.2.3	Fallstudien	86
	3.3.2.4	Kurzfälle	88
	3.3.2.5	Präsentationen	89
	3.3.2.6	Gruppendiskussionen	90
	3.3.2.6.1	Führerlose Gruppendiskussion	91
	3.3.2.6.2	Geführte Gruppendiskussion	93
	3.3.2.6.3	Gruppendiskussion mit Rollenvorgaben	94
	3.3.2.7	Video-Simulationen	94
	3.3.2.8	Prüfen und Verfassen von Schriftstücken	95
	3.3.2.9	Organisationsaufgaben	96
	3.3.2.10	Postkorbbearbeitung	97
	3.3.2.11	Planspiele	98
	3.3.3	Auswahl der Assessoren	99
	3.3.4	Schulung der Assessoren	101
	3.3.5	Auswahl der Probanden	103
	3.3.6	Datenerhebung, -auswertung und -interpretation	104
	3.3.7	Beobachterkonferenz und Feedbackgespräche	107
3.4	Kriteriumsvalidität des Assessment Centers und Möglichkeiten der Eignungsbeurteilung im betriebswirtschaftlichen Praktikum		109

4.	**Eine Konzeption zur systematischen Erweiterung eines betriebswirtschaftlichen Praktikums zum Zwecke der Personalauswahl**	**119**
4.1	Initiierung und Förderung des Vorhabens	119
4.2	Bestimmung der Persönlichkeitsanforderungen	124

4.3 Definition, Explikation und Operationalisierung der Persönlichkeitsanforderungen und Implementierung der erarbeiteten Aufgabenstellungen in den Ausbildungsplan 128
   4.3.1 Mündliche Ausdrucksflüssigkeit 129
      4.3.1.1 Definition und Explikation 130
      4.3.1.2 Operationalisierung 130
         4.3.1.2.1 Besprechung der Praktikumserwartungen 131
         4.3.1.2.2 Vorstellung bei der Geschäftsführung 133
   4.3.2 Schriftliche Ausdrucksflüssigkeit 134
      4.3.2.1 Definition und Explikation 135
      4.3.2.2 Operationalisierung 135
         4.3.2.2.1 Entwerfen von Schriftstücken 136
         4.3.2.2.2 Protokollführung bei Team-Meetings 137
         4.3.2.2.3 Führung eines Berichtsheftes 138
   4.3.3 Originalität 139
      4.3.3.1 Definition und Explikation 139
      4.3.3.2 Operationalisierung 140
         4.3.3.2.1 Bearbeitung von Sonderaufgaben 140
         4.3.3.2.2 Erarbeitung von Redemanuskripten 142
         4.3.3.2.3 Erstellung von Präsentationen 143
         4.3.3.2.4 Teilnahme am Brainstorming 144
   4.3.4 Schlussfolgerndes Denken 145
      4.3.4.1 Definition und Explikation 146
      4.3.4.2 Operationalisierung 147
         4.3.4.2.1 Analyse von Datenbeständen 147
         4.3.4.2.2 Bewertung gesetzlicher Neuerungen 148
         4.3.4.2.3 Bearbeitung einer betrieblichen Fachaufgabe 150
            4.3.4.2.3.1 Charakteristik 150
            4.3.4.2.3.2 Durchführung 151
            4.3.4.2.3.3 Beurteilung aus testtheoretischer Sicht 153
   4.3.5 Urteilsfähigkeit 155
      4.3.5.1 Definition und Explikation 156
      4.3.5.2 Operationalisierung 157
         4.3.5.2.1 Teilnahme an der Ad-hoc-Besprechung zwischen Vorgesetztem und Mitarbeiter 157
         4.3.5.2.2 Teilnahme an der Ad-hoc-Besprechung zwischen Führungskräften 158

4.3.5.2.3 Teilnahme an Bewerbungsgesprächen 159
4.3.6 Sensibilität 160
    4.3.6.1 Definition und Explikation 160
    4.3.6.2 Operationalisierung 161
        4.3.6.2.1 Gespräch mit Fachexperten im Unternehmen 161
        4.3.6.2.2 Teilnahme an betriebsinternen Veranstaltungen 162
4.3.7 Initiative 163
    4.3.7.1 Definition und Explikation 164
    4.3.7.2 Operationalisierung 165
        4.3.7.2.1 Mitarbeit in einer Praktikantenprojektgruppe 165
        4.3.7.2.2 Teilnahme an der betrieblichen Weiterbildung 167
4.3.8 Selbstvertrauen 168
    4.3.8.1 Definition und Explikation 169
    4.3.8.2 Operationalisierung 170
        4.3.8.2.1 Teilnahme an ehrenamtlichen Veranstaltungen 170
        4.3.8.2.2 Teilnahme an außerberuflichen Veranstaltungen 171
4.3.9 Risikobereitschaft 173
    4.3.9.1 Definition und Explikation 173
    4.3.9.2 Operationalisierung 174
        4.3.9.2.1 Bewertung von Entscheidungsvorlagen 174
        4.3.9.2.2 Besprechung der Praktikumserfahrungen und der Berufspläne 175
4.4 Auswahl der Assessoren für die Verhaltensbeobachtung im Praktikum 176
4.5 Einweisung und Schulung der Assessoren in die Verhaltensbeobachtung im Praktikum 178
4.6 Vorauswahl der Praktikanten 181
4.7 Durchführung des Praktikums 183
4.8 Auswertung der Verhaltensbeobachtungen 185
4.9 Erstellung der Bewährungsprognose in der Assessorenkonferenz 187
4.10 Feedback an die Praktikanten und Planung der weiteren Zusammenarbeit 189

5. Schlussbetrachtung 193

Literaturverzeichnis 195

Anhang 207

Abbildungsverzeichnis

Abb. 1: Beurteilung der Praktikumsdauer von sechs Monaten (2003/1988) 33

Abb. 2: Alternative Zeitraumvorstellungen für ein Praktikum von sechs Monaten Dauer (2003) 34

Abb. 3: Platzierung der Praktika im Studienverlauf (2003/1988) 39

Abb. 4: Verteilung der Praktika auf verschiedene Abteilungen in Industriebetrieben (2003) 41

Abb. 5: Verteilung der Praktika auf verschiedene Abteilungen in Industriebetrieben (1988) 41

Abb. 6: Verteilung der Praktika auf verschiedene Abteilungen in Bankbetrieben (2003) 42

Abb. 7: Verteilung der Praktika auf verschiedene Abteilungen in Bankbetrieben (1988) 42

Abb. 8: Das Niveau der Praktikumstätigkeit im Urteil der Studierenden (2003/1988) 43

Abb. 9: Zufriedenheit mit der Einarbeitung (2003/1988) 47

Abb. 10: Zufriedenheit mit den Hilfestellungen (2003/1988) 47

Abb. 11: Vorhandensein eines Ausbildungsplans (2003/1988) 48

Abb. 12: Beurteilung der Qualität des Ausbildungsplans (2003/1988) 49

Abb. 13: Branchenverteilung absolvierter Praktika (2003/1988) 52

Abb. 14: Betriebsgrößenverteilung absolvierter Praktika (2003/1988) 53

Abb. 15: Beurteilung der Praktikanten-Vergütung durch die Studierenden (2003/1988) 57

Abb. 16: Konkretisierung der von der Universität Bayreuth vermittelten abstrakten Lehrinhalte (2003/1988) 64

Abb. 17:	Erfassung des Zusammenspiels der betrieblichen Teilbereiche (2003/1988)	64
Abb. 18:	Schärfung des Blicks für die „Unternehmensrealität" und die aktuellen Probleme der Betriebsführung (2003/1988)	65
Abb. 19:	Eingewöhnung in die „Spielregeln der Mitarbeit", in den Betrieb als „soziales System" (2003/1988)	65
Abb. 20:	Aktive Mitarbeit in intellektuellen wie auch in technischen Prozessen (2003/1988)	66
Abb. 21:	Gesamtnutzen des Praktikums für die weitere Ausbildung (2003/1988)	66
Abb. 22:	Ablauf der betrieblichen Fachaufgabe	152
Abb. 23:	Beispiel einer Verhaltensniederschrift	184
Abb. 24:	Beispiel einer Verhaltensklassifizierung	186

Tabellenverzeichnis

Tab. 1: Das Ausbildungsprogramm der Schmalenbach-Gesellschaft 14

Tab. 2: Der Stellenwert des Praktikums im betriebswirtschaftlichen Bachelorstudium an deutschen Universitäten (2009/10) 23

Tab. 3: Die Ziele des Praktikums im betriebswirtschaftlichen Bachelorstudium an deutschen Universitäten (2009/10) .... 25 ff.

Tab. 4: Die Dauer des Praktikums im betriebswirtschaftlichen Bachelorstudium an deutschen Universitäten (2009/10) 30

Tab. 5: Der Zusammenhang zwischen Fachstudiendauer und Praktikumsdauer im betriebswirtschaftlichen Diplomstudium an deutschen Universitäten 31

Tab. 6: Die Teilbarkeit des Praktikums im betriebswirtschaftlichen Bachelorstudium an deutschen Universitäten (2009/10) 36

Tab. 7: Die Platzierung des Praktikums im betriebswirtschaftlichen Bachelorstudium an deutschen Universitäten (2009/10) 38

Tab. 8: Das Tätigkeitsspektrum im Praktikum in Prozent der Arbeitszeit (2003/1988) 44

Tab. 9: Die Vergütung des Praktikums im betriebswirtschaftlichen Diplomstudium an der Universität Bayreuth (2003/1988) 56

Tab. 10: Die durchschnittliche tarifliche Ausbildungsvergütung über Berufe und Ausbildungsjahre in Industrie und Handel in den alten Bundesländern 58

Tab. 11: Die Anforderungen an den Praktikumsbericht im betriebswirtschaftlichen Bachelorstudium an deutschen Universitäten (2009/10) 60

Tab. 12: Die Anerkennung kaufmännischer Berufspraxis auf die Praktikumsdauer im betriebswirtschaftlichen Bachelorstudium an deutschen Universitäten (2009/10) 62

Tab. 13: Beispiele für Rollenspiele im Assessment Center 84

Tab. 14: Beispiele für Fact-Finding Übungen im Assessment Center 86

Tab. 15:	Ablaufplan eines Beobachtertrainings	102
Tab. 16:	Zeitplan einer Datenerhebung für eine von drei Beobachtergruppen	106
Tab. 17:	Beispiel einer qualitativen Ergebniszusammenführung	107
Tab. 18:	Beispiel einer quantitativen Urteilsbildung	108
Tab. 19:	Meta-Analyse zur Validität des Assessment Centers	110
Tab. 20:	Struktur und Themen der Gespräche zur Initiierung des Vorhabens	123
Tab. 21:	Das Ergebnis einer Anforderungsanalyse im Praktikum	128
Tab. 22:	Definition und Explikation der mündlichen Ausdrucksflüssigkeit	130
Tab. 23:	Leitfaden zur Klärung der Praktikumserwartungen	132
Tab. 24:	Leitfaden zum Kennen lernen des Praktikanten	133
Tab. 25:	Definition und Explikation der schriftlichen Ausdrucksflüssigkeit	135
Tab. 26:	Beispiele für im Praktikum zu entwerfende Schriftstücke	136
Tab. 27:	Definition und Explikation der Originalität	140
Tab. 28:	Beispiele für im Praktikum zu bearbeitende Sonderaufgaben	142
Tab. 29:	Beispiele für im Praktikum zu entwerfende Reden	143
Tab. 30:	Definition und Explikation des schlussfolgernden Denkens	146
Tab. 31:	Beispiele für im Praktikum zu analysierende Datenbestände	148
Tab. 32:	Gesetzliche Neuerungen 2009	149
Tab. 33:	Zuordnung der Aufgaben zu Merkmalen in einer betrieblichen Fachaufgabe	154
Tab. 34:	Definition und Explikation der Urteilsfähigkeit	156

Tab. 35:	Definition und Explikation der Sensibilität	161
Tab. 36:	Beispiele für betriebsinterne Veranstaltungen	163
Tab. 37:	Definition und Explikation der Initiative	165
Tab. 38:	Beispiele für Aufgaben einer Praktikantenprojektgruppe	166
Tab. 39:	Methoden der betrieblichen Weiterbildung	168
Tab. 40:	Definition und Explikation des Selbstvertrauens	170
Tab. 41:	Beispiele für ehrenamtliche Veranstaltungen	171
Tab. 42:	Beispiele für Organisationen mit außerberuflichen Veranstaltungen	172
Tab. 43:	Definition und Explikation der Risikobereitschaft	174
Tab. 44:	Leitfaden zur Besprechung der Praktikumserfahrungen und der Berufspläne	176
Tab. 45:	Tagesordnung für die Einweisung und Schulung der Assessoren in die Verhaltensbeobachtung im Praktikum	179
Tab. 46:	Das Ergebnis einer Datenkombination im Praktikum	189

Abkürzungsverzeichnis

1. Allgemeine Abkürzungen

Abb.	Abbildung
Aufl.	Auflage
bzw.	beziehungsweise
ca.	circa
etc.	etcetera
f.	folgende
ff.	fortfolgende
Hrsg.	Herausgeber
o. ä.	oder ähnliches
r	Korrelationskoeffizient
S.	Seite, Seiten
sog.	sogenannte
Tab.	Tabelle
u. a.	und andere, unter anderem
vgl.	vergleiche
z. B.	zum Beispiel

2. Zeitschriften und Handbücher

AD	Assessment and Development
ARoP	Annual Review of Psychology
DBW	Die Betriebswirtschaft
HBM	Harvard Business Manager
HM	Harper´s Magazine
HRM	Human Resource Management
IRoIOP	International Review of Industrial and Organizational Psychology
JoAP	Journal of Applied Psychology
JoP	Journal of Psychology
PB	Psychological Bulletin
PP	Personnel Psychology
PuP	Psychologie und Praxis
ZfbF	Zeitschrift für betriebswirtschaftliche Forschung
ZfhF	Zeitschrift für handelswissenschaftliche Forschung
ZfO	Zeitschrift für Organisation

1 Einführung

1.1 Problemstellung

Die Personalauswahl ist ein Aufgabengebiet, das sich in allen Organisationen auf Grund der Tatsache ergibt, dass der Mensch zur Steuerung und Durchführung von Aufgabenprozessen erforderlich ist[1]. Nun wäre die Personalauswahl eine ökonomisch unbedeutende Aufgabe, könnte man unterstellen, dass das Verhalten eines jeden Menschen auf die gleiche biologische Veranlagung[2] zurückzuführen sei. Man könnte in einem solchen Falle aus der Menge der Bewerber willkürlich auswählen und die Ausgewählten durch Einarbeitungsprogramme[3] auf das zu übertragende Aufgabengebiet vorbereiten. Unter der Annahme einer gleichen Veranlagung könnte man folgern, dass Menschen zu gleichem Verhalten imstande sind und bei der Aufgabensteuerung und -erfüllung auch prinzipiell zu nahezu gleichen Ergebnissen kommen müssten. Die betriebliche Personalauswahl geht allerdings von einem anderen Persönlichkeitsmodell[4] aus. Sie unterstellt, dass Menschen über unterschiedliche Veranlagungen verfügen (die zudem in unterschiedlichen Ausprägungsgraden gegeben sind), so dass sich unterschiedliches Verhalten und bei der Erledigung betrieblicher Aufgaben auch unterschiedliche Leistung zeigt[5].

Um bei der Suche nach geeignetem Personal die Gefahr von Fehlentscheidungen zu reduzieren, findet sich schon seit geraumer Zeit die Empfehlung, die Auswahlentscheidung methodisch zu fundieren[6]. Hierfür bedarf es zweierlei Informationen[7]:

---

[1] vgl. Kompa, A., Personalauswahl (1989), S. 1
[2] vgl. Allport, G. W., Persönlichkeit (1949), S. 126
[3] vgl. Verfürth, C., Einarbeitung (2008), S. 131 ff.
[4] vgl. Pervin, L. A., Cervone, D., John, O. P., Persönlichkeitstheorien (2005), S. 26 ff.
[5] vgl. Pawlik, K., Praxisdimensionen (1976), S. 18
[6] vgl. Jäger, A. O., Personalauslese (1970), S. 614
[7] vgl. Maukisch, H., Einführung (1978), S. 107

1. Wissen über Persönlichkeitsmerkmale, die für die zu besetzende Position erfolgsrelevant sind und

2. Informationen über den Ausprägungsgrad der erfolgsrelevanten Persönlichkeitsmerkmale bei den Bewerbern.

Auf der Grundlage dieser beiden Informationen, lässt sich mithilfe einer Entscheidungsregel eine methodisch fundierte Prognose erstellen[8], mit der sich betriebliche Auswahlentscheidungen absichern lassen.

Betrachtet man die Vorgehensweisen, die Unternehmen bei der Potentialbeurteilung von Hochschulabsolventen heranziehen, dann zeigt sich, dass sich das aus dem amerikanischen Bereich stammende Assessment Center[9] - zumindest bei den größeren Unternehmen - durchgesetzt hat[10]. Es handelt sich hierbei um ein ein bis drei Tage benötigendes Testverfahren, das auf der Annahme basiert, dass Menschen im Umgang mit komplexen Situationen Verhaltensweisen zeigen, die zur Messung von Führungseigenschaften bedeutsam sind[11]. Um diese Verhaltensweisen zu stimulieren, bearbeiten die Probanden sog. situative Testaufgaben, die je nach Aufgabentyp von diesen einzeln, in Zusammenarbeit mit Rollenspielern oder in Kleingruppen zu bewältigen sind. Während der Aufgabenbearbeitung werden die Probanden von ausgewählten Assessoren (in der Regel Führungskräften) beobachtet und in ihrem Verhalten protokolliert. Im Anschluss an die Datenauswertung treffen sich die Assessoren zu einer Gruppendiskussion, um die Ausprägungsgrade der vorgegebenen Persönlichkeitsmerkmale einzuschätzen und für jeden Probanden eine Bewährungsprognose zu erstellen[12]. Wie Methodenvergleiche belegen, zählt diese Vorgehensweise heute zu den leistungsfähigsten

---

[8] vgl. Maukisch, H., Einführung (1978), S. 107
[9] vgl. Thornton III, G. C., Assessment Centers (1992), S. 1 ff.
[10] so wird in der aktuellen Studie des Arbeitskreises Assessment Center e. V. berichtet, dass von 281 deutschsprachigen Organisationen, die sich an der Studie beteiligten, 141 Organisationen (ca. 50 %) Assessment Center einsetzen. Vgl. Arbeitskreis Assessment Center e. V., Assessment Center-Studie 2001, <www.arbeitskreis-ac.de/start40.htm> (Zugriff am 19.08.2009)
[11] vgl. Obermann, C., Assessment Center (2006), S. 12 ff.
[12] vgl. Obermann, C., Assessment Center (2006), S. 12 ff.

ihrer Art[13]. Die Ergebnisse zeigen aber auch, dass mit dem Assessment Center Probleme grundsätzlicher Art verbunden sind, die dazu führen, dass die recht hohen Erwartungen[14] an diese Art des Testverlaufes bei Weitem noch nicht realisiert werden konnten.

Im Wesentlichen sind zwei grundsätzliche Schwierigkeiten bei der Durchführung eines Assessment Centers zu beachten:

1. Die künstlich hergestellte Testsituation kann zur Verfälschung des Verhaltens der Probanden (bewusst oder unbewusst) führen[15].
2. Die situativen Testaufgaben sind zur Einschätzung bestimmter Persönlichkeitseigenschaften nicht geeignet, da die Testdauer zur Gewinnung valider Indikatoren zu kurz ist[16].

Zur Umgehung dieser Probleme finden sich in der Literatur verschiedene Empfehlungen:

Berthel/Diesner/DeGrave/Langosch/Watzka[17] schlagen vor, die Verlaufsdauer des Assessment Centers von üblicherweise ein bis drei Tagen auf mindestens sieben Tage auszudehnen. Sie modellierten hierfür ein Planspiel, das eine Reiseunternehmung in ihrem Entscheidungsablauf simuliert und jeweils zwölf Probanden unterschiedliche Rollen in abwechselnder Reihenfolge zuordnet. Während der gesamten Woche werden die Probanden von mehreren Asses-

---

[13] vgl. Schmidt, F. L., Ones, D. S., Hunter, J. E., Selection (ARoP 1992), S. 631 ff. Vgl. Robertson, J. T., Iles, P. A., Selection (IRoIOP 1988), S. 168 ff. Vgl. Muchinski, P. M., Selection (IRoIOP 1986), S. 39 ff. Vgl. Smith, M., George, D., Selection (IRoIOP 1992), S. 57 ff. Vgl. Schuler, H., Funke, U., Berufseignungsdiagnostik (1989), S. 292 ff. Vgl. Schuler, H., Funke, U., Eignung (1993), S. 244 ff. Vgl. Schmitt, N., Gooding, R. Z., Noe, R., Kirsch, M., Validity Studies (PP 1984), S. 415 ff. Vgl. Hunter, J. E., Hunter, R. F., Predictors (PB 1984), S. 80 ff. Vgl. Schmidt, F. L., Hunter, J. E., Selection Methods (PB 1998), S. 262 ff.

[14] vgl. Schuler, H., Potentialanalyse (2007), S. 1. ff.

[15] vgl. Bungard, W., Problematik (1987), S. 99 ff. Vgl. Kleinmann, M., Reaktivität (1991), S. 159 ff. Vgl. Kleinmann, M., Stand der Forschung (1997), S. 1 ff.

[16] vgl. Schuler, H., Assessment Center (1987), S. 12 f. Vgl. Obermann, C., Assessment Center (2006), S. 294 f.

[17] vgl. Berthel, J., Diesner, R. A., De Grave, A. J., Langosch, J., Watzka, K., "Swing-Tours", (ZfO 1988), S. 111 ff.

soren fortwährend beobachtet, um Informationen für eine verbesserte Bewährungsprognose zu gewinnen.

Einen Schritt weiter gehen Bungard und Birkham, die neben der Zeitdauer auch die Künstlichkeit der Testsituation im Blick haben.

Bungard[18] empfiehlt auf das Assessment Center völlig zu verzichten und stattdessen auf nicht- bzw. weniger-reaktive Testverfahren auszuweichen.

Gedacht ist an die Vorgesetztenbeurteilung über einen längeren Zeitraum hinweg, die gemessen am späteren Karriereverlauf eine außerordentlich hohe Validität aufzuweisen hat, und zudem wesentlich kostengünstiger zu realisieren ist, als ein ein- bis dreitägiges Aessessment Center. An diese Leistungsbeurteilung knüpft auch Birkham[19] an, der sie mit weiteren Informationen kombinieren möchte, wie z. B. die Beurteilung durch Kollegen oder Kunden.

Obwohl diese Ansätze auf den ersten Blick viel versprechend erscheinen, zeigt sich bei näherer Betrachtung, dass hiermit weitere Schwierigkeiten verbunden sind.

Die zeitliche Verlängerung des Assessment Centers ist grundsätzlich nur mit stark erhöhten Kosten möglich[20], so dass sich der Nutzen einer höheren Prognosevalidität möglicherweise kompensieren würde. Zudem dürfte die Ausdehnung häufig genug an der Unabkömmlichkeit der für die Beobachtung rekrutierten Führungskräfte scheitern. Schon bei ein- bis zweitägigen Tests gibt es in der Praxis immer wieder große Schwierigkeiten wichtige Führungskräfte aus ihren Aufgabenbereichen für das Assessment Center herauszulösen. Gegen den Vorschlag der zeitlichen Verlängerung spricht darüber hinaus die Akzeptanzproblematik[21] bei den Probanden. Stellen wir uns einen Hochschulabsolventen vor, der vier Vorstellungsangebote mit jeweils einem Assessment Center wahrnehmen möchte. Für den Studenten würde dies bedeuten, dass er bereits vier Wochen ausschließlich für Testzwecke bereitste-

---

[18] vgl. Bungard, W., Problematik (1987), S. 113 ff.
[19] vgl. Birkham, G., Assessment Center (2001), S. 164
[20] vgl. Obermann, C., Assessment Center (2006), S. 347
[21] vgl. Schuler, H., Leistungsbeurteilung (1978), S. 143 f.

hen müsste. Stellt man zudem in Rechnung, dass sich die Bewerbungstermine erfahrungsgemäß nicht ohne größere Pausen hintereinander schalten lassen - für die Assessment Center sind in den einzelnen Unternehmungen erhebliche Vorbereitungen zu bewältigen - so ergibt sich auch für die Stellensuchenden ein ganz erhebliches Zeit- und Kostenproblem.

Aber auch die Empfehlung auf die Beurteilung am Arbeitsplatz auszuweichen, bietet keine echte Abhilfe, da sie nur für den Fall von Auswahlentscheidungen bei internen Versetzungen in Betracht kommt[22]. Für das gesamte Spektrum der Auswahl externer Bewerber - zu dem auch der hier betrachtete Fall der von den Universitäten kommenden Nachwuchskräfte zu rechnen ist - stellt die vorgeschlagene Lösung keinen gangbaren Weg dar.

Und dennoch richtet der letztgenannte Vorschlag den Blick bei der Eignungsbeurteilung von Hochschulabsolventen auf eine ganz andere Lösung, nämlich die Nutzung der dauerhaften Beobachtungsmöglichkeiten in realen betrieblichen Arbeitsumgebungen aufgrund von Praktikumsverhältnissen.

Mit der Einführung des Bachelorstudiums zeigt sich nämlich, dass Hochschulen das betriebliche Praktikum in ihr Studienkonzept wieder verstärkt aufnehmen. Es handelt sich hierbei um eine Phase der berufspraktischen Ausbildung, die Studenten während ihrer Hochschulausbildung in einem Unternehmen ableisten. Das Ziel dieser Ausbildungsphase besteht im Wesentlichen in der Erlangung erster Kenntnisse über die Strukturen und Prozesse in einer Einzelwirtschaft und der Aneignung unmittelbar verwertbarer Berufsfertigkeiten. Solche Praktikantenprogramme dauern teilweise mehrere Monate und können von den Studenten in Teilabschnitten über das Studium verteilt abgeleistet werden. Während der Ausbildung sind die Studenten im Unternehmen erfahrenen Mitarbeitern zugeordnet, die durch die Übertragung von Aufgabenstellungen und im persönlichen Gespräch die Vermittlung der vereinbarten Inhalte vornehmen.

---

[22] zu unterschiedlichen personalpolitischen Strategien: Vgl. Jung, H., Personalwirtschaft (2008), S. 136 ff.

Geht man den Weg, in die Praktikantenausbildung verstärkt auch die Führungskräfte des Unternehmens mit einzubinden, dann bietet sich diesen - wie im Assessment Center - die Möglichkeit, Verhalten von Nachwuchskräften bei der Ausführung konkreter Arbeitsaufgaben zu beobachten, allerdings mit bedeutsamen Unterschieden:

1. Die Beobachtung ist nicht auf wenige Stunden beschränkt, sondern kann auf im Prinzip beliebig lange Zeiträume ausgedehnt werden (ohne maßgebliche Kostenerhöhung).
2. Die von Probanden wahrgenommene Testsituation, wird durch den Arbeitsalltag und die dazugehörigen Belastungsfaktoren ersetzt.
3. In die natürliche Arbeitsumgebung können bei Bedarf weitere standardisierte Prüfstationen in Anlehnung an das Assessment Center eingebaut werden, um die Informationsbasis zur Einschätzung bestimmter Persönlichkeitseigenschaften noch zu verbessern.

Entscheiden sich Unternehmen für diesen alternativen Weg der Potentialbeurteilung, dann steht ihnen eine valide und kostengünstige Methode der Auswahl von Hochschulabsolventen zur Verfügung. Darüber hinaus leisten sie mit dem Angebot an Praktikumsplätzen einen wichtigen Beitrag zur Etablierung des Bachelorstudiums in Deutschland.

An diesen Überlegungen setzt die vorliegende Arbeit an.

1.2 Zielsetzung, Methodik und Aufbau der Arbeit

Im Mittelpunkt der Ausführungen steht die Entwicklung einer Vorgehensweise, mit der Unternehmen ein betriebswirtschaftliches Praktikum für Personalauswahlzwecke systematisch erweitern können.

Um dieses Ziel zu erreichen, werden die Gestaltungsprinzipien des Assessment Centers auf das betriebswirtschaftliche Praktikum übertragen und es wird anhand ausgewählter Aufgabenstellungen gezeigt, wie führungsrelevante Eigenschaften in Praktika unter wiederholbaren Bedingungen erfasst werden können. Diese Aufgabenstellungen sind aus den situativen Testverfahren des Assessment Centers abgeleitet und sollen bei der Erarbeitung eigener und betriebsspezifischer Prüfstationen als Hilfestellung dienen.

Die Arbeit ist in insgesamt fünf Kapitel gegliedert:

Nach dieser Einführung wird im folgenden Kapitel 2 das betriebswirtschaftliche Praktikum an deutschen Universitäten vorgestellt. Basierend auf einer Auswertung der Studien- und Prüfungsordnungen der Universitäten wird auf die Entwicklung, Zielsetzung, Ausgestaltung, Bewährung und Perspektiven des betriebswirtschaftlichen Praktikums näher eingegangen.

Um darüber hinaus Prognosen über die Absolvierung des Praktikums im Bachelorstudium machen zu können, wurde eine an der Universität Bayreuth im Jahre 1988 durchgeführte Befragung[23] von 1.302 Diplomstudenten zur Durchführung des betriebswirtschaftlichen Praktikums im Wintersemester 2003/04 in wesentlichen Teilen wiederholt. In diese Folgeuntersuchung konnten 271 Erfahrungsberichte einbezogen werden. Durch die Ergebnisbetrachtung lassen sich Erkenntnisse über die Ableistung von Praktika im Zeitverlauf gewinnen. Diese Informationen sind wichtig, da sie Aufschluss über die bei der Erweiterung des Praktikums zu berücksichtigenden Rahmenbedingungen liefern.

---

[23] vgl. Wossidlo, P. R., Schamel, E., Arnold, W., Winkelmann, P., Sicht der Studierenden (1991), S. 115 ff.

Für Leser, die mit dem Assessment Center bislang noch keine Erfahrungen sammeln konnten, wird im Kapitel 3 dieses personalwirtschaftliche Instrument vorgestellt. Die Entwicklung, Zielsetzung und Bewährung des Verfahrens wird beleuchtet und der Gestaltungsprozess des Assessment Centers und dessen Prinzipien werden verdeutlicht.

Das Kapitel 4 beschäftigt sich mit der systematischen Erweiterung des betriebswirtschaftlichen Praktikums zu Personalauswahlzwecken.

Kapitel 5 enthält eine Schlussbetrachtung.

2 Das betriebswirtschaftliche Praktikum

Das betriebswirtschaftliche Praktikum kann als eine Phase der berufspraktischen Ausbildung verstanden werden, die Studenten der Betriebswirtschaftslehre[24] parallel zu ihrer Ausbildung an der Hochschule in einer Einzelwirtschaft ableisten. Die Zielsetzung besteht in der Gewinnung von Kenntnissen über die realen Prozesse in der Praxis. Das gewonnene Erfahrungswissen soll die Studenten befähigen, die Inhalte von Theorien leichter zu verstehen, ihre Bedeutung und Tragweite genauer abzuschätzen, ihre Defizite zu erkennen und eigenständig zu verbessern. Die Wirkungserwartungen laufen auf Qualitätserhöhung hinaus. Darüber hinaus erwartet man durch die Aneignung von unmittelbar verwertbaren Berufsfertigkeiten einen reibungslosen Übergang in das Beschäftigungssystem sowie eine umfassendere Persönlichkeitsbildung durch die Heranbildung der an Hochschulen nur schwer erlernbaren Fähigkeiten, wie Teamfähigkeit, Führungspotential u. ä.

Um diese Zielsetzungen zu realisieren, haben die Hochschulen heute Praktikumsdauern von bis zu fünf Monaten vorgeschrieben. Während der Ausbildung sind die Studenten in den Fachabteilungen ausgewählten Mitarbeitern zugewiesen, die ihnen am Arbeitsplatz die vereinbarten Inhalte vermitteln.

2.1 Entwicklung

Das betriebswirtschaftliche Praktikum ist nun keine Einrichtung, die erst in diesen Tagen an den Hochschulen entstanden ist, sondern ein Ausbildungsbestandteil, der bereits in den ersten betriebswirtschaftlichen Studiengängen verankert war, dann wieder verschwand, um in den 70iger Jahren und insbesondere heute mit der Umstellung auf europäische Studienabschlüsse teilweise wieder eingeführt zu werden.

---

[24] sprechen wir im Folgenden vom Studiengang "Betriebswirtschaftslehre", so ist hiermit auch der Studiengang der Wirtschaftswissenschaften gemeint. Mit Sicherheit lassen sich auch viele Ergebnisse dieser Untersuchung auf ähnliche Studiengänge wie Volkswirtschaftslehre, Wirtschaftsmathematik, Wirtschaftsinformatik und Wirtschaftsingenieurwesen übertragen, doch konzentriert sich die Arbeit auf die Praktika im betriebswirtschaftlichen Studium, um eine eindeutige abgrenzbare Grundgesamtheit für statistische Erhebungen zu haben

Man muss sich vor Augen halten, dass schon zum Zeitpunkt der Errichtung der ersten betriebswirtschaftlichen Studiengänge das Wissenschaftsziel der Betriebswirtschaftslehre kontrovers gesehen wurde. Insbesondere von Weyermann/Schönitz[25] wurde hervorgehoben, dass die Betriebswirtschaftslehre eine Wissenschaft darstelle, die ausschließlich auf den Erkenntnisgewinn ausgerichtet sei. Eine andere Richtung - die insbesondere von Schmalenbach[26] vertreten wurde - sah die Betriebswirtschaftslehre ebenfalls auf den Erkenntnisgewinn ausgerichtet, räumte dabei aber Sachverhalten ein Vorrecht ein, deren Beschreibung und Erklärung von unmittelbarer Bedeutung für Wirtschaftsorganisationen ist. Die Diskussion darüber, ob die Betriebswirtschaftslehre nun eine zweckfreie Wissenschaft oder eine auf den unmittelbaren Anwendungsbezug gerichtete sein sollte, wurde zur damaligen Zeit nicht entschieden[27]. Mehrheitlich setzte sich wohl die Schmalenbach´sche Auffassung durch[28]. Ihre Repräsentanten[29] forderten auch frühzeitig die Ableistung von Praxisphasen parallel zur Hochschulausbildung. Man wollte damit sicherstellen[30], dass die Studenten sich aus eigener Anschauung über die Problemstellungen der Praxis informieren und auf der Kenntnis dieser Erfahrungen eine Relativierung der an der Hochschule vermittelten Erklärungstheorien vornehmen können. Man erwartete[31] davon Impulse für einen verstärkten Anwendungsbezug in der Forschung bzw. eine Vermeidung vielfältiger Schwierigkeiten, mit denen sich Hochschulabsolventen beim Übertritt in das Berufsleben konfrontiert sehen. Um dies zu realisieren[32], wurde an den Hochschulen die Ableistung eines meist sechsmonatigen Praktikums gefordert, das vor

---

25 vgl. Weyermann, M., Schönitz, H., Privatwirtschaftslehre (1912), S. 46 ff.
26 vgl. Schmalenbach, E., Kunstlehre (ZfhF 1911/12), S. 314 ff.
27 vgl. Wöhe, G., Döring, U., Einführung (2008), S. 22
28 vgl. Wöhe, G., Döring, U., Einführung (2008), S. 22
29 vgl. Memorandum der Schmalenbach-Gesellschaft zur Durchführung eines Praktikums für Studenten der Wirtschaftswissenschaften (ZfbF 1972), S. 705. Vgl. Cordes, W., Laßmann, G., Wirtschaftswissenschaftler (ZfbF 1972), S. 701
30 vgl. Cordes, W., Laßmann, G., Wirtschaftswissenschaftler (ZfbF 1972), S. 701
31 vgl. Cordes, W., Laßmann, G., Wirtschaftswissenschaftler (ZfbF 1972), S. 701
32 vgl. Schnitker, P., Glaser, W., Hamer. E., Unternehmerausbildung (1983), S. 31. Vgl. Bundesanstalt für Arbeit, Diplom-Kaufmann (1986), S. 16

oder während des Studiums absolviert werden konnte. Im Gegensatz zu den heutigen Ausgestaltungen[33] wurden diese von den Hochschulen weder betreut noch gesteuert, sondern den Studenten und den Ausbildungsstätten frei überlassen.

Diese Praxis blieb bis in die 50er Jahre der Regelfall in den betriebswirtschaftlichen Studiengängen[34]. Als sich in der Mitte der 50er Jahre allerdings eine Umkehr in der Auffassung über das Wissenschaftsziel zugunsten einer zweckfreien Betriebswirtschaftslehre vollzog[35], ging die Mehrzahl der Hochschulen auch zur Abschaffung des betriebswirtschaftlichen Praktikums über[36]. Die Änderung des Wissenschaftsziels blieb allerdings nicht unkritisiert. So wurde hervorgehoben, dass die Majorität der seit den 50er Jahren sprunghaft gestiegenen Studentenzahl nicht wegen der Bildung an die Hochschulen gehe, sondern in der Erwartung, sich mit einer wissenschaftlichen Ausbildung für die anspruchsvollen Positionen des Beschäftigungssystems zu qualifizieren[37]. Mit einer ausschließlich zweckfreien wissenschaftlichen Ausbildung könne man den Studenten nicht entgegenkommen, da man ihnen den Übergang in das Berufsleben damit erschwere[38]. Zudem würde dies die Konsequenz mit sich bringen, dass in den Unternehmen umfassende Einarbeitungsprogramme eingerichtet werden müssen[39], um den Studenten den Übertritt zu ermöglichen. Da Staat und Gesellschaft aber erwarten, dass ihnen die Hochschulen den Nachwuchs mit dem erforderlichen Fachwissen ausrüsten[40], sollten sich die Universitäten einer Verstärkung des Anwendungsbezugs in Forschung und Lehre wieder annehmen[41].

33	vgl. Gliederungspunkt 2.3
34	vgl. Bundesanstalt für Arbeit, Diplom-Kaufmann (1986), S. 16
35	vgl. Wöhe, G., Döring, U., Einführung (2008), S. 23
36	vgl. Cordes, W., Laßmann, G., Wirtschaftswissenschaftler (ZfbF 1972), S. 701
37	vgl. Neuhaus, R., Dokumente (1968), S. 91
38	vgl. Neuhaus, R., Dokumente (1968), S. 91
39	vgl. Bundesanstalt für Arbeit, Diplom-Kaufmann (1986), S. 16
40	vgl. Neuhaus, R., Dokumente (1986), S. 91
41	vgl. Neuhaus, R., Dokumente (1986), S. 91

Um die inhaltlichen und organisatorischen Reformarbeiten der Hochschulen auf eine gemeinsame Basis zu stellen, wurde dem Bund von den Ländern 1969 die Kompetenz zur Verabschiedung eines Hochschulrahmengesetzes übertragen[42]. Es setzten intensive Beratungen[43] um die Ausgestaltung dieses Gesetzes ein. Zwei Institutionen meldeten sich zu Worte, die auf die besondere Bedeutung eines praxisorientierten Studiums hinwiesen und die Implementierung eines betriebswirtschaftlichen Praktikums empfahlen. Dies waren die Schmalenbach-Gesellschaft[44] und die Bundesvereinigung der Deutschen Arbeitgeberverbände[45].

Die Schmalenbach-Gesellschaft beklagte die Entwicklung der Hochschulkonzepte zu reinen "Schul-Bildungsgängen"[46]. Sie verwies darauf, dass sich wissenschaftliches Denken nicht in verwertbaren Forschungsergebnissen niederschlagen kann, wenn das Instrumentarium für die praktische Verwirklichung nicht beherrscht und Auswirkungen ihrer Tragweite nicht übersehen werden können. Darüber hinaus wird der Ausbildungscharakter des wissenschaftlichen Studiums zurückgedrängt, was für die Studenten den Übergang in das Beschäftigungssystem erschwert. Für Unternehmen habe dies zur Folge, dass sie zunehmend Zusatzausbildungen einrichten müssen, um den Studenten den Übergang in das Beschäftigungssystem zu erleichtern.

Um den Praxisbezug im Studium zu fördern, wurde vorgeschlagen, in allen achtsemestrigen wirtschaftswissenschaftlichen Studiengängen ein Praktikum von mindestens zwölf Monaten Dauer vorzusehen. Es wurde gefordert, die erste Hälfte des Praktikums vor Beginn des Studiums oder aber im Grundstudium abzuleisten. Die zweite Praktikumshälfte soll dann nach dem Zwischenexamen im Hauptstudium folgen. Jeder Abschnitt soll in zwei Unterabschnitte

---

[42] vgl. Steiger, B. M.-L., Studienreform (1979), S. 170

[43] vgl. Steiger, B. M.-L., Studienreform (1979), S. 171 ff.

[44] vgl. Memorandum der Schmalenbach-Gesellschaft zur Durchführung eines Praktikums für Studenten der Wirtschaftswissenschaften (ZfbF 1972), S. 704 ff.

[45] vgl. Bundesvereinigung der Deutschen Arbeitgeberverbände, Gedanken zur Reform berufsbezogener Studiengänge (1974), S. 1 ff.

[46] Memorandum der Schmalenbach-Gesellschaft zur Durchführung eines Praktikums für Studenten der Wirtschaftswissenschaften (ZfbF 1972), S. 704

von jeweils drei Monaten unterteilt werden. Kürzere Zeitabschnitte sollen vermieden werden, da sonst fachlich die Gefahr der Oberflächlichkeit besteht. In diesen Unterabschnitten soll der Praktikant jeweils nur an einer Stelle tätig sein, um nicht in der Rolle des Beobachters zu verbleiben, sondern selbst die Integration in das Betriebsgeschehen zu vollziehen und das betriebliche Geschehen mitzuerleben.

Die inhaltliche Ausgestaltung des Praktikums sah vor, dass die ersten drei Monate vorwiegend in den nach außen gerichteten Abteilungen abgeleistet werden. Für diese Phase wurde insbesondere die Ausbildung in

- Produktion,
- Beschaffung, einschließlich Lagerwesen und
- Absatz

empfohlen. Die zweiten drei Monate des ersten Ausbildungsabschnittes sollten dann im Innenbereich der Unternehmung abgeleistet werden und hier mit den Schwerpunkten Rechnungswesen und Datenverarbeitung. Für die zweite Hälfte des Praktikums - nach dem Zwischenexamen - wurde eine Tätigkeit in Stabsabteilungen vorgesehen. Hierfür wurde der Einsatz in den Bereichen

- Finanzen
- Personalwesen
- Organisation
- Revision
- Kostenrechnung
- Marktforschung/Werbung und
- Steuern

vorgeschlagen. Der zweite Ausbildungsabschnitt zielt insbesondere auf die vertiefte Beschäftigung mit qualifizierten Aufgaben, damit der Student Interessen und Neigungen aus seiner praktischen Tätigkeit leichter feststellen kann.

Tab. 1: Das Ausbildungsprogramm der Schmalenbach-Gesellschaft

Erster Ausbildungsabschnitt

Alternativ 1a Produktion
2 Monate Technische Betriebswirtschaft: Produktionsplanung, Beständeplanung
(Mitarbeit bei der Datenerfassung, Datenverarbeitung und Datenauswertung).
1 Monat Arbeitswirtschaft: Arbeitsvorbereitung, Arbeitswissenschaft (REFA usw.).

1b Beschaffung
3 Monate alternativ in zwei Gruppen des Einkaufs: Rohstoffe, Investitionsgüter und Büromaterial, Magazin (Übernahme von Sachbearbeiterfunktionen).

1c Absatz alternativ
2 Monate Auftragsausführung und 1 Monat eine der Verkaufsabteilungen Inland (Übernahme von Sachbearbeiterfunktionen), oder
3 Monate eine der Verkaufsabteilungen Ausland (Übernahme von Sachbearbeiterfunktionen).

Zweiter Ausbildungsabschnitt

Alternativ 2a Rechnungswesen
2 Monate Bilanzbuchhaltung (Übernahme von Sachbearbeiterfunktionen) und
1 Monat Rundlauf durch Debitoren/Kreditoren, Beständebuchhaltung, Hauptbuchhaltung usw.

2b Datenverarbeitung
1 Monat Rechenzentrum (Übernahme von Dienstleistungsfunktionen) und
2 Monate Einführung in die EDV (Programmentwicklung oder Systemanalyse), Mitarbeit im Team soweit möglich.

2c Zahlungsverkehr
Je 1 1/2 Monate Inland und Ausland.

Dritter Ausbildungsabschnitt

Einsatz je nach Neigung jeweils 3 Monate in zwei der folgenden Bereiche:
Finanzen: Finanzplanung, Sonderfinanzierungen.
Personalwesen: Personal-Planung, -Verwaltung, -Betreuung, Aus- und Weiterbildung.
Organisation: Unternehmensorganisation, Informationswesen, Ablauforganisation.
Revision: Innenrevision, Abschlussprüfungen.
Kostenrechnung: Kostenplanung, Kostenauswertung, Wirtschaftlichkeitsanalysen.
Marktforschung und Werbung: Marktanalysen, Konkurrenzverhalten, Statistik.
Steuern.

Quelle: Memorandum der Schmalenbach-Gesellschaft zur Durchführung eines Praktikums für Studenten der Wirtschaftswissenschaften (ZfbF 1972), S. 705

Das Beispiel eines solchen Ausbildungsprogramms wurde dem Memorandum beigefügt und ist in Tabelle 1 (siehe S. 14) dargestellt.

Um die Durchführung des Praktikums sowohl für die Universitäten, als auch für die Ausbildungsstätten zu vereinfachen, sollten die Industrie- und Handelskammern in den Prozess der Praktikantenausbildung mit einbezogen werden und hierbei

1. ein Verzeichnis der geeigneten Praktikantenbetriebe führen,
2. die in ihrem Bezirk bestehenden Praktikantenverhältnisse registrieren sowie
3. auf einem vom Praktikumsbetrieb ausgestellten Zeugnis bestätigen, dass das Praktikantenverhältnis im Verzeichnis der Industrie- und Handelskammer eingetragen war.

Darüber hinaus forderte die Schmalenbach-Gesellschaft für alle wirtschaftswissenschaftlichen Fakultäten die Gründung eines Praktikantenamtes, über das der Kontakt zu der Industrie- und Handelskammer und den Betrieben gepflegt und auf die Durchführung der Praktika eingewirkt werden sollte.

Die Leitung der Praktikantenämter sollte gemeinsam durch Hochschul- und Wirtschaftsvertreter erfolgen.

Zusätzlich sollten von den Praktikantenämtern Arbeitsgemeinschaften organisiert werden, in denen sich Universitätsdozenten und Unternehmensvertreter mit den Praktikanten treffen, um die im Praktikum gewonnenen Erfahrungen gemeinsam zu diskutieren. Hiervon versprach man sich eine weitere Verbesserung der Ausbildung.

Schließlich sollten durch die Praktikantenämter auch Betriebsbesichtigungen organisiert werden, damit die Studenten Erfahrungen über verschiedene Branchen und Betriebsgrößen gewinnen können.

Dieses Praktikumskonzept wurde von Cordes/Laßmann[47] ausführlich analysiert und kommentiert. Sie hoben u. a. hervor, dass das funktionsübergreifende Ausbildungsprogramm den Studenten Wissen über das Zusammenspiel der betrieblichen Funktionsbereiche vermitteln würde, so dass Impulse für die Forschung und Verbesserungen für den Übertritt in das Beschäftigungssystem zu erwarten seien. Im Rahmen der berufspraktischen Ausbildung könnten auch Zerrbilder über die Institutionen unseres Gesellschaftssystems zurechtgerückt werden, was zur Persönlichkeitsbildung der Studenten beitragen würde. Die Studenten - so wurde betont - könnten noch einmal ihre Berufswahl überprüfen. Gegebenenfalls führe dies zum Wechsel in ein anderes Studienfach, das den Neigungen und Interessen mehr entgegen komme. Dies wäre insbesondere für solche Studenten von hohem Nutzen, die sich aufgrund einer Zulassungsbeschränkung in anderen Fächern mehr aus Not, denn aus Neigung für die Betriebswirtschaftslehre entschieden hätten. In derartigen Fällen könnten Fehler bei der Studienwahl bzw. Berufsentscheidung frühzeitig korrigiert werden.

Als Vorteil für die Wirtschaft wurde hervorgehoben, dass das betriebswirtschaftliche Praktikum die Möglichkeit bietet, interessierte und befähigte Studenten als Nachwuchskräfte aufzubauen und gezielt zu fördern.

Um die Praktikantentätigkeit mit der wissenschaftlichen Ausbildung an der Hochschule stärker zu verbinden, wurde empfohlen, im zweiten Teil des Praktikums die Diplomarbeit anfertigen zu lassen.

Weiterhin sollte von den Praktikanten am Ende des Praktikums ein Bericht verlangt werden, der als Unterlage für die Leistungsbeurteilung durch die Ausbildungsstätte mit herangezogen werden sollte.

Im Gegensatz zur Schmalenbach-Gesellschaft sprach sich die Vereinigung der Deutschen Arbeitgeberverbände für ein lediglich sechs Monate dauerndes Praktikum aus. Dieses sollte ebenfalls in zwei Abschnitte zerlegt werden, wobei der erste Abschnitt im Grundstudium und der zweite im Hauptstudium abzuleisten war. Der erste Abschnitt zielte darauf, den Studenten über die Ab-

---

[47] vgl. Cordes, W., Laßmann, G., Wirtschaftswissenschaftler (ZfbF 1972), S. 701 ff.

läufe in der Unternehmung zu informieren und seine Motivation für das Studium zu erhöhen. Die Zielsetzung des zweiten Abschnitts lag insbesondere in der Vermittlung spezieller Berufsfertigkeiten, die in der späteren Berufspraxis unmittelbar einsetzbar sind. Einrichtung, Gestaltung und Überprüfung des Praktikums sollte Sache der Unternehmen und ihrer Organisationen sein.

Mit dem Abschluss der Beratungen wurde 1976 das Hochschulrahmengesetz[48] vorgelegt und verabschiedet. Im § 7 legte der Bundesgesetzgeber fest, dass

"Lehre und Studium den Studenten auf ein berufliches Tätigkeitsfeld vorbereiten und ihm die dafür erforderlichen fachlichen Kenntnisse, Fähigkeiten und Methoden dem jeweiligen Studiengang entsprechend so vermitteln (sollen), dass er zu wissenschaftlicher oder künstlerischer Arbeit und zu verantwortlichem Handeln in einem freiheitlichen, demokratischen und sozialen Rechtsstaat befähigt wird."[49]

Zur Förderung der Studienreform und zur Abstimmung der an den einzelnen Hochschulen geleisteten Reformarbeit sah der Gesetzgeber im § 9 vor, dass Studienreformkommissionen gebildet werden, die auf Länder- und Bundesebene für einzelne Fachbereiche Empfehlungen erarbeiten. Um die Arbeit der einzelnen Studienreformkommissionen inhaltlich und organisatorisch aufeinander abzustimmen, legte der Bundesminister für Wissenschaft und Kultur[50] Orientierungspunkte vor. In diesen hielt er fest, dass Praxisbezug Berücksichtigung der Bedürfnisse der beruflichen Praxis bedeutet. Diese Aufgabe kann nicht allein durch die Fachsystematik der wissenschaftlichen Disziplinen erreicht werden, sondern Praxisbezug bedarf der wissenschaftlich angeleiteten Auseinandersetzung mit Fragestellungen der beruflichen Praxis. Insofern ist Praxisbezug einmal durch die inhaltliche Gestaltung des Studiums, also durch die Wahl und Darbietung der Studieninhalte herzustellen, durch die der Student an die realen Probleme seiner späteren beruflichen Tätigkeitsfelder her-

---

[48] vgl. Denninger, E., Hochschulrahmengesetz (1984), S. 1 ff.
[49] Denninger, E., Hochschulrahmengesetz (1984), S. 5 f.
[50] vgl. Orientierungspunkte des Bundesministers für Bildung und Wissenschaft zur Hochschulausbildung (1978), S. 261 ff.

anzuführen ist. Um dieser Forderung entgegenzukommen, sind zum zweiten neben der inhaltlichen Ausgestaltung der Studiengänge auch neue Veranstaltungsformen wie das Projektstudium und spezielle Seminare zur Berufspraxis zu erproben. Darüber hinaus hielt der Bundesminister in seinen Orientierungspunkten fest, dass

"Praxisbezug des Studiums (kann) in geeigneten Fällen ergänzend auch durch unmittelbare Anschauung und eigene berufspraktische Tätigkeit der Studenten hergestellt werden. Die Hochschulen sollen diese Praxiserfahrungen entsprechend den Studienzielen vorbereiten, begleiten und auswerten. Soweit die Voraussetzungen für "Praxissemester" durch ausreichende Sicherung von Ausbildungsplätzen in Betrieben und Verwaltungen geschaffen werden können, ist die Form des Praxisbezugs auch in Studiengängen an Universitäten zu erproben."[51]

Wie der Text zeigt, handelt es sich um sehr vorsichtig formulierte Vorschläge, keinesfalls aber um Verpflichtungen zum Praxisbezug. In ihrem Entwurf zum Studium an den wirtschaftswissenschaftlichen Fakultäten, übernahm die Studienreformkommission Wirtschaftswissenschaften[52] den Praktikumsvorschlag. Es wurde dort festgehalten, dass

"der Studienanfänger vor Aufnahme des Studiums erste Erfahrungen in einem für Wirtschaftswissenschaftler relevanten Tätigkeitsfeld gesammelt haben (sollte). Dafür kommen insbesondere Praktika in Wirtschaftsbetrieben oder in einem mit der Wirtschaft befassten Bereich der öffentlichen Verwaltung in Betracht. Für Studienbewerber ohne vorhergehende abgeschlossene Berufsausbildung wird daher ein Praktikum von mindestens drei Monaten Dauer[53] *verlangt, das in der Regel vor Aufnahme des Studiums absolviert werden soll-*

---

[51] Orientierungspunkte des Bundesministers für Bildung und Wissenschaft zur Hochschulausbildung, (1978), S. 266

[52] vgl. Empfehlungen der Studienreformkommission Wirtschaftswissenschaften, (1985), S. 11 ff.

[53] die Empfehlung des mindestens dreimonatigen Praktikums wurde bei den in den folgenden Jahren herausgegebenen Rahmenordnungen für die Diplomprüfung im Studiengang Betriebswirtschaftslehre an Universitäten und gleichgestellten Hochschulen ausnahmslos umgesetzt

te. Im Hinblick auf die vielfachen Schwierigkeiten, geeignete Praktikumsplätze zu finden, muss jedoch auch die Möglichkeit eröffnet werden, das Praktikum während des Grundstudiums zu absolvieren."[54]

Die Anregung zur Verankerung von Praktika in den Studienordnungen wurde aber von der überwiegenden Mehrheit der deutschen Universitäten nicht aufgegriffen[55]. Sieht man einmal von der Universität Erlangen-Nürnberg ab, die die Praktikumspflicht in den 60er Jahren beibehalten hatte, so war es 1978 die rechts- und wirtschaftswissenschaftliche Fakultät der Universität Bayreuth, die als erster Fachbereich ein Pflichtpraktikum für Studenten der Betriebswirtschaftslehre vorschrieb. Es folgten die Hochschulen aus Bochum, Duisburg und Kassel - noch vor dem Erlass der Empfehlungen der Studienreformkommission.

Die Entwicklung des betriebswirtschaftlichen Praktikums und dessen Verbreitung ging dann allerdings sprunghaft voran:

- 1982 wurde an der privaten European Business School in Oestrich-Winkel ein betriebswirtschaftlicher Studiengang mit Pflichtpraktikum eingeführt.
- 1984 nahmen die private Universität Witten-Herdecke und die private Wissenschaftliche Hochschule für Unternehmensführung Vallendar das betriebswirtschaftliche Studium mit Pflichtpraktikum auf.
- 1985 integrierte man an der Hochschule Lüneburg ein Pflichtpraktikum in das betriebswirtschaftliche Studium.
- 1989 führte die Katholische Universität Eichstätt ein betriebswirtschaftliches Studium mit Pflichtpraktikum ein.
- 1990 wurde an der Universität Marburg das Pflichtpraktikum im betriebswirtschaftlichen Studium verankert.

---

[54] Empfehlungen der Studienreformkommission Wirtschaftswissenschaften, (1985), S. 21 f.
[55] dies geht aus einer unveröffentlichten Befragung der Dekane der Wirtschaftswissenschaftlichen Fakultäten durch den Lehrstuhl BWL I der Universität Bayreuth aus dem Jahre 1994 hervor

- 1991 folgten die Universität Bamberg mit der Einführung des Praktikums in einen bereits etablierten betriebswirtschaftlichen Studiengang und die Universitäten Chemnitz, Dresden, Freiberg und Jena mit der Einführung des Praktikums in neue Studiengänge.

- 1992 implementierte die Universität Leipzig das Pflichtpraktikum in ihr betriebswirtschaftliches Studium.

- 1995 wurde an der Universität Potsdam ein betriebswirtschaftlicher Studiengang mit Praktikumspflicht eingeführt.

- 1997 kamen an der Universität Bremen mit der Novellierung der Diplomprüfung und der privaten International University Bruchsal[56] mit der Aufnahme des betriebswirtschaftlichen Lehrbetriebes weitere Praktikumspflichten im betriebswirtschaftlichen Studium hinzu.

- 1999 berücksichtigte man an der Universität Ulm das Pflichtpraktikum bei der Einführung des betriebswirtschaftlichen Studiengangs.

- 2005 führten die Universitäten Aachen, Bielefeld und Frankfurt/Oder mit der Umstellung auf europäische Abschlüsse und die private Zeppelin Universität Friedrichshafen mit der Aufnahme des betriebswirtschaftlichen Studienbetriebs ihre Praktikumspflicht ein.

- 2006 folgten die Humboldt Universität Berlin, die Freie Universität Berlin und die Universität Regensburg mit betriebswirtschaftlichen Praktika.

- 2007 entschieden sich die Universitäten Cottbus, Oldenburg und Siegen für die Praktikumspflicht.

- 2008 nahmen die Universitäten Saarbrücken und Würzburg das Praktikum in ihre betriebswirtschaftlichen Studiengänge auf und

- 2009 berücksichtigte schließlich die Universität Duisburg-Essen, Campus Essen, mit einer Novellierung der Prüfungsordnung das Praktikum im betriebswirtschaftlichen Studium.

---

[56] an der International University Bruchsal wurde der Lehrbetrieb aus finanziellen Gründen zum Wintersemester 2009/10 eingestellt. Die grundsätzlichen Aussagen der Arbeit ändern sich hierdurch nicht. Das betriebswirtschaftliche Bachelorstudium der International University Bruchsal verbleibt deshalb vorerst in der Untersuchung

Wie schon angedeutet, kamen wichtige Impulse zur Verbreitung des Praktikums mit der Umstellung der Studiengänge auf europäische Abschlüsse. Mit der Unterzeichnung der Bologna-Erklärung[57] im Juni 1999 bekräftigten die Bildungsminister von neunundzwanzig europäischen Staaten die Schaffung eines gemeinsamen europäischen Bildungsraums bis zum Jahr 2010. Kern dieses europäischen Bildungsraums ist ein aus zwei Zyklen bestehendes Studiensystem. In einem ersten Zyklus werden die Studenten konsequent auf die Anforderungen der Wirtschaft vorbereitet und schließen das Studium mit dem Grad eines Bachelors ab. Der zweite Zyklus dient der wissenschaftlichen Vertiefung und wird mit dem Master bzw. der Promotion beendet. Mit dem Sechsten Gesetz zur Änderung des Hochschulrahmengesetzes[58] vom 8. August 2002 wurde diese gestufte Struktur auch für die deutsche Hochschullandschaft zum Regelstudiensystem erklärt. Zwar ist die mit der Bologna-Erklärung nun endgültig in den Mittelpunkt gerückte Absicht, mit dem Studium eine arbeitsmarktrelevante Qualifikation herbeizuführen, bereits im Hochschulrahmengesetz von 1976 verankert; sie erhält allerdings einen neuen Zuschnitt durch das Ziel des Gesetzgebers, den Masterabschluss dem wissenschaftlichen Nachwuchs und somit einer kleinen Zahl von Studierenden vorzuenthalten[59]. Aus dieser Zielsetzung lässt sich unschwer folgern, dass der Bachelor als erster berufsqualifizierender Abschluss in besonderer Art und Weise auf die Anforderungen in der Wirtschaft vorbereiten muss[60]. Neben Fach- und Methodenkenntnissen sind insbesondere Schlüsselqualifikationen wie Teamfähigkeit, Kommunikationsfähigkeit, Führungsfähigkeit, Integrationsfähigkeit oder Einsatzbereitschaft zu vermitteln. Damit sind zwar noch keinerlei Vorgaben für die Ausgestaltung der universitären Curricula verbunden. Unstrittig dürfte heute allerdings sein, dass durch eine frühzeitige Einbindung der Studierenden in betriebliche Strukturen und Abläufe die Entwicklung dieser

---

[57] vgl. Der Europäische Hochschulraum, Gemeinsame Erklärung der Europäischen Bildungsminister, Bologna, 19.06.1999, <www.bmbf.de/pub/bologna_neu.pdf> (Zugriff am 31.05.2007)
[58] vgl. Sechstes Gesetz zur Änderung des Hochschulrahmengesetzes vom 08.08.2002, Bundesgesetzblatt Jahrgang 2002 Teil I Nr. 57, ausgegeben zu Bonn am 14.08.2002
[59] vgl. Wex, P., Bachelor (2005), S. 162
[60] vgl. Wex, P., Bachelor (2005), S. 162

Kompetenzen gefördert wird und Arbeitgeber bei der Auswahl von Hochschulabsolventen auf den Nachweis von Praktika deshalb größten Wert legen[61].

Wie Tabelle 2 (siehe S. 23) verdeutlicht, haben zum Wintersemester 2009/10 zweiunddreißig Hochschulen ein Praktikum in den Studiengang der Betriebswirtschaftslehre integriert.

Sechzehn Hochschulen haben das Praktikum ihren Studenten zur Ableistung empfohlen, unterstützen es aber nicht.

Zwölf Hochschulen setzen zur Herstellung des Praxisbezuges nicht auf das Praktikum, sondern auf andere Techniken zur Verbindung von Theorie und Praxis.

---

[61] vgl. Deutscher Industrie- und Handelskammertag, Fachliches Können (2004), S. 13

Tab. 2: Der Stellenwert des Praktikums im betriebswirtschaftlichen Bachelorstudium an deutschen Universitäten (2009/10)

Universität	Praktikum			Universität	Praktikum		
	PP	WP	PE		PP	WP	PE
Aachen [1]	●			Jena	●		
Augsburg			●	Kassel	●		
Bamberg	●			Kiel			●
Bayreuth	●			Köln			
FU Berlin	●			Leipzig [1]	●		
HU Berlin		●		Lüneburg [2]		●	
Bielefeld		●		Magdeburg			
Bochum		●		Mainz			●
Bremen		●		Mannheim			●
Bruchsal	●			Marburg	●		
Chemnitz	●			LMU München			●
Clausthal				Münster			●
Cottbus	●			Oestrich-Winkel	●		
Dortmund			●	Oldenburg	●		
Dresden	●			Osnabrück			
Düsseldorf				Paderborn			
Duisburg-Essen	●			Passau			●
Duisburg-Essen		●		Potsdam		●	
Eichstätt	●			Regensburg		●	
Erlangen-Nürnberg			●	Rostock			●
Frankfurt			●	Saarbrücken		●	
Frankfurt/Oder	●			Siegen	●		
Friedrichshafen	●			Stuttgart			
Gießen				Trier			
Göttingen			●	Tübingen			●
Hagen				Ulm	●		
Halle-Wittenberg			●	Vallendar	●		
Hamburg				Witten-Herdecke	●		
Hannover		●		Würzburg		●	
Hohenheim				Wuppertal			
PP = Pflichtpraktikum; WP = Wahlpflichtpraktikum; PE = Praktikumsempfehlung
Alternativ: [1] Auslandsstudium [2] Gruppen-Praxisprojekt							

2.2 Zielsetzung

Wie aufgezeigt, wurde das betriebswirtschaftliche Praktikum an den Hochschulen ursprünglich mit dem Ziel eingeführt, Studenten bereits während des Studiums erste Kenntnisse über die Strukturen und Prozesse in Einzelwirtschaften zu vermitteln. Darüber hinaus sollte das Praktikum zum zweiten der Aneignung unmittelbar verwertbarer Berufsfertigkeiten und drittens der Persönlichkeitsbildung der Studenten dienen. Aus Tabelle 3 (siehe S. 25 ff.) geht hervor, dass sich diese drei grundlegenden Zielsetzungen in den Praktikanten-Programmen der Hochschulen wieder finden. Die Tabelle zeigt aber auch, dass dem Ziel der Gewinnung eines ersten Einblicks in die betriebliche Praxis die umfänglich größte Bedeutung beigemessen wird.

Man muss beachten, dass mit der Unterzeichnung der Bologna-Erklärung auch der Wunsch nach einem zügig zu durchlaufenden Erststudium verbunden ist. Der Gesetzgeber wies bereits 1997 im Entwurf des Vierten Gesetzes zur Änderung des Hochschulrahmengesetzes[62] darauf hin, dass lange Studiendauern dem Wirtschafts- und Wissenschaftsstandort Deutschland nicht förderlich sind. Abhilfe soll u. a. eine Straffung der Studieninhalte und deren Überführung in einen sechssemestrigen Basisstudiengang schaffen. Praktika werden in diesen „komprimierten" Studiengängen als außerordentlich wichtig erachtet, in erster Linie jedoch hinsichtlich der mit ihnen verbundenen Möglichkeit, ein Unternehmen als Forschungsobjekt der Betriebswirtschaftslehre aus eigener Anschauung kennen zu lernen, um somit die an der Hochschule vermittelten theoretischen Lerninhalte leichter zu verstehen, und die Dauer des Studiums zu verkürzen.

Das Anwenden und Erproben der erworbenen Theorien wird nach diesem Grundverständnis ganz bewusst in die Zeit nach dem Studium, also in die Praxis selbst gelegt[63].

---

[62] vgl. Deutscher Bundestag, Entwurf eines Vierten Gesetzes zur Änderung des Hochschulrahmengesetzes Drucksache 13/8796 (1997), S. 2

[63] vgl. Referenzrahmen für Bachelor-/Bakkalaureus- und Master-/Magister-Studiengänge, Beschluss des Akkreditierungsrates, 20.06.2001, <www.akkreditierungsrat.de/beschluesse.htm> (Zugriff am 31.05.2006)

Die Hochschulen werden damit der Forderung gerecht, eine wissenschaftlich fundierte Berufsbefähigung zu vermitteln, die in der späteren Praxis angewandt und durch Spezialisierung vertieft werden kann.

Tab. 3: Die Ziele des Praktikums im betriebswirtschaftlichen Bachelorstudium an deutschen Universitäten (2009/10)

Universität	Leistungsbereich		Persönlichkeitsbereich
	Wissen/Verständnis	Fertigkeiten	
Aachen	**Gewinnung** eines Einblicks in die Abläufe eines Unternehmens; **Vorbereitung** auf spätere Tätigkeiten im Unternehmen.		
Bayreuth	**Kennen lernen** mindestens eines praxisrelevanten Betätigungsfeldes; **Gewinnung** eines Einblicks in die Strukturen und Arbeitsabläufe einer nicht forschungsbezogenen Einrichtung.	**Erlernen** praxisrelevanter Teilqualifikationen in Beratung, Pressearbeit, Journalismus o. ä.	
Berlin FU	**Erkundung** eines konkreten Berufsfeldes; **Erlangung** von Erfahrungen aus der Arbeitswelt.	**Erlangung** überfachlicher Kenntnisse und Fertigkeiten.	
Bochum	**Gewinnung** eines Einblicks in die Gegebenheiten von Unternehmen; **Erwerb** tief greifender Anschauung komplexer Problemstellungen der Praxis.	**Anwendung** der im Studium erworbenen Kenntnisse.	**Vermittlung** eines Eindrucks über die eigenen Stärken und Schwächen.
Bremen	**Vermittlung** von Kenntnis über Organisation und Arbeitsweise eines Berufs- bzw. Tätigkeitsfelds; **Förderung** praxisnaher Fragestellung im Studium; **Vermittlung** von Kontakten in mögliche Berufs- und Tätigkeitsfelder; **Entwicklung** einer professionellen Identität; **Unterstützung** des Berufsfindungsprozesses.	**Anwendung** im Studium erworbener Kenntnisse.	**Entwicklung** von Kooperations-, Kommunikations- und Artikulationsfähigkeit, Durchsetzungsvermögen und Sensibilität für berufliche Aufgaben.

Tab. 3: Die Ziele des Praktikums im betriebswirtschaftlichen Bachelorstudium an deutschen Universitäten (2009/10) - Forts.

Universität	Leistungsbereich		Persönlichkeitsbereich
	Wissen/Verständnis	Fertigkeiten	
Bruchsal		**Anwendung** des erworbenen Wissens zur Lösung unternehmerischer Probleme.	
Chemnitz	**Kennen lernen** der Unternehmenspraxis; **Transfer** theoretischen Wissens in die Praxis; **Vertraut** werden mit berufstypischen Tätigkeiten und Handlungsweisen; **Bewältigung** komplexer Situationen des Wirtschaftsalltags.	**Befähigung** zum Wissenstransfer nach Abschluss des Studiums.	**Gewinnung** von Verhandlungskompetenz.
Cottbus	**Vertiefung** der Lehrinhalte in ihrem Praxisbezug; **Verstehen** des Betriebes als soziales System; **Kennen lernen** des Verhältnisses zwischen Führungskräften und Mitarbeitern; **Erfassen** der soziologischen Seite des Betriebsgeschehens.	**Umsetzung** des im Studium erworbenen Wissens.	
Dresden	**Verbindung** von Theorie mit beruflicher Praxis; **Gewinnung** eines Eindrucks von der Realisierbarkeit theoretischer Konzepte; **Sammlung** von Erfahrungen mit komplexen Problemstellungen in der Praxis; **Kennen lernen** betrieblicher Aufgabenstellungen; **Schaffung** der Grundlage für einen erleichterten Übergang in das Berufsleben.	**Mitwirkung** an der Lösung konkreter Problemstellungen.	
Eichstätt	**Vermittlung** einer Anschauung über berufspraktische Tätigkeiten.		

Tab. 3: Die Ziele des Praktikums im betriebswirtschaftlichen Bachelorstudium an deutschen Universitäten (2009/10) - Forts.

Universität	Leistungsbereich		Persönlichkeitsbereich
	Wissen/Verständnis	Fertigkeiten	
Jena	**Sammlung** wirtschaftswissenschaftlich relevanter Erfahrungen; **Erleichterung** der Berufswahl.	**Anwendung** der theoretischen Kenntnisse.	
Kassel	**Gewinnung** praktischer Erfahrungen.	**Anwendung** der wissenschaftlichen und praktischen Kenntnisse im beruflichen Umfeld.	**Entwicklung** von Flexibilität, Mobilität, Kooperations- und Konfliktfähigkeit.
Lüneburg	**Auseinandersetzung** mit einem Berufsfeld; **Transfer** wissenschaftlicher Erkenntnisse und Methoden auf komplexe Praxissituationen.	**Anwendung** erworbenen Wissens in der Praxis; **Aufbau** praxisbezogener Kernkompetenzen.	
Oestrich-Winkel		**Anwendung** des theoretischen Wissens in der betrieblichen Praxis.	
Oldenburg	**Kennen lernen** der Anforderungen und Handlungsmöglichkeiten in relevanten Berufsfeldern; **Auseinandersetzung** mit Problemen in einem Berufsfeld; **Überprüfung** der Berufsmotivation und Berufswahl; **Gewinnung** von Anregungen für die weitere Gestaltung des Studiums.	**Anwendung** der im Studium erworbenen Kenntnisse.	
Potsdam	**Verbindung** betriebswirtschaftlicher Erkenntnisse mit beruflicher Praxis.		
Saarbrücken	**Gewinnung** eines Einblicks in ein Arbeitsfeld; **Vertiefung** theoretischer Grundlagen.	**Anwendung** methodischer Grundlagen.	
Ulm	**Gewinnung** von Einblicken in die Unternehmenspraxis.	**Anwendung** des theoretischen Wissens.	
Würzburg	**Vermittlung** relevanter Problemfelder im Unternehmen.	**Umsetzung** erworbener Kenntnisse in die Praxis.	

2.3 Ausgestaltung

Bei der Entwicklung gestufter Ausbildungsgänge stehen den Hochschulen viele Gestaltungsmöglichkeiten offen. Der Gesetzgeber hat mit der Novellierung des Hochschulrahmengesetzes bewusst auf Rahmenverordnungen verzichtet und die Qualitätssicherung der Studiengänge in die Hände eines Akkreditierungsrates gelegt[64]. Geht man davon aus, dass Schwerpunktsetzungen in Studienkonzepten verfolgt werden, so sind auch unterschiedliche Ausgestaltungen der Praktikanten-Programme zu erwarten.

Im Folgenden werden diese im betriebswirtschaftlichen Praktikum realisierten Regelungen vorgestellt, um erstens die Unterschiede und zweitens die vorherrschenden Gemeinsamkeiten aufzuzeigen.

2.3.1 Vorgaben zum Ausbildungsprozess

Das betriebswirtschaftliche Praktikum wurde als eine Praxisphase bezeichnet, die Studenten parallel zu ihrem Studium in einem Unternehmen absolvieren. Die Ausbildung wird realisiert, indem die Studierenden ausgewählten Mitarbeitern im Unternehmen zugeordnet werden, die eine Vermittlung der vereinbarten Inhalte durch Aufgabenübertragung und das persönliche Gespräch vornehmen. Zur näheren Kennzeichnung dieses Prozesses wird auf die Merkmale Zeit, Inhalt und Ausbildungstechnik eingegangen[65].

2.3.1.1 Zeitliche Vorgaben

Die zeitlichen Vorgaben zum Praktikum regeln dessen Gesamtdauer, Teilbarkeit und Platzierung im Studienverlauf.

---

[64] vgl. Deutscher Bundestag, Entwurf eines Vierten Gesetzes zur Änderung des Hochschulrahmengesetzes Drucksache 13/8796 (1997), S. 7
[65] vgl. Nagel, K., Ausbildung (1974), S. 74 ff.

2.3.1.1.1 Gesamtdauer des Praktikums

Schon bei dem gegebenen historischen Aufriss wurden unterschiedliche Vorstellungen über die Gesamtdauer des Praktikums berichtet. Die Dauern des Praktikums, die die Hochschulen heute vorgeschrieben haben, sind in Tabelle 4 (siehe S. 30) zusammengefasst.

Wie Tabelle 4 zeigt, liegen die Praxisphasen heutiger Studiengänge deutlich unterhalb der Empfehlungen zur Durchführung eines Praktikums in einem Diplomstudiengang.

Lediglich die Universitäten Bielefeld, Kassel, Potsdam, Vallendar und Witten-Herdecke haben Möglichkeiten geschaffen, dass die im Bachelorstudium realisierten Praxiszeiten den früheren Empfehlungen nahe kommen bzw. diese übertreffen.

Häufungen sind zwischen sechs und zwölf Wochen zu beobachten.

Der kürzeste Zeitraum beträgt drei Wochen.

Tab. 4: Die Dauer des Praktikums im betriebswirtschaftlichen Bachelorstudium an deutschen Universitäten (2009/10)

Universität	Wochen											
	3	4	5	6	8	9	10	12	14	16	18	20	≤76
Aachen							●					
Bamberg							●					
Bayreuth					●							
Berlin FU [1]	●			●			●					
Berlin HU				●								
Bielefeld [1]		●		●	●		●	●	●	●	●	
Bochum [1]		●		●								
Bremen			●									
Bruchsal								●				
Chemnitz								●				
Cottbus				●								
Dresden		●										
Duisburg-Essen								●				
Duisburg-Essen [1]		●		●								
Eichstätt				●								
Frankfurt/Oder								●				
Friedrichshafen [4]								●				
Jena								●				
Kassel											●	
Leipzig					●							
Lüneburg [2]							●					
Marburg					●							
Oestrich-Winkel [3]							●					
Oldenburg					●							
Potsdam [1]					●					●		
Regensburg				●								
Saarbrücken				●								
Siegen					●							
Ulm					●							
Vallendar [4]												●	
Witten-Herdecke[5]										●		●	●
Würzburg [1]	●				●							

[1] Optional [2] Bei einem Gruppen-Praxisprojekt darf die Gesamtdauer abweichen [3] Vor Studienbeginn sollen mindestens vier Wochen und danach mindestens die Hälfte der Praktika im Ausland absolviert werden [4] Sechs Wochen sollen im Ausland absolviert werden [5] Mögliche Zeitspanne: sechzehn, zwanzig bis sechsundsiebzig Wochen

Neben der im Vergleich zum Diplomstudium, um zwei Semester verkürzten Regelstudiendauer des Bachelorstudiums, liegt ein Grund für den Trend zu kurzen Praxiszeiten in der Befürchtung begründet, dass mit einer Verlängerung der Praktikumsdauer auch eine Verlängerung der Studiendauer einhergeht.

Dass diese These nicht haltbar ist, zeigen die folgenden Ergebnisse:

Tab. 5: Der Zusammenhang zwischen Fachstudiendauer und Praktikumsdauer im betriebswirtschaftlichen Diplomstudium an deutschen Universitäten

Universität (Träger)	Fachstudiendauer in Studiensemestern 2003	Praktikumsdauer in Wochen 1998
Bamberg (S)	10,6	12
Bayreuth (S)	10,7	12
Bremen (S)	9,9	8
Bochum (S)	10,8	12
Chemnitz (S)	11,1	16
Dresden (S)	10,9	12
Duisburg ehem. (S)	12,6	12
Eichstätt (S)	9,1	8
Erlangen-Nürnberg (S)	11,1	12
Freiberg (S)	9,5	16
Jena (S)	9,7	24
Leipzig (S)	10,6	12
Lüneburg (S)	11,0	16
Marburg (S)	10,5	12
Oestrich-Winkel (P)	7,6	30
Potsdam (S)	10,5	16
Vallendar (P)	7,5	36
Witten-Herdecke (P)	9,8	16
(S) = Staatlich; (P) = Privat		
r = - 0,70; r (P) = - 0,96; r (S) = - 0,05		

Quelle: Berechnung auf der Grundlage der Daten des Wissenschaftsrats, Entwicklung der Fachstudiendauer an Universitäten von 1999-2003, <www.wissenschaftsrat.de/texte/6825-05.pdf> (Zugriff am 14.10.2008)

In Tabelle 5 sind die vom Wissenschaftsrat veröffentlichten mittleren Fachstudiendauern in den Diplomstudiengängen Betriebswirtschaftslehre und Wirtschaftswissenschaft an Universitäten mit Pflichtpraktikum 2003 den Praktikumszeiten bei einem Studienbeginn 1998 gegenübergestellt. Mit Hilfe des Korrelationsverfahren von Pearson und Bravais[66], wurde die Stärke des Zusammenhangs zwischen den beiden Merkmalsreihen berechnet. Die Berechnungen ergeben eine Korrelation zwischen Studien- und Praxisdauer von r = - 0,70. Statistisch gesehen bedeutet dies, dass mit der Verlängerung der Praxisdauer eine Verkürzung der Studiendauer einhergeht. Der Grund liegt in einer durch das Praktikum ermöglichten Verzahnung von Theorie und Praxis. Die Studenten lernen während des Praktikums die Gegebenheiten in einem Unternehmen kennen. Diese Kenntnisse führen dazu, dass die an der Hochschule vermittelte Theorie leichter verstanden und folglich die Verweildauer an der Hochschule verkürzt wird. Die Stärke der Beziehung ist in der Gruppe der privaten Universitäten (r = - 0,96) erwartungsgemäß deutlich höher ausgeprägt als bei den staatlichen Universitäten (r = - 0,05). Die günstigeren Studien- und Prüfungsbedingungen an den privaten Hochschulen dürften dazu beitragen, dass die positiven Praktikumseffekte dort besser zum Tragen kommen. Dennoch kann man an der Praktikantenausbildung interessierten Unternehmen empfehlen, allen Studierenden die Möglichkeit zur Ableistung von freiwilligen, über das Pflichtpraktikum hinausgehenden Praktika, zu gewähren. Denn die Korrelationen deuten darauf hin, dass die Länge des Praktikums keinen negativen, sondern einen positiven Effekt auf die Verweildauer an der Hochschule haben dürfte.

Dass ein nicht unbeträchtlicher Teil der Studierenden über das Pflichtpraktikum hinausgehende Praktika ableistet, darauf deuten die Einstellungen der Bayreuther Diplomstudenten hin.

---

[66] vgl. Buttler, G., Fickel, N., Statistik (2002), S. 250 ff.

In den Studien von 1988 und 2003 wurden die Studenten u. a. danach befragt,

1. wie zufrieden sie mit einer Pflichtdauer des Praktikums von sechs Monaten sind und
2. welche alternativen Zeitraumvorstellungen sie haben, wenn sie mit der Pflichtdauer von sechs Monaten nicht zufrieden sind.

Abb. 1: Beurteilung der Praktikumsdauer von sechs Monaten (2003/1988)

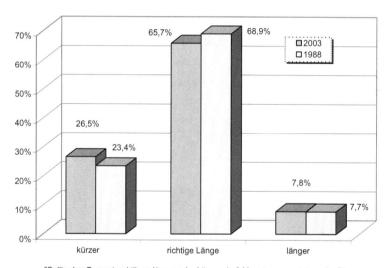

"Sollte das Gesamtpraktikum länger oder kürzer als 6 Monate angesetzt werden?"

Quelle: Analyse unter Hinzunahme der Ergebnisse von Wossidlo, P. R., Schamel, E., Arnold, W., Winkelmann, P., Sicht der Studierenden (1991), S. 131 f.

Wie Abbildung 1 zeigt, waren 2003 65,7 % der Studenten der Meinung, dass eine Dauer von sechs Monaten die „richtige Länge" für ein Praktikum sei. 26,5 % sprachen sich für eine kürzere und 7,8 % für eine längere Praxisdauer aus. Auffallend ist, dass sich im Zeitverlauf praktisch keine Veränderungen ergaben, die Aussagen der Studierenden also zeitlich stabil sind.

Abb. 2: Alternative Zeitraumvorstellung für ein Praktikum von sechs Monaten Dauer (2003)

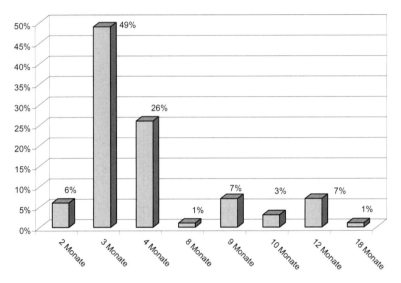

Abbildung 2 enthält schließlich die Zeitraumvorstellungen der Studierenden, die gegen ein sechsmonatiges Praktikum votierten. Die Abbildung verdeutlicht, dass sich diese Studierenden am Häufigsten für ein drei- (49 %) bzw. viermonatiges Praktikum (26 %) aussprachen. Die Auswertung zeigt aber auch, dass ein Fünftel der Studenten für ein Praktikum von mehr als sechs Monaten Dauer plädiert.

Vor dem Hintergrund der deutlich kürzeren Praxisphasen des Bachelorstudiums ist zu erwarten, dass ein beträchtlicher Teil der Studierenden eine Praxisdauer wählen wird, die weit über die von der Hochschule vorgeschriebene hinausgehen dürfte.

Fazit: Soll das Praktikum zur Potentialbeurteilung ausgebaut werden, so muss es genügend zeitlichen Spielraum für die Verhaltensbeobachtung der Studierenden erlauben. Die Vorschriften der Prüfungsordnungen und die Vorstellungen der Studierenden bieten diese benötigte zeitliche Flexibilität.

2.3.1.1.2 Teilbarkeit des Praktikums

Aus Sicht der Hochschulen stellt sich die Frage, ob das Praktikum im Block oder in der Form mehrerer Teilabschnitte zu absolvieren ist.

Mit dem Blockpraktikum ist der Vorzug verbunden, dass der Studierende seinem Ausbildungsbetrieb ohne Unterbrechung zur Verfügung steht, folglich für anspruchsvollere Tätigkeiten eingeplant werden kann und das Arbeitsgeschehen auch unter realistischeren Bedingungen kennen lernt. Demgegenüber bietet die Möglichkeit der Zerlegung in Teilabschnitte den Vorteil höherer Flexibilität. Die Studenten können Praxiskontakte in verschiedene Phasen des Studiums integrieren und hierdurch individuelle Schwerpunkte setzen.

Wie Tabelle 6 (siehe S. 36) verdeutlicht, ist das Praktikum an achtundzwanzig Hochschulen als Blockpraktikum konzipiert. Die Hochschulen ermöglichen den Studierenden jedoch in dreizehn Fällen eine Teilung des Praktikums in kürzere Tages- bzw. Wochenabschnitte. Hiervon weichen lediglich die Universitäten Friedrichshafen, Oestrich-Winkel, Vallendar und Witten-Herdecke ab, die das Praktikum konsequent als studienbegleitendes Tages- bzw. Wochenpraktikum gestaltet haben.

Fazit: Ist beabsichtigt, das Praktikum zu einem leistungsfähigen Instrument der Beurteilung von Nachwuchskräften zu erweitern, dann müssen auch seine einzelnen Abschnitte hinreichend viel Zeit für die Verhaltensbeobachtung in anspruchsvollen Situationen lassen. Durch eine sinnvolle inhaltliche Verknüpfung, ist dies auch bei kurzen Praxisabschnitten möglich und folglich bei allen Praktikantenprogrammen realisiert.

Tab. 6: Die Teilbarkeit des Praktikums im betriebswirtschaftlichen Bachelorstudium an deutschen Universitäten (2009/10)

Universität	Gesamtdauer (Wochen)	Block-praktikum	Tages-praktikum	Wochenpraktikum				
				1	4	5	6	8
Aachen [1]	12	●			●			
Bamberg [1]	12	●			●			
Bayreuth [1]	9	●			●			
Berlin FU	3, 6 oder 10	●	●					
Berlin HU [2]	6	●			●			
Bielefeld	4, 6 bis 18	●				●		
Bochum	4 oder 8	●					●	
Bremen	5	●						
Bruchsal	14	●						
Chemnitz	12	●						
Cottbus	8	●						
Dresden	4	●						
Duisburg-Essen	12	●						
Duisburg-Essen	4 oder 8	●				●		
Eichstätt	8	●						
Frankfurt/Oder	12	●						
Friedrichshafen	12							●
Jena	12	●	●					
Kassel [3]	18	●						●
Leipzig	8	●						
Lüneburg [4]	10	●	●					
Marburg [1]	9	●			●			
Oestrich-Winkel	10						●	
Oldenburg	8	●						
Potsdam	8 oder 16	●				●		
Regensburg	6	●						
Saarbrücken	6	●						
Siegen	8	●						
Ulm	8	●						
Vallendar	20						●	●
Witten-Herdecke	16, 20 bis 76		●					
Würzburg	3 oder 6	●						

[1] Zwei Abschnitte von jeweils mindestens vier Wochen möglich [2] Zwei Abschnitte von jeweils vier Wochen in zwei verschiedenen Unternehmen möglich [3] Zwei Abschnitte von jeweils mindestens acht Wochen in zwei verschiedenen Unternehmen möglich [4] Gruppenprojekt als Tagespraktikum möglich.

2.3.1.1.3   Zeitliche Platzierung der Praktika im Studienverlauf

Die Studienordnungen der Hochschulen beantworten auch die Frage, ob das Praktikum in der Orientierungs- oder der Profilierungsphase des Studiums oder in einer Kombination aus beiden abgeleistet werden soll.

Ein Praktikum in der Orientierungsphase bietet den Vorteil, dass bereits sehr frühzeitig Eindrücke über die Strukturen und Abläufe in einem Unternehmen erlangt werden können. Mit diesen Erfahrungen lässt sich die Studienwahl überprüfen und das im Studium vermittelte Wissen leichter verstehen. Demgegenüber kann bei einem Praktikum in höheren Semestern, das an der Hochschule erworbene fachspezifische und methodische Wissen bei der Bearbeitung anspruchsvoller Aufgaben im Unternehmen erprobt und vertieft werden.

Das Ergebnis der Dokumentenauswertung wird in Tabelle 7 (siehe S. 38) zusammengefasst.

Wie Tabelle 7 verdeutlicht, müssen an den Universitäten Friedrichshafen, Oestrich- Winkel und Vallendar, die Praktika im Orientierungs- und Profilierungsstudium abgeleistet werden. An der Universität Siegen stellt das Praktikum eine Leistung des Orientierungsstudiums dar, an den Universitäten Bochum, Bruchsal, Chemnitz, Kassel und Lüneburg eine Leistung des Profilierungsstudiums. Die verbleibenden Hochschulen stellen den Studierenden die Platzierung des Praktikums im Studienverlauf frei, geben mehrheitlich jedoch Empfehlungen, die den Spielraum der Studien- und Prüfungsordnungen deutlich einengen.

Wie sich Studenten entscheiden, wenn ihnen die Hochschule die Wahl der Platzierung freistellt, kann mit den Bayreuther-Befragungsergebnissen von 1988 und 2003 aufgeklärt werden[67].

---

[67]   zu den Ergebnissen von 1988: Vgl. Wossidlo, P. R., Schamel, E., Arnold, W., Winkelmann, P., Sicht der Studierenden (1991), S. 50 ff.

Tab. 7: Die Platzierung des Praktikums im betriebswirtschaftlichen Bachelorstudium an deutschen Universitäten (2009/10)

Universität	Semester					
	1.	2.	3.	4.	5.	6.
	Orientierungsphase			Profilierungsphase		
Aachen	●	●	●	●	●	E
Bamberg	●	●	E	E	E	E
Bayreuth	●	●	E	E	E	E
Berlin FU	●	●	E	E	E	E
Berlin HU	●	●	●	●	E	●
Bielefeld	●	●	●	●	●	●
Bochum			●	E	●	E
Bremen	●	●	E	E	E	●
Bruchsal					P	
Chemnitz						P
Cottbus	●	●	●	●	●	E
Dresden	●	●	●	●	●	E
Duisburg-Essen [1]	●	●	●	●	●	●
Duisburg-Essen	●	●	●	E	E	●
Eichstätt	●	●	●	●	●	●
Frankfurt/Oder	●	●	●	●	●	●
Friedrichshafen		P		P		
Jena	●	●	●	E	E	E
Kassel [2]				●	●	
Leipzig	●	●	●	E	E	●
Lüneburg					●	●
Marburg [1]	●	●	●	●	●	●
Oestrich-Winkel		P		P		
Oldenburg	●	●	●	●	E	●
Potsdam	●	●	E	E	E	E
Regensburg	●	●	●	●	E	●
Saarbrücken	●	●	●	E	●	E
Siegen	●	●				
Ulm	●	●	●	E	E	●
Vallendar [3]		P		P		
Witten-Herdecke	E	E	E	E	E	E
Würzburg	●	●	E	E	E	E

E = Empfehlung; P = Pflicht [1] das Praktikum sollte vor Studienbeginn absolviert werden [2] Regelstudienzeit: sieben Semester [3] vor Beginn des Studiums muss zusätzlich ein achtwöchiges Praktikum absolviert werden.

Abb. 3: Platzierung der Praktika im Studienverlauf (2003/1988)

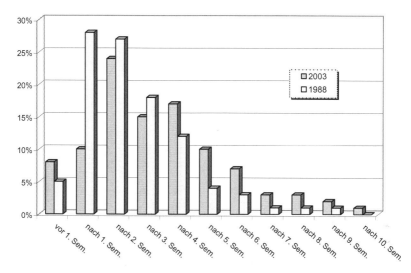

Quelle: Analyse unter Hinzunahme der Ergebnisse von Wossidlo, P. R., Schamel, E., Arnold, W., Winkelmann, P., Sicht der Studierenden (1991), S. 51 f.

Der Abbildung 3 ist zu entnehmen, dass die Mehrzahl der Praktika nach dem 2., 3. und 4. Semester, also im Grundstudium des Diplomstudienganges, absolviert wurde. Die Abbildung zeigt auch, dass die Praktika im Zeitverlauf tendenziell später abgeleistet werden. Ein Grund für diesen Trend zum Praktikum in höheren Semestern könnte darin liegen, dass der Gewinnung von Berufsfertigkeiten und der Kontaktaufnahme zu potentiellen Arbeitgebern in den letzten Jahren eine immer größere Bedeutung beigemessen wurde. Ob sich dieser Trend in den gestuften Studiengängen bestätigen wird, bleibt vorerst abzuwarten.

Fazit: Soll das Praktikum den Unternehmen zur Auswahl von Führungskräften dienen, dann dürfte die Auswahlentscheidung um so valider sein, je zeitlich näher das Praktikum zum Berufseintritt, mit anderen Worten: zum Examen liegt. Die meisten Prüfungsordnungen lassen die zeitliche Platzierung des Praktikums offen. Eine Bedingung für die Optimierung der Personalauswahl ist vorerst nur mit Einschränkung gegeben.

2.3.1.2 Inhaltliche Vorgaben

Die Studien- und Prüfungsordnungen der Universitäten sind darauf hin zu untersuchen, ob sie inhaltliche Vorgaben enthalten, die die Absicht, das Praktikum als Instrument der Personalauslese zu nutzen, konterkarieren. Solche Festlegungen betreffen zum ersten den Einsatz in ausschließlich Stabs- oder auch Linienabteilungen oder einer Kombination aus beiden, zum zweiten Tätigkeiten in bestimmten Funktionsbereich, wie z. B. Marketing, Finanzen o. ä.

Wie im historischen Teil bereits aufgezeigt, sprachen sich sowohl die Schmalenbach-Gesellschaft als auch die Bundesvereinigung der Deutschen Arbeitgeberverbände dafür aus, einen ersten Teil des Praktikums in Linienabteilungen abzuleisten. Hiervon versprach man sich, dass die Studierenden die Verflechtungen des Unternehmens nach außen erkennen und die körperliche Belastung der Menschen im Betrieb verstehen. Der zweite Abschnitt sollte dann in Stabsabteilungen stattfinden, damit Neigungen zu einer späteren Spezialisierung festgestellt und einschlägige Berufserfahrungen in der gewählten Spezialisierung bereits während des Studiums erworben werden können. Die Dokumentenauswertung ergab, dass lediglich an der Universität Witten-Herdecke eine Reglementierung zu den betrieblichen Ausbildungsinhalten vorzufinden ist. Während des sechzehnwöchigen Praktikums müssen mindestens acht Wochen in einer gewerblichen Tätigkeit abgeleistet werden. Die anderen Hochschulen lassen die inhaltliche Ausgestaltung des Praktikums dem Studierenden und der Ausbildungsstätte offen.

Die Abbildungen 4 bis 8 (siehe S. 41 ff.) zeigen, in welchen Abteilungen Praktika im betriebswirtschaftlichen Diplomstudium an der Universität Bayreuth 1988 und 2003 abgeleistet wurden und wie die Studierenden das Niveau ihrer Ausbildung in den Fachabteilungen einschätzten[68].

---

[68]   zu den Ergebnissen von 1988: Vgl. Wossidlo, P. R., Schamel, E., Arnold, W., Winkelmann, P., Sicht der Studierenden (1991), S. 53 ff.

Abb. 4: Verteilung der Praktika auf verschiedene Abteilungen in Industriebetrieben (2003)

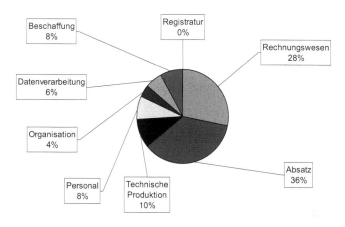

Abb. 5: Verteilung der Praktika auf verschiedene Abteilungen in Industriebetrieben (1988)

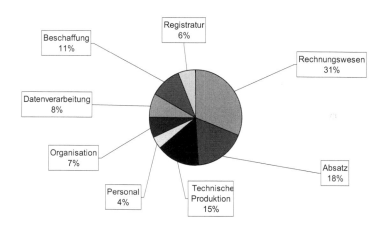

Quelle: Wossidlo, P. R., Schamel, E., Arnold, W., Winkelmann, P., Sicht der Studierenden (1991), S. 54 f.

Abb. 6: Verteilung der Praktika auf verschiedene Abteilungen in Bankbetrieben (2003)

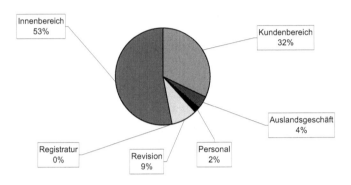

Abb. 7: Verteilung der Praktika auf verschiedene Abteilungen in Bankbetrieben (1988)

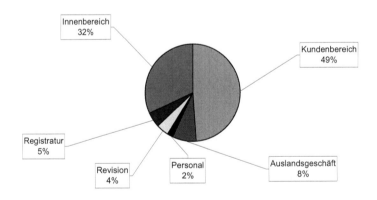

Quelle: Wossidlo, P. R., Schamel, E., Arnold, W., Winkelmann, P., Sicht der Studierenden (1991), S. 55 f.

Wie Abbildung 4 verdeutlicht, wurden die Praktikanten in Industriebetrieben 2003 schwerpunktmäßig im Absatz eingesetzt. Auf dieses Tätigkeitsgebiet entfielen 36 % der Teilpraktika. 28 % der Teilpraktika in Industriebetrieben wurden im Rechnungswesen und 10 % in der Technischen Produktion abgeleistet. Weitere Teilpraktika wurden in den Abteilungen Personal (8 %), Beschaffung (8 %), Datenverarbeitung (6 %) und Organisation (4 %) absolviert. Im Vergleich zur Ersterhebung (siehe Abb. 5) praktizierten die Praktikanten im Industriebetrieb somit verstärkt in marktnahen Bereichen.

Entgegengesetzt war die Entwicklung des Praktikums im Bankbetrieb (siehe Abb. 6 und 7). Hier lag der schwerpunktmäßige Einsatz der Studierenden 2003 im Innenbereich: 53 % der Praktika entfielen auf diesen Sektor. Mit 32 % folgte der Einsatz im Kundenbereich, weitere 11 % der Praktikanten wurden in der Abteilung Revision bzw. Personal tätig. 8 % der Teilpraktika entfielen auf eine Auslandsabteilung.

Abb. 8: Das Niveau der Praktikumstätigkeit im Urteil der Studierenden (2003/1988)

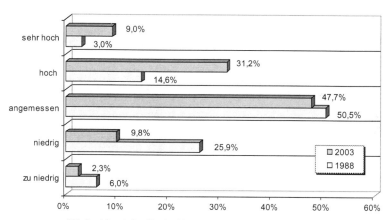

"Wie hoch beurteilen Sie das Niveau Ihres Arbeitseinsatzes gemessen an Ihrem Ausbildungsstand und Ihrem Leistungsvermögen?"

Quelle: Analyse unter Hinzunahme der Ergebnisse von Wossidlo, P. R., Schamel, E., Arnold, W., Winkelmann, P., Sicht der Studierenden (1991), S. 123 f.

Der Abbildung 8 (siehe S. 43) ist zu entnehmen, dass die Diplomstudenten mit den in den Fachabteilungen übertragenen Aufgaben in beachtlicher Weise zufrieden waren.

In 40,2 % der Fälle wurde das Niveau des Arbeitseinsatzes als „hoch" bzw. „sehr hoch" bezeichnet. 47,7 % der übertragenen Arbeiten wurden als „angemessen" eingestuft. Lediglich 12,1 % der Studierenden gab an, dass das Tätigkeitsniveau ihren Vorstellungen nicht entsprach.

Dies stellt gegenüber 1988 ein deutlich besseres Ergebnis dar, wo ein knappes Drittel der Studierenden mit dem Arbeitsniveau im Praktikum nicht zufrieden war.

Diese Analyse deckt sich inhaltlich mit Tabelle 8, in der die durch die Studenten geschätzte Verteilung ihrer Arbeitszeit auf bestimmte Tätigkeiten dargestellt ist.

Tab. 8: Das Tätigkeitsspektrum im Praktikum in Prozent der Arbeitszeit (2003/1988)

Kategorie	Nennungen (%)	
	2003	1988
Informationssuche, Nachdenken, Anschauen	33,2	24,7
Anspruchsvollere ausführende Tätigkeiten	33,3	23,9
Mechanische „ausführende" Tätigkeiten (geistig)	22,9	32,5
„Mechanische" ausführende Tätigkeiten (manuell)	3,5	8,7
Leerlauf	4,4	7,0
Sonstiges	2,7	3,6

Quelle: Analyse unter Hinzunahme der Ergebnisse von Wossidlo, P. R., Schamel, E., Arnold, W., Winkelmann, P., Sicht der Studierenden (1991), S. 123 f.

Nach Einschätzung der Diplomstudenten dominierten im Praktikum „anspruchsvollere ausführende Tätigkeiten" (33,3 %), gefolgt von „Informationssuche, Nachdenken und Anschauen" (33,2 %). Auch hier zeigt sich eine deutliche Verbesserung zu 1988, wo insgesamt nur 48,6 % der Nennungen auf diese beiden Kategorien entfielen.

Fazit: Die Ergebnisse zeigen, dass den Diplomstudenten im Zeitverlauf deutlich anspruchsvollere Aufgaben übertragen wurden. Da die Universitäten den Betrieben auch in den gestuften Studiengängen praktisch keine Vorgaben zu den betrieblichen Ausbildungsinhalten machen, sind günstige Voraussetzungen für den Ausbau des Praktikums zu Personalauslesezwecken gegeben.

2.3.1.3 Vorgaben zu den Ausbildungstechniken

Die Hochschulen haben auch die Frage zu beantworten, wie die Inhalte des Praktikums zu vermitteln sind.

Das betriebswirtschaftliche Praktikum stellt eine Form der Ausbildung am Arbeitsplatz dar. Die Studierenden werden engagierten und fachlich versierten Mitarbeitern in Fachabteilungen zugewiesen, die durch die Übertragung von Aufgaben und das persönliche Gespräch in betriebliche Prozesse einführen und deren Bewältigung aufzeigen. Neben dieser gelenkten Erfahrungsvermittlung[69] gibt es aber noch andere Techniken der Ausbildung am Arbeitsplatz, die alternativ, ergänzend oder auch in Kombination zueinander zur Vermittlung der Praktikumsinhalte herangezogen werden können. Als solche sind nach einer schon älteren, jedoch immer noch treffenden Differenzierung von Schönfeld[70], die Urlaubs- und Krankheitsvertretung[71], der Arbeitsplatzringtausch[72], die Assistententätigkeit[73] und die Übertragung von Sonderaufgaben[74] zu betrachten.

Die gelenkte Erfahrungsvermittlung, die Urlaubs- und Krankheitsvertretung und der Arbeitsplatzringtausch eignen sich am besten, wenn der Student einen Einblick in die Aufgabenstellungen an einem oder an mehreren Arbeitsplätzen erhalten soll. Nach einer individuellen Einarbeitungszeit können dem

---

[69] zur gelenkten Erfahrungsvermittlung: Vgl. Schönfeld, H.-M., Führungsausbildung (1967), S. 191
[70] vgl. Schönfeld, H.-M., Führungsausbildung (1967), S. 191 ff.
[71] vgl. Schönfeld, H.-M., Führungsausbildung (1967), S. 199
[72] vgl. Schönfeld, H.-M., Führungsausbildung (1967), S. 193
[73] vgl. Schönfeld, H.-M., Führungsausbildung (1967), S. 196
[74] vgl. Schönfeld, H.-M., Führungsausbildung (1967), S. 200

Studenten eigenverantwortliche Aufgaben übertragen werden, so dass er diese und die damit verbundenen Anforderungen aus eigener Anschauung kennen lernt. Demgegenüber dürften die Assistententätigkeit und die Übertragung von Sonderaufgaben bessere Dienste leisten, wenn sich der Student Erfahrungen in der Entscheidungsvorbereitung aneignen will[75].

Die Auswertung der Studien- und Prüfungsordnungen ergab, dass die Universitäten keine Empfehlungen zu den im Praktikum zu verwendenden Ausbildungstechniken geben.

Daraus kann geschlossen werden, dass die im Praktikum am häufigsten verwendete Ausbildungsmethode die gelenkte Erfahrungsvermittlung ist.

Wie zufrieden Studierende mit der Vermittlung der Ausbildungsinhalte im Praktikum sind, zeigen wiederum die Erfahrungen der Bayreuther Diplomstudenten[76]. Die Studierenden beurteilten u. a. die Einarbeitung in den Betrieb, die während des Praktikums gewährten Hilfestellungen, das Vorhandensein eines Ausbildungsplans und - wenn dieser existierte - dessen Qualität.

Die Ergebnisse sind in den Abbildungen 9 bis 12 (siehe S. 47 ff.) zusammengefasst.

---

[75] zum Entscheidungsprozess: Vgl. Laux, H., Entscheidungstheorie (2007), S. 8 ff.
[76] zu den Ergebnissen von 1988: Vgl. Wossidlo, P. R., Schamel, E., Arnold, W., Winkelmann, P., Sicht der Studierenden (1991), S. 129 ff.

Abb. 9: Zufriedenheit mit der Einarbeitung (2003/1998)

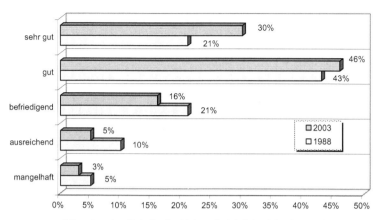

"Wie gut wurden Sie in den Betrieb bzw. die Arbeitsbereiche eingearbeitet (z. B. durch Einführungskurse, Vorgesetztengespräche, usw.)?"

Quelle: Analyse unter Hinzunahme der Ergebnisse von Wossidlo, P. R., Schamel, E., Arnold, W., Winkelmann, P., Sicht der Studierenden (1991), S. 129 f.

Abb. 10: Zufriedenheit mit den Hilfestellungen (2003/1988)

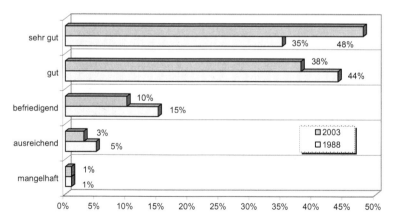

"Wie gut beurteilen Sie die Hilfestellung, die Ihnen zur Unterstützung der eigenen Mitarbeit zuteil wurde?"

Quelle: Analyse unter Hinzunahme der Ergebnisse von Wossidlo, P. R., Schamel, E., Arnold, W., Winkelmann, P., Sicht der Studierenden (1991), S. 130 f.

Wie die Abbildung 9 zeigt, war die Zufriedenheit der Studenten mit der Einarbeitung in den Betrieb und seine Geschäftsbereiche bemerkenswert hoch. 92 % beurteilten die Qualität der Einarbeitung als „sehr gut", „gut" oder „befriedigend". Lediglich bei 8 % der Praktika wurde das Einarbeitungsergebnis negativ beurteilt (1988: 15 %).

Noch höher war die Zufriedenheit der Praktikanten mit den während des Praktikums gewährten Hilfestellungen (siehe Abb. 10). In 96 % der Fälle wurde die gewährte Hilfestellung als „sehr gut", „gut" oder „befriedigend" beurteilt. Nur 4 % der Antworten entfielen auf das Urteil „ausreichend" bzw. „mangelhaft".

Das Bild wird nur getrübt, wenn der Organisationsgrad der Praktika betrachtet wird.

Abb. 11: Vorhandensein eines Ausbildungsplans (2003/1988)

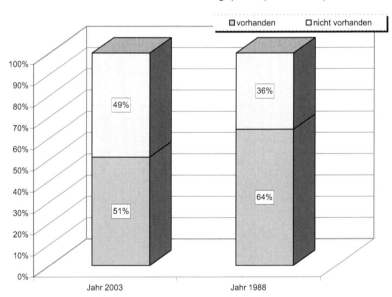

Quelle: Analyse unter Hinzunahme der Ergebnisse von Wossidlo, P. R., Schamel, E., Arnold, W., Winkelmann, P., Sicht der Studierenden (1991), S. 126 f.

Abb. 12: Beurteilung der Qualität des Ausbildungsplans (2003/1988)

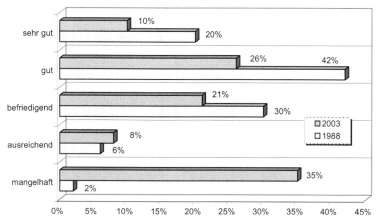

"Wie gut war Ihrer Meinung nach ein Praktikanten-Ausbildungsplan festgelegt?"

Quelle: Analyse unter Hinzunahme der Ergebnisse von Wossidlo, P. R., Schamel, E., Arnold, W., Winkelmann, P., Sicht der Studierenden (1991), S. 127 f.

Bei 49 % der Praktika war ein Ausbildungsplan nicht vorhanden. Existierte ein solcher, wurde er von den Studierenden in rund einem Drittel der Fälle mit mangelhaft bewertet.

Fazit: Insgesamt lässt dies den Schluss zu, dass in den Fachabteilungen die inhaltliche und didaktische Ausgestaltung der Praktika in den Verantwortungsbereich engagierter und fachkompetenter Mitarbeiter gelegt ist. Dies ist jedoch kein Manko: Soll das betriebswirtschaftliche Praktikum zur Personalauswahl erweitert werden, muss gewährleistet sein, dass sich engagiertes und kompetentes Personal neben der Ausbildung auch der Verhaltensbeobachtung im Praktikum annimmt. Die Befragungsergebnisse deuten darauf hin, dass auch diese Bereitschaft vorhanden sein dürfte. Eine weitere Bedingung für die Potentialbeurteilung im Praktikum scheint so mit hoher Wahrscheinlichkeit realisiert zu sein.

2.3.2 Vorgaben zur Ausbildungsstätte

Nachdem eine Hochschule ein grundlegendes Konzept für ein Praktikum erarbeitet hat, ist die Frage zu beantworten, ob für dessen Umsetzung im Unternehmen Vorkehrungen zu treffen sind, damit die Praktikumsziele im gewünschten Ausmaß realisiert werden können. Als solche sind Anforderungen an die Qualifikation der Ausbilder und die Branchenzugehörigkeit bzw. Größe der Ausbildungsstätten denkbar.

2.3.2.1 Qualifikation der Ausbilder

Wie aufgezeigt wurde[77], attestieren die Praktikanten ihren Ausbildern ein beachtliches Engagement bei der Vermittlung der Ausbildungsinhalte.

Trotzdem ist die Frage berechtigt, ob Praktikanten nur von Mitarbeitern ausgebildet werden dürfen, die neben Engagement und fachlicher Befähigung auch über arbeitspädagogische Kenntnisse verfügen, wie dies z. B. in der Berufsausbildung[78] seit Langem der Fall ist.

Die Auswertung ergab, dass Universitäten diese Vorgabe nicht machen.

Aus Sicht der Praktikanten ist dies zu beklagen. Erfahrungsberichte aus der beruflichen Ausbildung deuten nämlich darauf hin, dass mit geschulten Ausbildern höhere Ausbildungserfolge realisiert werden können[79]. Ein Nachbessern der Praktikumsordnungen wäre aus dieser Perspektive sicher wünschenswert.

Aus betrieblicher Sicht stellt dies allerdings eine günstige Situation dar. Unternehmen dürfen nämlich auch dann Mitarbeiter mit der Praktikantenausbildung beauftragen, wenn diese über keine formale Ausbilderqualifikation verfügen.

---

[77] vgl. Gliederungspunkt 2.3.1.3
[78] vgl. Klotz, A., Berufsausbildung (2008), S. 115 ff.
[79] vgl. Ulmer, P., Jablonka, P., Ausbilder-Eignungsverordnung (2008), S. 76

Fazit: Die Flexibilität der Unternehmen bei der Potentialbeurteilung im Praktikum wird von formalen Vorgaben zur Ausbilderqualifikation folglich nicht tangiert.

2.3.2.2 Branchenzugehörigkeit und Größe der Ausbildungsstätte

Auch wenn die Universitäten für das Praktikum eine formale Ausbilderqualifikation nicht vorschreiben, steht immer noch die Frage im Raum, ob ein Praktikum nur dann anerkannt wird, wenn es bei einem Unternehmen einer bestimmten Branche bzw. Betriebsgrößenklasse absolviert wurde.

So wäre es durchaus denkbar, dass z. B. eine Universität mit einem auf die Belange der mittelständischen Wirtschaft ausgerichteten Studienkonzept vorschreibt, dass betriebliche Erfahrungen in mittelständischen Unternehmen zu sammeln sind. Ebenso plausibel wäre es, wenn Studenten mit bankwirtschaftlicher Schwerpunktsetzung betriebliche Erfahrungen in einer ganz anderen Branche, also z. B. im Industriesektor, erwerben müssten[80].

Deshalb wurden die Studien- und Prüfungsordnungen nach solchen Vorgaben untersucht. Die Dokumentenanalyse ergab, dass an keiner Hochschule interessierte Unternehmen von der Praktikantenausbildung ausgeschlossen werden. Folglich steht die betriebliche Ausbildung von Studenten der Betriebswirtschaftslehre allen Unternehmen in Deutschland offen und mithin auch die Entscheidung, das Praktikum für Beurteilungszwecke zu nutzen.

Um die Frage beantworten zu können, in welcher Branche Studenten ihre Praktika heute ableisten, wird wiederum auf die Erfahrungen der Bayreuther Diplomstudenten[81] zurückgegriffen.

---

[80] vgl. ähnlich Kappler, E., Mentoren-Konzept (1991), S. 88
[81] zu den Ergebnissen von 1988: Vgl. Wossidlo, P. R., Schamel, E., Arnold, W., Winkelmann, P., Sicht der Studierenden (1991), S. 118 ff.

Abb. 13:   Branchenverteilung absolvierter Praktika (2003/1988)

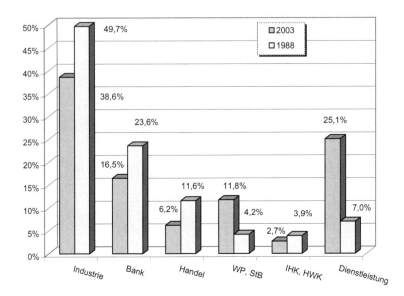

Quelle: Analyse unter Hinzunahme der Ergebnisse von Wossidlo, P. R., Schamel, E., Arnold, W., Winkelmann, P., Sicht der Studierenden (1991), S. 119 f.

Abbildung 13 zeigt, dass annähernd zwei Drittel der Studierenden ein Praktikum in einem Industrie- (38,6 %), Bank- (16,5 %), Handels- (6,2 %) oder Kammerbetrieb (2,7 %) absolvierte. Auffallend ist, dass die Sparten Wirtschaftsprüfung/Steuerberatung (1988: 4,2 %; 2003: 11,8 %) und sonstige Dienstleistungen (1988: 7 %; 2003: 25,1 %) im Vergleich zu den benannten Branchen als Anbieter von Praktikumsplätzen deutlich an Bedeutung gewonnen haben.

Dieses Bild ist stimmig mit der Verteilung der absolvierten Praktika nach Betriebsgrößenklassen.

Abb. 14: Betriebsgrößenverteilung absolvierter Praktika (2003/1988)

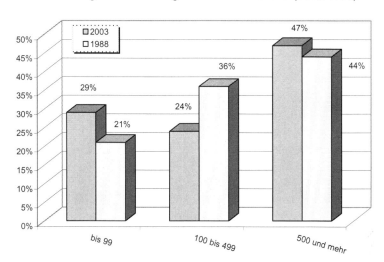

Quelle: Analyse unter Hinzunahme der Ergebnisse von Wossidlo, P. R., Schamel, E., Arnold, W., Winkelmann, P., Sicht der Studierenden (1991), S. 121 f.

Der Abbildung 14 ist zu entnehmen, dass die Praktika überwiegend bei Großunternehmen mit 500 und mehr Beschäftigten abgeleistet wurden (1988: 44 %; 2003: 47 %). Eine beachtliche Zunahme ist jedoch bei den kleinen Unternehmen mit bis zu 99 Mitarbeitern festzustellen (1988: 21 %; 2003: 29 %), zu denen auch die prüfenden und beratenden Betriebe zählen, die in der Regel nicht mehr als 100 Mitarbeiter beschäftigen.

Fazit: Soll das Praktikum gezielt zur Anwerbung potentieller Nachwuchskräfte herangezogen werden, dürften sich bei Dienstleistungsunternehmen und bei Großunternehmen die besten Voraussetzungen für seinen Einsatz ergeben.

2.3.3 Administrative Vorgaben zum Praktikum

Hat die Hochschule die offenen Fragen zum Praktikumsprozess und dessen Umsetzung im Unternehmen geklärt, stellen sich Fragen zur hochschulinternen Abwicklung des Praktikums. Als solche sind Fragen zum Abschluss eines

Praktikumsvertrages, zur Praktikumsvergütung und zum Nachweis der Praktika von Bedeutung.

2.3.3.1 Praktikumsvertrag

Mit dem Angebot und der Annahme eines Praktikumsplatzes wird eine Rechtsbeziehung zwischen der Ausbildungsstätte und dem Studierenden eingegangen. Das Unternehmen verpflichtet sich, die Ausbildung entsprechend den vereinbarten Inhalten durchzuführen. Der Student ist gehalten, die ihm ermöglichte Ausbildung wahrzunehmen und Weisungen des Ausbildenden zu befolgen.

Vor dem Hintergrund der Sicherstellung einer hohen Ausbildungsqualität, muss die Universität am reibungslosen Ablauf des Praktikums interessiert sein. Deshalb wurde der Frage nachgegangen, ob von den Hochschulen der Abschluss eines Vertrages zwischen Ausbildungsstätte und Student gefordert wird, auf dessen Grundlage sich Unstimmigkeiten vor oder während des Praktikums klären lassen.

Die Dokumentenanalyse ergab, dass lediglich von den Universitäten Aachen und Lüneburg der Abschluss eines Praktikumsvertrags verlangt wird. In Lüneburg hat man einen Standardvertrag[82] erarbeitet, der neben Bestandteilen wie Pflichten der Vertragspartner auch Vereinbarungen zur Betreuung, Vergütung, Schweigepflicht und Auflösung des Vertrages enthält. Bestimmungen, die eine Leistungsbeurteilung im Praktikum einschränken oder behindern, sind im Praktikumsvertrag nicht zu finden

Fazit: Nur die Hochschule Lüneburg gibt einen Standardvertrag für das Praktikum vor. Bestimmungen, die die Leistungsbeurteilung im Praktikum beeinträchtigen, enthält der Vertrag nicht.

---

[82] vgl. Anhang

2.3.3.2 Praktikumsvergütung

Bei der Frage nach einer Vergütung der Praktikumsleistung müssen verschiedene Argumente gegeneinander abgewogen werden[83]. Gegen die Vergütung des Praktikums spricht, dass Studenten durch das Praktikum eine kostenlose Ausbildung erhalten und folglich keinen Anspruch auf ein Entgelt hätten. Auf der anderen Seite kann auf die vergleichbare Lehrlingsausbildung verwiesen werden, die seit Jahrzehnten entgeltlich erfolgt. Für die Vergütung der Praktika spricht des Weiteren die durch Praktikanten normalerweise hervorgebrachte Wertschöpfung im Unternehmen sowie die Gefahr, bei einer ausbleibenden Vergütung, in den Verdacht der Ausnutzung wirtschaftlicher Macht zu geraten. Und noch ein weiteres Argument spricht für eine ausreichende Vergütung der Praktika: Im Gegensatz zur weit verbreiteten Meinung ist ein beträchtlicher Teil der Studierenden darauf angewiesen, während der vorlesungsfreien Zeit ein bescheidenes Einkommen zum Bestreiten des Lebensunterhalts zu erwerben[84].

Um Aufschluss über diese für Unternehmen durchaus wichtige Frage zu erhalten, wurden die Verordnungen der Hochschulen zu dieser Thematik analysiert. Wie zu vermuten war, gibt es an keiner Hochschule eine derartige Maßgabe. Die Universitäten überlassen die Absprache der Praktikumsvergütung den Ausbildungsbetrieben und den Studierenden selbst.

In welcher Höhe betriebswirtschaftliche Praktika vergütet werden, und wie diese Vergütungssätze durch die Praktikanten eingeschätzt werden, lässt sich mit den Erfahrungen der Bayreuther Diplomstudierenden aufklären[85].

---

[83] vgl. Wossidlo, P. R., Schamel, E., Arnold, W., Winkelmann, P., Sicht der Studierenden (1991), S. 132 f.

[84] vgl. HIS Hochschul-Informations-System GmbH, Erfahrungen (2007), S. 12 ff., <www.his.de/publikation/forum/index_html?reihe_nr=F13/2007> (Zugriff am 30.07.2008)

Tab. 9: Die Vergütung des Praktikums im betriebswirtschaftlichen Diplomstudium an der Universität Bayreuth (2003/1988)

Vergütung in EUR	Verteilung in Prozent	
	2003	1988
1.023,-- und mehr	5,2	
512,-- bis 1.022,--	23,6	3,3
257,-- bis 511,--	49,2	29,3
128,-- bis 256,--	12,0	48,8
1,-- bis 127,--	3,7	11,7
ohne Entgelt	6,3	6,8
ungewichteter Mittelwert: 1998 = 240,-- EUR; 2003 = 505,-- EUR		

Quelle: Analyse unter Hinzunahme der Ergebnisse von Wossidlo, P. R., Schamel, E., Arnold, W., Winkelmann, P., Sicht der Studierenden (1991), S. 132 f.

Wie Tabelle 9 zu entnehmen ist, erhielt 2003 die Mehrzahl der Studierenden (49,2 %) für ihre Praktikumsleistung ein Salär zwischen 257,-- und 511,-- EUR. 23,6 % der Studierenden bekam bis zu 1.022,-- EUR und 5,2 % 1.023,-- EUR und mehr. Nimmt man den errechneten Mittelwert in Höhe von 505,-- EUR heran, und vergleicht diesen mit dem Mittelwert der Erhebung von 1988 (für dieses Jahr ergab sich ein Wert von 240,-- EUR), dann zeigt sich im Zeitverlauf eine deutliche Steigerung der monatlichen Vergütung.

Erstaunlich ist, dass trotz der gestiegenen Praktikumsvergütung, die Beurteilung der Vergütungshöhe über die Jahre hinweg nahezu unverändert geblieben ist.

Wie Abbildung 15 (siehe S. 57) zeigt, beurteilte rund ein Drittel der Studierenden, die ihnen im Praktikum gewährte Vergütung sowohl 1988, als auch 2003 mit „niedrig" bzw. „zu niedrig".

---

[85] zu den Ergebnissen von 1988: Vgl. Wossidlo, P. R., Schamel, E., Arnold, W., Winkelmann, P., Sicht der Studierenden (1991), S. 132 ff.

Abb. 15: Beurteilung der Praktikanten-Vergütung durch die Studierenden (2003/1988)

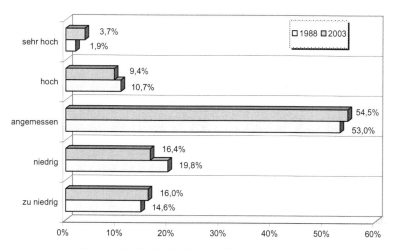

"Wie beurteilen Sie die Höhe Ihrer Praktikantenvergütung in Bezug auf Ihre Arbeitsleistung?"

Quelle: Analyse unter Hinzunahme der Ergebnisse von Wossidlo, P. R., Schamel, E., Arnold, W., Winkelmann, P., Sicht der Studierenden (1991), S. 135

Ein Grund für die Unzufriedenheit der Studenten könnte darin liegen, dass die Vergütung der Praktikanten unterhalb der Entlohnung von kaufmännischen Auszubildenden liegt.

In Tabelle 10 (siehe S. 58), wird die durchschnittliche tarifliche Ausbildungsvergütung in Industrie und Handel in den alten Bundesländern für die Zeiträume 1994 bis 2002 und 1978 bis 1988 dargestellt. Wie diese Tabelle zeigt, liegen die Ausbildungsvergütungen sowohl im Betrachtungszeitraum 1994 bis 2002 als auch 1978 bis 1988 ausnahmslos und deutlich über den für das Praktikum errechneten Mittelwerten.

Tab. 10: Die durchschnittliche tarifliche Ausbildungsvergütung über Berufe und Ausbildungsjahre in Industrie und Handel in den alten Bundesländern

Jahr	Betrag in EUR	Jahr	Betrag in EUR
2002	657,--	1988	385,--
2001	640,--	1987	375,--
2000	629,--	1986	364,--
1999	613,--	1985	350,--
1998	598,--	1984	343,--
1997	592,--	1983	334,--
1996	586,--	1982	324,--
1995	575,--	1981	306,--
1994	555,--	1980	285,--
		1979	266,--
		1978	252,--

Quelle: Zusammenstellung auf der Basis der Daten des Bundesinstituts für Berufsbildung, Tarifliche Ausbildungsvergütungen 1976 bis 2007 in Euro, <www.bibb.de/ dokumente/pdf/a21_dav_entwicklung_2007.pdf> (Zugriff am 20.10.2008)

Fazit: Soll das Praktikum zur Auswahl von Nachwuchskräften eingesetzt werden, muss beachtet werden, dass die Höhe der Praktikumsvergütung auch einen Maßstab für die Wertschätzung der geleisteten Arbeit darstellt[86]. Zumindest dann, wenn ein Unternehmen mit dem Praktikum die leistungs- und erfolgsorientierten Studenten ansprechen will, müssen neben attraktiven Inhalten auch angemessene Vergütungen gewährt werden. Eine Anlehnung an die Entlohnung der kaufmännischen Auszubildenden des dritten Ausbildungsjahrs erscheint uns in diesem Fall gerechtfertigt.

2.3.3.3 Praktikumsnachweis

Da das Praktikum eine zu erbringende Studienleistung darstellt, muss auch eine Antwort darauf gefunden werden, wie der Nachweis über die ordnungsgemäße Ableistung zu führen ist. Grundsätzlich sind zwei Regelungen denkbar: Die Praktikumsbescheinigung des Ausbildungsbetriebes und der vom Praktikanten angefertigte Bericht.

---

[86] vgl. Berthel, J., Becker, F. G., Personalmanagement (2008), S. 445 ff.

Mit dem Praktikumsbericht ist zunächst einmal der Vorteil verbunden, dass die Hochschule durch diesen einen Eindruck von der Ausbildungsqualität in den Betrieben erhält. Betriebe, die nicht gemäß den Erwartungen ausbilden, können auf diese Weise identifiziert und auf Verbesserungen hin angesprochen werden.

Aus studentischer Sicht hat das Abfassen des Berichtsheftes den Vorteil, dass die im Praktikum gemachten Erfahrungen noch einmal kritisch hinterfragt werden müssen, so dass sich tiefer gehende Erkenntnisse aus dem Praktikum ergeben.

Den Ausbildungsbetrieben vermittelt der Bericht schließlich Einblicke in neuere wissenschaftliche Erkenntnisse und Eindrücke davon, wie der Betrieb vom Praktikanten gesehen und erlebt wird. Ergäben sich während oder nach einem Praktikum Unstimmigkeiten mit dem Studenten, z. B. über die erbrachte Ausbildungsleistung, dann könnte durch ein regelmäßig geführtes und unterzeichnetes Berichtsheft die Beweisführung erleichtert werden.

Demgegenüber ermöglicht die Praktikumsbescheinigung lediglich eine grobe Einschätzung über die Art und Dauer des Praxisaufenthalts.

Die Auswertung ergab, dass die Anfertigung eines Berichtsheftes an den Universitäten Aachen, Bamberg, Bayreuth, Berlin (FU), Bochum, Bremen, Dresden, Jena, Kassel, Leipzig, Lüneburg, Oldenburg, Potsdam, Saarbrücken, Ulm und Würzburg vorgeschrieben ist. Verbindliche Vorgaben darüber, wie der Bericht nach Art und Umfang anzufertigen ist, finden sich an den Hochschulen Aachen, Bamberg, Bayreuth, Berlin (FU), Bremen, Kassel, Oldenburg, Potsdam und Würzburg.

Die Anforderungen an den Praktikumsbericht sind in der Tabelle 11 dargestellt.

Tab. 11: Die Anforderungen an den Praktikumsbericht im betriebswirtschaftlichen Bachelorstudium an deutschen Universitäten (2009/10)

Universität	Anforderungen
Aachen	Der Bericht ist ein zusammenhängender Text (keine Tagesberichte), der die jeweiligen Ausbildungsabschnitte umfasst. Er beschreibt die durchgeführten Tätigkeiten und den Ausbildungsbetrieb. Umfang: pro Woche ca. eine DIN A 4 Seite. Der Bericht muss vom Ausbilder abgestempelt und unterschrieben werden.
Bamberg	Erforderlich ist ein kurzer Bericht, der auf nicht mehr als zwei DIN A 4 Seiten über Ziele, Methoden und Ergebnisse des Pflichtpraktikums Auskunft gibt.
Bayreuth	Der Bericht besteht aus einem Deckblatt, einem Inhaltsverzeichnis und einem ausformulierten Textteil mit Fazit. Der Umfang des Textteils umfasst fünf bis acht Seiten, davon mindestens eine Seite Unternehmensdarstellung, drei Seiten Tätigkeitsbeschreibung und eine Seite Fazit.
Berlin (FU)	Der Bericht soll maximal fünf Seiten umfassen und ist im Blackboard zu schreiben. Zugang zum Blackboard besteht für alle Studenten, die sich zum Praktikum anmelden.
Bremen	Vorgeschrieben ist ein ca. fünfzehnseitiger Bericht (ohne Anhang), der Angaben über Arbeitsweise und Struktur der Praxisstellen, die Beschreibung von Problemstellungen und Verfahren zur Problemlösung sowie eine Reflexion über die gewonnenen Erfahrungen enthalten soll.
Kassel	Im Praktikumsbericht sind die gewonnenen Erfahrungen unter Einbeziehung wissenschaftlicher Fragestellungen wiederzugeben. Umfang: zehn Seiten.
Oldenburg	Der Praktikumsbericht soll Angaben über Arbeitsweise und Struktur der Praktikumsinstitution, die Beschreibung der eigenen Arbeit und der Arbeitsergebnisse sowie eine Reflexion über die eigenen Tätigkeiten und die dabei gemachten Erfahrungen enthalten und zwölf bis fünfzehn Seiten umfassen .
Potsdam	Der Praktikumsbericht muss eine kurze Charakterisierung des Betriebes (Name, Anschrift, Branche, Beschäftigte, Produktionsprogramm usw.), den genauen Zeitraum des (Teil-) Praktikums, die Urlaubs- und sonstigen Feiertage und eine Aufstellung der wahrgenommenen Aufgaben und Tätigkeiten enthalten. Der Bericht ist vom Betrieb auf sachliche Richtigkeit zu überprüfen und gegenzuzeichnen.
Würzburg	Für das dreiwöchige Praktikum ist ein Bericht von ca. zehn Seiten, für das sechswöchige Praktikum von ca. fünfzehn Seiten erforderlich.

Fazit: Will sich ein Unternehmen in der Praktikantenausbildung engagieren, sollte die Anfertigung eines Berichtsheftes vereinbart werden, nicht zuletzt deshalb, weil sich bei der Auswertung des Berichtsheftes wichtige Informationen zur Einschätzung von Persönlichkeitsmerkmalen finden lassen[87].

2.3.4 Befreiung vom Praktikum

Vor dem Hintergrund der Forderung nach einer kurzen Studiendauer, haben die Universitäten auch eine Entscheidung darüber zu treffen, ob bereits vor dem Studium erworbene Berufserfahrung auf die Praktikumsdauer angerechnet, bzw. als Äquivalent anerkannt wird.

Dahingehend wurden die Prüfungsordnungen der Hochschulen ausgewertet.

Wie Tabelle 12 (siehe S. 62) zeigt, wird vor dem Studium erworbene praktische Erfahrung in Form von Praktika, Berufsausbildungen, Berufstätigkeiten oder einer selbständigen Tätigkeit unter bestimmten Voraussetzungen an den Universitäten Aachen, Berlin FU, Berlin HU, Cottbus, Eichstätt, Marburg, Oldenburg und Potsdam als Alternative zum Pflichtpraktikum anerkannt. An der Universität Kassel ist eine teilweise Anrechnung von Berufspraxis möglich.

An den verbleibenden Universitäten wird diese Erleichterung nicht gewährt.

Fazit: Soll das Praktikum zur Potentialbeurteilung von angehenden Hochschulabsolventen herangezogen werden, so muss man konstatieren, dass es diese uneingeschränkte Möglichkeit nicht bietet.

---

[87] vgl. auch Gliederungspunkt 4.3.2.2.3

Tab. 12: Die Anerkennung von kaufmännischer Berufspraxis auf die Praktikumsdauer im betriebswirtschaftlichen Bachelorstudium an deutschen Universitäten (2009/10)

Universität	Umfang der Anerkennung
Aachen	Eine kaufmännische Berufsausbildung kann anerkannt werden, sofern die Inhalte der Praktikumsrichtlinien darin umgesetzt wurden. Zur Anerkennung ist ein zwölfseitiger Bericht erforderlich.
Berlin FU	Die Anerkennung vor dem Studium absolvierter Praktika, selbständiger Tätigkeiten bzw. abgeschlossener Ausbildungen ist auf Antrag möglich.
Berlin HU	Ein Praktikum vor dem Studium wird anerkannt, wenn es längstens bis zu zwei Jahren vor Studienbeginn absolviert worden ist. Eine abgeschlossene kaufmännische Berufsausbildung, eine mindestens zweijährige Tätigkeit in einem Unternehmen oder eine mindestens zweijährige selbständige Tätigkeit kann ebenfalls als Praktikum anerkannt werden.
Cottbus	Einschlägige berufspraktische Tätigkeiten, die den Anforderungen der Praktikumsordnung entsprechen, werden auf die Dauer des Praktikums angerechnet. Eine Berufsausbildung wird soweit anerkannt, wie sie der Praktikumsordnung entspricht.
Eichstätt	Vor Studienbeginn absolvierte Praktika bzw. abgeschlossene Berufsausbildungen können auf Antrag des Studierenden als Pflichtpraktikum anerkannt werden, wenn diese den Anforderungen der Prüfungsordnung genügen.
Kassel	Von einem fachbezogenen Vorpraktikum oder einer abgeschlossenen Ausbildung können auf Antrag bis zu neun Wochen anerkannt werden. Eine mindestens dreijährige Berufstätigkeit in herausgehobener bzw. leitender Position kann auf Antrag bis zu achtzehn Wochen als Pflichtpraktikum anerkannt werden.
Marburg	Einschlägige berufspraktische Tätigkeiten werden auf das Praktikum angerechnet, soweit Gleichwertigkeit festgestellt ist.
Oldenburg	Eine abgeschlossene Berufsausbildung oder ein vor dem Studium abgeleistetes Praktikum von mindestens zwölf Wochen können angerechnet werden.
Potsdam	Das Praktikum kann durch eine abgeschlossene kaufmännische Berufsausbildung oder eine gleichwertige praktische Tätigkeit ersetzt werden.

2.4 Bewährung

Damit das Praktikum eine sinnvolle Ergänzung einer wissenschaftlichen Hochschulausbildung darstellt, muss sichergestellt sein, dass die mit dem Praktikum verbundenen Ziele auch realisiert werden. Aufgrund der an den Hochschulen zum Teil noch laufenden Umstellungsarbeiten, liegen Erfahrungsberichte über die Zielerreichungsgrade des Praktikums im betriebswirtschaftlichen Bachelorstudium noch nicht vor. Deshalb soll ein letztes Mal auf die Befragung der Bayreuther Diplomstudenten zurückgegriffen und anhand des vorliegenden Datenmaterials die Frage nach dem Zielerreichungsgrad im betriebswirtschaftlichen Praktikum beantwortet werden.

Wie die Abbildungen 16 bis 20 (siehe S. 64 ff.) zeigen, entfielen bei allen fünf Zielsetzungen, 90 und mehr Prozent der Antworten auf einen „sehr hohen", „hohen" oder „befriedigenden" Zielrealisationsgrad. Am besten wurde das Ziel „Schärfung des Blicks für die Unternehmensrealität und die aktuellen Probleme der Betriebsführung" bzw. „Eingewöhnung in die Spielregeln der Mitarbeit, in den Betrieb als soziales System" mit einem Mittelwert von jeweils 1,7 realisiert. An zweiter Stelle sahen die Studenten „die aktive Mitarbeit in intellektuellen wie auch in technischen Prozessen" mit einem Mittelwert von 1,9 verwirklicht. Insgesamt sank bei keinem der fünf Ziele der erreichte Mittelwert unter 2,5, also unter das Urteil „gut".

Erstaunlich ist, dass sich der Realisationsgrad bei allen fünf Zielen im Vergleich zu 1988 zum Teil noch einmal deutlich verbesserte.

So stieg der Mittelwert beim Ziel „Schärfung des Blicks für die Unternehmensrealität" um 0,7, „aktive Mitarbeit im Betrieb" um 0,6, „Konkretisierung der Lehrinhalte" um 0,4 und „Eingewöhnung in die Spielregeln der Mitarbeit" bzw. „Erfassung des Zusammenspiels der betrieblichen Teilbereiche" um 0,2 Prozentpunkte, was ursächlich auf das gestiegene Tätigkeitsniveau im Praktikum[88] und die bessere Integration der Studierenden in die betrieblichen Abläufe zurückzuführen sein dürfte[89].

---

[88] vgl. Gliederungspunkt 2.3.1.2
[89] vgl. Gliederungspunkt 2.3.1.3

Abb. 16: Konkretisierung der von der Universität Bayreuth vermittelten abstrakten Lehrinhalte (2003/1988)

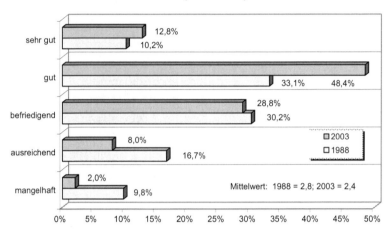

Quelle: Analyse unter Hinzunahme der Ergebnisse von Wossidlo, P. R., Schamel, E., Arnold, W., Winkelmann, P., Sicht der Studierenden (1991), S. 140

Abb. 17: Erfassung des Zusammenspiels der betrieblichen Teilbereiche (2003/1988)

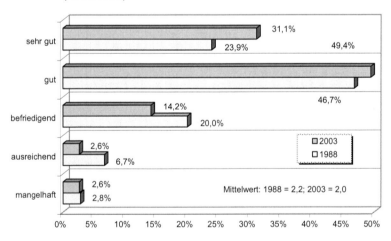

Quelle: Analyse unter Hinzunahme der Ergebnisse von Wossidlo, P. R., Schamel, E., Arnold, W., Winkelmann, P., Sicht der Studierenden (1991), S. 140

Abb. 18: Schärfung des Blicks für die „Unternehmensrealität" und die aktuellen Probleme der Betriebsführung (2003/1988)

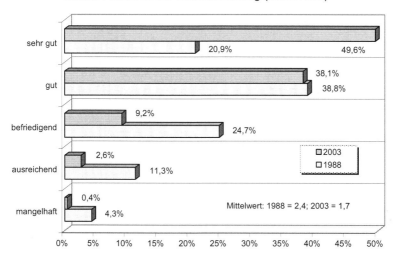

Quelle: Analyse unter Hinzunahme der Ergebnisse von Wossidlo, P. R., Schamel, E., Arnold, W., Winkelmann, P., Sicht der Studierenden (1991), S. 141

Abb. 19: Eingewöhnung in die „Spielregeln der Mitarbeit", in den Betrieb als „soziales System" (2003/1988)

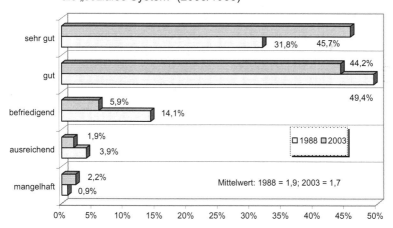

Quelle: Analyse unter Hinzunahme der Ergebnisse von Wossidlo, P. R., Schamel, E., Arnold, W., Winkelmann, P., Sicht der Studierenden (1991), S. 141

Abb. 20: Aktive Mitarbeit in intellektuellen wie auch in technischen Prozessen (2003/1988)

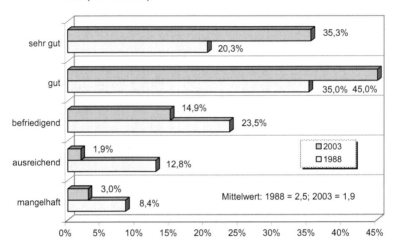

Quelle: Analyse unter Hinzunahme der Ergebnisse von Wossidlo, P. R., Schamel, E., Arnold, W., Winkelmann, P., Sicht der Studierenden (1991), S. 142

Abb. 21: Gesamtnutzen des Praktikums für die weitere Ausbildung (2003/1988)

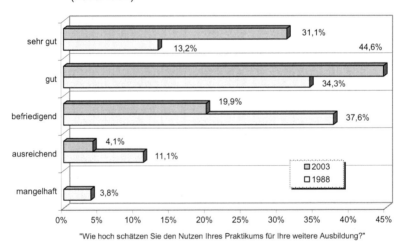

Quelle: Analyse unter Hinzunahme der Ergebnisse von Wossidlo, P. R., Schamel, E., Arnold, W., Winkelmann, P., Sicht der Studierenden (1991), S. 143

Dieses Bild deckt sich mit der Beurteilung des Gesamtnutzens des Praktikums durch die Studenten (siehe Abb. 21, S. 66).

Mit insgesamt 95,6 % sehr guter, guter bzw. befriedigender Urteile, haben die Studierenden eine fast ausnahmslos positive Einstellung zum Betriebspraktikum gewonnen.

Noch bleibt abzuwarten, wie sich die Praktikumsziele mit den im Bachelorstudium deutlich kürzeren Praxisphasen realisieren lassen. Das grundlegende Ziel, durch das Praktikum einen ersten Einblick in die Strukturen und Prozesse eines Unternehmens zu gewinnen, wird sich mit einem hohen Ausprägungsgrad wahrscheinlich auch im Kurzzeitpraktikum erreichen lassen. Im Langzeitpraktikum dürfte demgegenüber auch der Gewinnung von einschlägigen Berufsfertigkeiten und der Entwicklung wichtiger Persönlichkeitsmerkmale nichts im Wege stehen. Es besteht deshalb Zuversicht, dass zukünftig durchgeführte Studien, die positiven Erfahrungen der Bayreuther Diplomstudenten bestätigen.

2.5 Perspektiven

Da die Erweiterung eines Praktikums zur Potentialbeurteilung zunächst einmal mit erheblichen Kosten verbunden ist, muss ein Unternehmen hinreichend Sicherheit darüber haben, dass die an den Hochschulen eingeführten Praktikanten-Programme auf absehbare Zeit erhalten bleiben. Erste Erfahrungsberichte von Studierenden im Bachelorstudium deuten darauf hin, dass das Praktikum zukünftig eine noch bedeutsamere Rolle als heute spielen dürfte.

Die HIS Hochschul-Informations-System GmbH[90] kommt in ihrer aktuellen und repräsentativen Befragung der Absolventen des Jahrgangs 2005 zu dem Ergebnis, dass die Studierenden der wirtschaftswissenschaftlichen Bachelorstudiengänge zu den Gewinnern der Studienreform gehören. Insbesondere die

---

[90] vgl. HIS Hochschul-Informations-System GmbH, Erfahrungen (2007), S. 18 ff., <www.his.de/publikation/forum/index_html?reihe_nr=F13/2007> (Zugriff am 30.07.2008)

Zeitperspektive des Studiums und die Aktualität der erlernten Methoden werden im Bachelorstudium deutlich besser beurteilt als im Diplomstudium. Negativ fällt nach wie vor das Urteil über den Praxisbezug im Studium und die für den Übergang in das Beschäftigungssystem gewährte Hilfestellung aus.

Wollen die Hochschulen der von der Politik erhobenen Forderung nachkommen, dass die überwiegende Mehrheit der Bachelorstudenten nach Abschluss des Studiums den Weg in den Beruf wählt, dann muss ein angemessener Praxisbezug des Studiums und Hilfestellungen für den Übergang in die Berufswelt realisiert werden. Dem Praktikum wird in diesem Zusammenhang eine noch größere Bedeutung zukommen, da in ihm erhebliche Potentiale zur Erreichung dieser Ziele stecken:

- Das betriebswirtschaftliche Praktikum bietet die Möglichkeit des frühzeitigen Wissenserwerbs durch aktive Mitarbeit im Unternehmen, so dass theoretische Studieninhalte leichter verstanden und die Verweildauer an der Hochschule niedrig gehalten werden kann.

- Im Praktikum lässt sich berufsbezogenes Wissen durch die Beobachtung des Arbeitsverhaltens anderer Menschen erschließen[91], so dass für das spätere Berufsleben empirisch überprüfte Hypothesen über erfolgreiches bzw. nicht erfolgreiches Verhalten vorliegen.

- In einem betriebswirtschaftlichen Praktikum lassen sich Berufsfertigkeiten erlernen, die beim Übergang in das Beschäftigungssystem unmittelbar anwendbar sind und somit den Berufseinstieg sichtbar erleichtern.

- Im Praktikum lassen sich anspruchsvolle Sonderaufgaben bearbeiten, durch die das an der Hochschule erworbene methodische Handwerkszeug erprobt und bei einem Einsatz im Beruf ohne Anlernzeit genutzt werden kann.

---

[91] vgl. grundsätzlich Gilkey, R., Kilts, C., Kognitive Fitness (HBM 2008), S. 29 f.

- Das betriebswirtschaftliche Praktikum bietet die Möglichkeit vielfältiger Kontakte, während der sich das für beruflichen Erfolg wichtige Sozialverhalten[92] ausbauen und verfeinern lässt.

- Während eines Praktikums lassen sich Kontakte zu fachkompetenten Mitarbeitern knüpfen, die bei studienbezogenen Fragen bzw. Problemstellungen um Rat gebeten werden können.

- Im Praktikum bietet sich dem Studierenden die Chance, sich als qualifizierte Nachwuchskraft mit seinen Stärken und Vorzügen präsentieren zu können und im Idealfall bereits vor dem Abschluss des Studiums ein Angebot für den Berufseinstieg zu erhalten.

Das Praktikum im betriebswirtschaftlichen Studium stellt vor diesem Hintergrund keine Sackgasse, sondern einen Ausbildungsbestandteil dar, der in den kommenden Jahren noch deutlich stärker als heute Verbreitung finden dürfte.

---

[92] vgl. Kanning, U. P., Soziale Kompetenzen (2007), S. 13 ff.

3 Das Assessment Center

Das Assessment Center kann am Treffendsten als ein Testprofil[93] bezeichnet werden. Man versteht hierunter die Kombination verschiedener Einzeltests zu einem Verfahrenssystem, bei dem die Einzeltests ein Höchstmaß an Eigenständigkeit behalten. Die Zusammenstellung der Tests richtet sich nach dem vorgegebenen Ziel. Geht es um die Beurteilung der Berufseignung, dann werden Leistungstests miteinander kombiniert; untersucht man Charaktereigenschaften, setzt man Persönlichkeitstest miteinander in Beziehung; sind Aussagen über die intellektuelle Leistungsfähigkeit gefragt, lassen sich Intelligenztests miteinander kombinieren. Man spricht in diesem Sinne gelegentlich auch von einer „Ad-hoc-Kombination"[94] von Testverfahren. Eingesetzt wird ein Testprofil, um die Validität einer Untersuchung insgesamt zu erhöhen.

Das Besondere am Assessment Center besteht nun darin, dass in dieses keine psychologischen Testverfahren[95], sondern in der Regel ausschließlich situative Testverfahren[96] einbezogen werden. Durch diese werden die Probanden[97] mit komplexen, meist zwischenmenschlichen Aufgabenstellungen konfrontiert, in denen sie Verhaltensweisen zeigen, die zur Einschätzung von erfolgsrelevanten Persönlichkeitseigenschaften geeignet sind[98].

---

[93] zum Testprofil grundsätzlich: Vgl. Lienert, G. A., Raatz, U., Testanalyse (1994), S. 318 ff. Schuler spricht von einer "multiplen Verfahrenstechnik": Schuler, H., Assessment Center (1987), S. 1. Brambring spricht von einem "multiplen Verfahren": Brambring, M., Eignungsdiagnostik (1983), S. 439 ff. Schuler/Funke bezeichnen das Assessment Center als eine Kombination mehrerer unterschiedlicher Einzelmethoden zu einem "Verfahrenssystem": Schuler, H., Funke, U., Berufseignungsdiagnostik (1989), S. 303. Höft/Funke sprechen von einer „Testbatterie": Vgl. Höft, S., Funke, U., Verfahren der Personalauswahl (2006), S. 162

[94] Lienert, G. A., Raatz, U., Testanalyse (1994), S. 318

[95] vgl. Sarges, W., Wottawa, H., Testverfahren (2004), S.1 ff.

[96] vgl. Obermann, C., Assessment Center (2006), S. 94

[97] die Begriffe Proband/-in, Teilnehmer/-in, Bewerber/-in, werden im Folgenden synonym verwendet

[98] vgl. Obermann, C., Assessment Center (2006), S. 94 ff.

Um dies zu realisieren[99], werden die situativen Aufgabenstellungen den Teilnehmern nacheinander zur Bearbeitung vorgegeben. Während der Aufgabenbearbeitung sind Assessoren anwesend, die das Verhalten der Bewerber beobachten und protokollieren. Im Anschluss an die Datenauswertung treffen sich die Assessoren zu einer Ergebnisbesprechung, bei der die Ausprägungsgrade der untersuchten Persönlichkeitsmerkmale eingeschätzt und eine Bewährungsprognose für jeden der Bewerber erstellt wird.

3.1 Entwicklung

Betrachtet man die situativen Testverfahren als den Kern des Assessment Centers[100], dann lässt sich dessen Ursprung bis in die Psychotechnik zurückverfolgen.

Wie Domsch/Jochum[101] darauf hinweisen, entwickelte sich aus den psychologischen Erkenntnissen zur Messbarkeit menschlicher Reaktionen und der experimentellen Psychologie zu Beginn des 19. Jahrhunderts die Psychotechnik[102] als separater Zweig der Psychologie. Sie ging von der Annahme aus, dass menschliches Verhalten in Segmente zerlegbar und damit beobachtbar sei. Hierauf aufbauend entwickelte man Techniken, mit denen bestimmte Verhaltensweisen provoziert und beobachtet werden konnten und zur Beantwortung verschiedenster Fragestellungen eingesetzt wurden. Als die Psychodiagnostik ihren höchsten Forschungsstand erreichte, entstand ein Streit über das weitere wissenschaftliche Vorgehen. Es war ein Unbehagen über die praktische Psychologie entstanden, die nur Teilbereiche der Persönlichkeit mit perfektionierten Testverfahren untersuchte und dabei die Erforschung der Gesamtpersönlichkeit außer Acht ließ. So wurde z. B. von Moede[103] der hohe technische Aufwand dieser Forschungsrichtung beklagt und darauf hingewie-

---

[99] vgl. Thornton III, G. C., Byham, W. C., Assessment Centers (1982), S. 19 ff.
[100] vgl. Lattmann, C., Assessment Center (1989), S. 26
[101] vgl. Domsch, M., Jochum, I., Geschichte (1989), S. 2 ff.
[102] vgl. Lück, H. E., Organisationspsychologie (2004), S. 30 ff.
[103] vgl. Moede, W., Lehrbuch (1930), S. 7

sen, dass die gewonnenen Erkenntnisse nur dann praktisch verwertbar seien, wenn weitere Teile der Persönlichkeit in die Betrachtung mit einbezogen werden. Somit entstand die Forderung nach einer Komplexdiagnose[104], die den Menschen in seiner Gesamtstruktur erfasse. Bei der Auswahl von Offiziersanwärtern für die deutsche Wehrmacht ging man erstmals diesen Weg[105].

Mit der Unterzeichnung des Versailler Vertrages[106] wurde Deutschland die Limitierung seiner Wehrmacht auferlegt. Um deren Leistungsfähigkeit zu sichern, suchte man nach einer effektiven Vorgehensweise für die Offiziersauslese. Da mit der Psychodiagnostik bereits gute Erfahrungen bei der Auswahl von Kraftfahrern und Flugzeugführern gemacht wurden, entschied man sich aus psychodiagnostischen Einzelverfahren eine Komplexdiagnose zu entwickeln. Wie Domsch/Jochum[107] berichten, wurden nun zur Erfassung von Persönlichkeitseigenschaften[108] erstmals situative Testverfahren eingesetzt[109], die von den Probanden während einer Dauer von drei Tagen zu bearbeiten waren. Die Untersuchung führten Psychologen und Offiziere gemeinsam durch. Um auch das informelle Verhalten der Anwärter beobachten zu können, wurden diese für die Dauer des Tests in einer "Prüfstation"[110] untergebracht, in der sie gemeinsam wohnten. Nach der Untersuchung trugen die Prüfer ihre Beobachtungen in einer Abschlusskonferenz zusammen, und nahmen die Einschätzung der Persönlichkeit eines jeden Offiziersanwärters vor. Die Auswahlentscheidung traf der verantwortliche Offizier alleine. Den Bewerbern wurde das Ergebnis durch das Heerespersonalamt ein paar Tage später mitgeteilt. Kritisch wird an dieser Vorgehensweise heute gesehen, dass die überprüften Eigenschaften nicht aus Persönlichkeitsmodellen abgeleitet wur-

---

[104] vgl. Giese, F., Handbuch (1924), S. 773 und 776
[105] vgl. Domsch, M., Jochum, I., Geschichte (1989), S. 4
[106] vgl. Domsch, M., Jochum, I., Geschichte (1989), S. 4 ff.
[107] vgl. Domsch, M., Jochum, I., Geschichte (1989), S. 5
[108] u. a. Führungswille, Entscheidungsfähigkeit, operatives Denken, Wachsamkeit, mathematisches Denken, Integrität, Selbstlosigkeit, Idealismus. Vgl. Thornton III, G. C., Byham, W. C., Assessment Centers (1982), S. 19
[109] u. a. eine Ausdrucks-, Geistes- und Handlungsanalyse, eine Führerprobe und ein Schlusskolloquium
[110] Domsch, M., Jochum, I., Geschichte (1989), S. 5

den und die situativen Testverfahren eine Interaktion zwischen den Teilnehmern nicht zuließen, so dass sie zur Untersuchung sozialen Verhaltens überhaupt nicht geeignet waren[111]. Trotz dieser Mängel wurde das Verfahren in vielen Ländern als Vorbild für die Offiziersauslese übernommen[112].

Seinen Durchbruch im Wirtschaftsbereich erzielte das Assessment Center in den 50er Jahren, als von der American Telephone and Telegraph Company (AT & T) die später sehr bekannt gewordene Management Progress Study[113] initiiert wurde. Mit dieser Studie sollten grundlegende organisationspsychologische Fragestellungen[114] aufgeklärt werden. Da es sich anbot, zog man zusätzlich auch folgende Fragestellungen aus dem eignungsdiagnostischen Bereich in die Untersuchung mit ein:

1. Welche Persönlichkeitsmerkmale sind für den Aufstieg im Unternehmen maßgeblich?
2. Mit welcher Genauigkeit kann Führungserfolg im Unternehmen prognostiziert werden?
3. Welche Testverfahren sind zur Messung der erfolgsrelevanten Eigenschaften am validesten?

Das Forschungsdesign sah vor, dass alle in das Unternehmen neu eintretenden College und High School Absolventen im Jahr des Eintritts nach ihrer Persönlichkeitsstruktur untersucht werden. Um Veränderungen festzustellen, waren Nachuntersuchungen in späteren Jahren geplant. Da mit der Persönlichkeitsbeurteilung auch eine Prognose über den Berufserfolg gemacht werden sollte, sah man vor, dass diese nach acht Jahren mit dem tatsächlich er-

---

[111] vgl. Thornton III, G. C., Byham, W. C., Assessment Centers (1982), S. 26
[112] vgl. Thornton III, G. C., Byham, W. C., Assessment Centers (1982), S. 26
[113] vgl. Bray, D. W., Campbell, R. J., Grant, D. L., Formative Years (1974), S. 1 ff.
[114] sind jüngere Menschen materialistischer als ältere? Ist Führung ein stabiles Persönlichkeitsmerkmal oder verändert sich dieses im Zeitverlauf? An welchem Punkt nimmt die Bereitschaft beruflich weiterzukommen ab? Widmen sich weniger erfolgreiche Männer mehr ihrer Familie als erfolgreiche? Sind gesundheitliche Probleme häufiger bei Mitarbeitern, denen der Aufstieg in der Organisation gelingt oder bei denen, die auf unteren Hierarchieebenen verbleiben? Sollte einer Nachwuchskraft Schritt für Schritt Verantwortung übergeben werden oder sollte man auf ihr Potential vertrauen?

reichten Aufstieg im Unternehmen korreliert und überprüft werde. Mit der Leitung der Studie wurden die beiden Harvard-Professoren Douglas W. Bray und Donald D. Grant beauftragt.

Die Professoren bestimmten als erstes die erfolgsrelevanten Eigenschaften durch eine Literaturauswertung und Befragung von Führungskräften und Organisationspsychologen des Konzerns. Das Ergebnis waren fünfundzwanzig Merkmale, die der Untersuchung zugrunde gelegt wurden[115]. Zur Messung der Ausprägungsgrade erstellte man ein umfangreiches Testprofil, in das neben psychologischen Testverfahren, auch situative Aufgabenstellungen[116] einbezogen wurden. In Anlehnung an eine frühere Studie von Murray[117] wurde das Testprofil "Assessment Center" genannt.

Für die Untersuchung wurden jeweils zwölf Personen zu einer Gruppe zusammengefasst. Die Untersuchungen dauerten dreieinhalb Tage und wurden von zwei Psychologen, einem Physiologen und zwei Führungskräften durchgeführt. Im Anschluss an die Datenerhebung werteten die Prüfer ihre Beobachtungsergebnisse getrennt von einander aus. In einer folgenden Besprechung wurden die Ergebnisse ausgetauscht und diskutiert und die Ausprägungsgrade der vorgegebenen Persönlichkeitsmerkmale eingeschätzt. Auf der Grundlage dieser Einschätzung wurde - ebenfalls in der Gruppe - für jeden Probanden eine Bewährungsprognose erstellt. Die zu beantwortende Frage war hierbei, ob der Proband nach zehn Jahren das mittlere Management erreichen würde. Diese Phase der Informationsverarbeitung dauerte weitere dreieinhalb Tage und wurde in der zweiten Wochenhälfte vorgenommen. Die Untersuchungsergebnisse wurden im Unternehmen nicht bekannt

---

[115] es waren dies im Einzelnen: wissenschaftliches Interesse, mündliche Ausdrucksflüssigkeit, schriftliche Ausdrucksflüssigkeit, soziale Kompetenz, persönliche Wirkung, Einfühlungsvermögen, Kreativität, Selbstobjektivität, Verhaltensflexibilität, Geltungsbedürfnis, Beliebtheit, Selbstdisziplin, Karrierebedürfnis, Sicherheitsbedürfnis, Zielflexibilität, Bedeutung der Arbeit, Wertorientierung, realistische Erwartung, Toleranz gegenüber Unsicherheit, Fähigkeit des Aufschubs von Gratifikationen, Stressresistenz, Energie, Planung und Organisation, Entscheidungsfähigkeit. Vgl. Bray, D. W., Campbell, R. J., Grant, D. L., Formative Years (1974), S. 18 ff.

[116] es waren dies eine führerlose Gruppendiskussion, eine Postkorbbearbeitung und ein Managementspiel

[117] vgl. Murray, H. A., Personality (1938), S. 1 ff.

gegeben und konnten deshalb für personalpolitische Entscheidungen nicht herangezogen werden. Wie die Auswertung nach acht Jahren ergab, korrelierten einige der untersuchten Persönlichkeitsmerkmale signifikant mit dem Kriterium Aufstieg[118]. Auffallend war auch, dass die in das Testprofil einbezogenen situativen Testverfahren eine beachtliche Leistungsfähigkeit bei der Messung einzelner Merkmale aufwiesen[119]. Die Veröffentlichung der Ergebnisse führte schließlich dazu, dass auch andere amerikanische Großunternehmen die Auswahl ihres Führungsnachwuchses in Anlehnung an das bei AT & T praktizierte Verfahren vornahmen[120]. Da man die bei AT & T erzielten Ergebnisse bestätigen konnte[121], begann der Eindruck Raum zu greifen, dass bei der Nachwuchsselektion der Durchbruch erzielt worden sei.

Über die Niederlassungen der amerikanischen Großunternehmen kam das Assessment Center schließlich auch nach Deutschland[122]. Wie Schuler[123] berichtet, dürften es 1982 jedoch nicht mehr als eine Handvoll deutscher Großunternehmen gewesen sein, die mit einem Assessment Center arbeiteten. Zehn Jahre später kam Obermann[124] zu dem Ergebnis, dass bereits weit über 100 Unternehmen ein Assessment Center einsetzten und dass zu den Anwendern erstmals auch mittelständische Unternehmen zählten.

---

[118] so z. B. soziale Kompetenz (r = .32), mündliche Ausdrucksflüssigkeit (r = .33), Stressresistenz (r = .31), Karrierebedürfnis (r = .33), Energie (r = .28) und Kreativität (r = .25). Vgl. Bray, D. W., Campbell, R. J., Grant, D. L., Formative Years (1974), S. 76

[119] so korrelierte z. B. die Postkorbbearbeitung mit den zu einer Klasse zusammengefassten Verwaltungsfertigkeiten in Höhe von r = .76. Die Korrelationswerte der anderen Testverfahren lagen im Bereich von r = -.30 bis r = .48. Vgl. Bray, D. W., Campbell, R. J., Grant, D. L., Formative Years (1974), S. 196 ff.

[120] vgl. Moses, J. L., Assessment Center (1977), S. 11

[121] zu den Validitätswerten der ersten Assessment Center-Anwendungen im amerikanischen Raum: Vgl. Thornton III, G. C., Byham, W. C., Assessment Centers (1982), S. 251 ff.

[122] vgl. Jeserich. W., Mitarbeiter auswählen (1986), S. 102

[123] vgl. Schuler, H., Assessment Center (1987), S. 1

[124] vgl. Obermann, C., Assessment Center (1992), S. 34

Neuere Studien deuten darauf hin, dass die Verbreitung des Assessment Centers auf dem Niveau der 90er Jahre stagniert[125].

3.2 Zielsetzung

Wie wir aufzeigten, entstand das Assessment Center in seiner heutigen Form in den 50er Jahren in den USA. Aufgrund seiner Eignung zur Beurteilung führungsrelevanter Eigenschaften wurde es in den Folgejahren insbesondere bei der Auswahl von externen Führungsnachwuchskräften herangezogen. Wie Veröffentlichungen zeigen[126], ist dies auch heute nach wie vor die häufigste Anwendung des Assessment Centers in der betrieblichen Praxis. Es zeigt sich aber auch, dass in den letzten Jahren die Einsatzmöglichkeiten des Assessment Centers stetig erweitert wurden:

So weist Obermann[127] darauf hin, dass das Assessment Center seit Mitte der 90er Jahre auch eine erhebliche Verbreitung bei der Auswahl von Nicht-Führungskräften im gewerblich-technischen Bereich gefunden hat. Der Grund liegt darin, dass durch neue Formen der Arbeitsgestaltung monotone Handgriffe verringert wurden und überfachliche Eignungen, wie Teamfähigkeit, Lernfähigkeit oder Flexibilität in den Vordergrund gerückt sind. Beim Neubau der Automobilfabriken in den neuen Bundesländern wurden Assessment Center-Verfahren für mehrere Tausend Teilnehmer eingesetzt.

Des Weiteren werden Assessment Center bei internen Stellenbesetzungen verwendet, insbesondere dann, wenn die Zielposition Anforderungen mit sich bringt, die von der derzeitigen Position stark abweichen. In einem solchen Fall lässt sich durch die Beurteilung der Leistung in der gegenwärtigen Position keine verlässliche Aussage über die Eignung in der angestrebten Position finden. Durch die Simulation der Anforderungen in einem Assessment Center

---

[125] vgl. Arbeitskreis Assessment Center e. V., Assessment Center-Studie 2001, <www.arbeitskreis-ac.de/start40.htm> (Zugriff am 19.08.2009)
[126] vgl. Obermann, C., Assessment Center (2006), S. 16
[127] vgl. Obermann, C., Assessment Center (2006), S. 17

kann die Eignung überprüft werden. Dies ist insbesondere der Fall, wenn es erstmalig um die Übernahme einer Führungsposition geht[128].

Die häufigste Anwendung des Assessment Centers im internen Bereich liegt heute in der Potentialanalyse. Ihr Ziel besteht darin, insbesondere Nachwuchsführungskräfte hinsichtlich ihrer Eignung für weiterführende Aufgaben zu identifizieren. Im Vordergrund steht hier die Frage, ob ein Mitarbeiter eher das Potential für eine Fach- oder Führungslaufbahn besitzt. Dabei geht es weniger um die Besetzung konkreter Positionen als darum, grundsätzlich solche Mitarbeiter aus dem Hause zu erkennen, die für weiterführende Aufgabe in Frage kommen. Hinter dieser Strategie verbirgt sich der Gedanke, lieber eigenen Mitarbeitern viele Entwicklungschancen zu eröffnen, als sich auf die teuere und risikoreiche Suche auf dem Arbeitsmarkt zu begeben[129].

Viele Großunternehmen führen heute ein Assessment Center auch zum Zwecke der Trainingsbedarfsanalyse durch. Mit dem Verfahren werden zunächst die Stärken und Schwächen der Mitarbeiter herausgearbeitet. Abhängig von den Zielen der Mitarbeiter und dem Bedarf des Unternehmens werden dann individuelle Fortbildungspläne erarbeitet, die Stärken ausbauen und Schwächen abbauen helfen. Durch die Kenntnisse des Stärken- und Schwächenprofils können Trainingsmaßnahmen konkret geplant und durchgeführt werden[130].

Einen neuen Anwendungszweck hat das Assessment Center seit Mitte der 90er Jahre im sog. Personalaudit erlangt. Hier geht es darum, komplette Ebenen von Mitarbeitern gleichzeitig zu beurteilen. Die Zielgruppen sind in der Regel Managementebenen. Anlass ist meist eine Übernahme oder Restrukturierung des Unternehmens[131].

Schließlich findet das Assessment Center heute auch als Development Center Anwendung. Im Unterschied zu den beschriebenen Anwendungen geht es

---

[128] vgl. Obermann, C., Assessment Center (2006), S. 17
[129] vgl. Obermann, C., Assessment Center (2006), S. 16
[130] vgl. Obermann, C., Assessment Center (2006), S. 18 f.
[131] vgl. Obermann, C., Assessment Center (2006), S. 19

hier nicht um das Sammeln von diagnostischen Informationen, die später in Beförderungsentscheidungen einfließen. Bei dem Development Center ist das Assessment Center Selbstzweck in dem Sinne, dass eine bestimmte Mitarbeitergruppe, z. B. Führungsnachwuchskräfte, in einem internen Seminar durch das Absolvieren von Fallstudien und Rollenspielen intensives Feedback erhält, um sich in ihren überfachlichen Kompetenzen selbst weiterentwickeln zu können. Typische Elemente sind daher Reflexionsphasen, Wiederholungsübungen oder das Feedback von Kollegen zusätzlich zu den Einschätzungen der trainierten Beobachter[132].

In früheren Veröffentlichungen wurde auch über Anwendungen in den Bereichen

- Bildungscontrolling[133]
- Lernfortschrittsmessung[134]
- Entwicklung der Unternehmenskultur[135]
- Anwerbung interner Mitarbeiter[136] und
- Beobachterschulung[137]

berichtet. Diese Anwendungen finden sich in den aktuellen Veröffentlichungen allerdings nicht mehr.

3.3 Gestaltungsprozess und -prinzipien

Die Planung und Implementierung eines Assessment Centers ist ein Prozess, der sich über mehrere Stufen erstreckt und der in vielerlei Hinsicht auf sozialpsychologischen Grundlagen aufbaut. Im Folgenden soll aufgezeigt werden,

---

[132] vgl. Obermann, C., Assessment Center (2006), S. 20
[133] vgl. Obermann, C., Assessment Center (1992), S. 21
[134] vgl. Obermann, C., Assessment Center (1992), S. 21
[135] vgl. Obermann, C., Assessment Center (1992), S. 20
[136] vgl. Thornton III, G. C., Assessment Centers (1992), S. 5
[137] vgl. Lorenzo, R. V., Assessorship (PP 1984), S. 617 ff.

wie sich dieser Prozess in der betrieblichen Praxis vollzieht. Die grundlegenden Arbeiten zum Assessment Center von Thornton[138] bzw. Thornton/Byham[139] und die aktuellen deutschsprachigen Veröffentlichungen von Obermann[140] und Paschen/Weidemann/Turck/Stöwe[141] sind hierzu die Basis.

3.3.1 Bestimmung der Persönlichkeitsanforderungen

Die Bestimmung der im Assessment Center zu untersuchenden Persönlichkeitsmerkmale, ist ein zweistufiges Vorgehen[142]:

1. In einem ersten Schritt muss der Abstraktionsgrad der zu testenden Merkmale bestimmt werden.
2. Im zweiten Schritt werden dann die Merkmale festgelegt, die dem Testverlauf zugrunde gelegt werden sollen.

Man muss sich vor Augen halten, dass die mit dem Assessment Center verbundenen Zielsetzungen auf konträren Annahmen basieren[143].

Nehmen wir z. B. ein Assessment Center zum Zwecke der Potentialbeurteilung. Bei diesem geht man davon aus, dass das menschliche Verhalten auf Anlagen zurückgeführt werden kann, deren Ausprägungsgrad über die Zeit hinweg konstant bleibt. Demgegenüber unterstellt man bei einem Assessment Center zur Trainingsbedarfsanalyse, dass das Verhalten des Menschen erlernt sei, und sich über die Zeit hinweg sehr wohl verändern lasse. Würde man im ersten Fall mit veränderbaren und im zweiten Fall mit konstanten, bzw. nur schwer veränderbaren Merkmalen (oder einer Kombination aus bei-

---

[138] vgl. Thornton III, G. C., Assessment Centers (1992), S. 1 ff.
[139] vgl. Thornton III, G. C., Byham, W. C., Assessment Centers (1982), S. 1 ff.
[140] vgl. Obermann, C., Assessment Center (2006), S. 38 ff.
[141] vgl. Paschen, M., Weidemann, A., Turck, D., Stöwe, C., Assessment Center (2005), S. 37 ff.
[142] vgl. Thornton III, G. C., Assessment Centers (1992), S. 51 ff.
[143] vgl. Thornton III, G. C., Assessment Centers (1992), S. 51 ff.

den) arbeiten, hätte dies zur Folge, dass die gewonnenen Ergebnisse nicht aussagekräftig wären.

Um diesen Fehler zu vermeiden, findet sich die Empfehlung[144], dass man sich an empirisch überprüfte Persönlichkeitsmodelle bzw. auf das Arbeitsverhalten bezogene Studien anlehnt und auf dieser Grundlage zunächst einmal eine Vorauswahl der grundsätzlich in Frage kommenden Merkmale trifft[145].

Zur Auswahl der Merkmale, die dem Testverlauf im Einzelfall dann zugrunde gelegt werden, stehen der Praxis viele Techniken offen. Wie Obermann[146] berichtet, kommen insbesondere die Folgenden zur Anwendung:

- Die deduktive Ableitung aus den zu bewältigenden Aufgaben mit Hilfe von Führungskräften des Unternehmens.
- Das von Flanagan[147] entwickelte Verfahren der Critical Incidents Technique, also solcher Verhaltensweisen, die für den Erfolg oder Misserfolg bei der Erfüllung einer Aufgabe ausschlaggebend sind.
- Das Verfahren der kritischen Verhaltensbeschreibung von Stewart/Stewart[148], bei dem von Übereinstimmungen bzw. Unterschieden zwischen drei in bestimmter Hinsicht (z. B. ihrer Wahrnehmung als leistungsfähige Mitarbeiter) verglichenen Personen ausgehend eine Klärung ihrer Verhaltensweisen angestrebt wird.
- Die Stellenanalyse mit Hilfe standardisierter Fragebogen, die für die Arbeits- und Anforderungsanalyse entwickelt wurden.
- Die Verwendung unternehmensspezifischer Fragebogen, die einer Gruppe von Personen (z. B. allen Führungskräften einer Hierarchieebe-

---

[144] vgl. Dirks, H., Assessment Center (PuP 1982), S. 57
[145] zu einer fundamentalen Kritik der im Assessment Center verwendeten Merkmale: Vgl. Höft, S., Funke, U., Verfahren der Personalauswahl (2006), S. 178
[146] vgl. Obermann, C., Assessment Center (2006), S. 71 ff.
[147] vgl. Flanagan, J. C., Technique (PB 1954), S. 327 ff.
[148] vgl. Stewart, A., Stewart, V., Managers (1981), S. 1 ff.

ne) zur Beantwortung vorgegeben werden, um die für die Zielposition wichtigen Eigenschaften empirisch zu ermitteln.

- Die situative Anforderungsanalyse, mit der wichtige Situationen erfragt werden, die einen Einfluss auf die Zielerreichung in der Position haben.
- Die Top Down Analyse, bei der die zukünftig bedeutsamen Eigenschaften aus Unternehmenswerten und -strategien abgeleitet werden.
- Die Anforderungsanalyse mit Hilfe der Szenariotechnik, bei der man die Anforderungen aus einem entwickelten Zukunftsbild ableitet.
- Die Verwendung von Kompetenzmodellen, mit denen Anforderungen für Tätigkeitsgruppen (z. B. Geschäftsbereiche, Tochtergesellschaften) und nicht mehr für einzelne Positionen definiert werden.

Hat man die erfolgskritischen Merkmale mit einem oder einer Kombination der dargestellten Verfahren[149] bestimmt, geht man im nächsten Schritt zu ihrer Operationalisierung über.

3.3.2 Operationalisierung der Persönlichkeitsanforderungen

Die ausgewählten Persönlichkeitsmerkmale sind nicht etwas real Gegebenes, sondern psychologische Konstrukte, deren Ausprägungsgrad über Indikatoren erschlossen werden muss[150]. Um die Merkmale messbar zu machen, wählt man aus den in der Literatur dokumentierten situativen Testaufgaben diejenigen aus, die ein erforderliches Verhalten stimulieren[151] und konkretisiert sie mit Inhalten, die zum Qualifikationsniveau der Teilnehmer passen[152]. Sollte eine Eigenschaft nur unzureichend durch bestehende Verfahren abgedeckt

---

[149] vgl. Obermann, C., Assessment Center (2006), S. 88 ff.
[150] vgl. Prim, R., Tilmann, H., Grundlagen (2000), S. 45 ff.
[151] vgl. Obermann, C., Assessment Center (2006), S. 94 ff.
[152] die Grundüberlegung besteht darin, Themenstellungen zu finden, die eine Trennung zwischen Personen mit einem hohen bzw. niedrigen Ausprägungsgrad ermöglichen. Vgl. Lienert, G., A., Raatz, U., Testanalyse (1994), S. 30 f.

werden, so muss auf Basis der Anforderungsinformation ein neues Verfahren konstruiert werden[153].

Die bekanntesten und am häufigsten verwendeten Situationstests sollen im Folgenden vorgestellt werden.

3.3.2.1 Rollenspiele

Eines der wichtigen situativen Testverfahren der Assessment Center-Praxis ist das Rollenspiel[154]. Es handelt sich hierbei um eine Aufgabenstellung, bei der die Probanden Gesprächssituationen zu bewältigen haben, die in Führungspositionen typischerweise auftreten.

Die Ausgangssituation ist so gestaltet, dass die Teilnehmer vor den Gesprächen die Themenstellung zur Vorbereitung erhalten. Nach einer kurzen Einarbeitungszeit werden die Probanden den Rollenspielern vorgestellt. Der Rollenspieler ist angewiesen sich während der Gespräche standardisiert zu verhalten, um die Bedingungen für jeden Probanden möglichst gleich zu halten[155]. Im Verlauf des Rollenspiels wird der Interaktion der beiden Beteiligten jedoch freier Lauf gelassen. Bei der Aufgabenbearbeitung ist ein Assessor anwesend, der das Verhalten der Probanden beobachtet und protokolliert.

Als Alternative zum geschulten Rollenspieler kommen auch Probanden bzw. Assessoren zum Einsatz[156]. Im Falle des Hinzuziehens eines Probanden besteht allerdings die Gefahr, dass aufgrund eines nicht standardisierten Verhaltens die Objektivität der Durchführung erheblich sinkt[157].

---

[153] vgl. Thornton III, G. C., Mueller-Hansen, R., Simulations (2004), S. 1 ff.
[154] vgl. Obermann, C., Assessment Center (2006), S. 125 ff.
[155] Hinweise zum Training von Rollenspielern finden sich bei Sünderhauf. Vgl. Sünderhauf, K., Training der Rollenspielpartner (2005), S. 155 ff.
[156] vgl. Obermann, C., Assessment Center (2002), S. 120
[157] vgl. Obermann, C., Assessment Center (2002), S. 120

Tab. 13: Beispiele für Rollenspiele im Assessment Center

Proband	Rollenspieler	Aufgabenstellung
Außendienstmitarbeiter	Potentieller Kunde	Führen eines Verkaufsgesprächs
Kundenbetreuer	Bestehender Kunde	Führen eines Beschwerdegesprächs
Pharmareferent	Arzt	Durchführung eines Arztbesuchs
Führungskraft	Führungskraft	Führen einer Geschäftsbereichsverhandlung
Führungskraft	Mitarbeiter	Führen eines Beurteilungs-, Förderungs-, Kritik- oder Coachinggesprächs
Personalreferent	Bewerber	Führen eines Vorstellungsgesprächs
Call Center Agent	Kunde	Beantwortung einer Beschwerde
Vertriebsmitarbeiter	Kunde	Durchführung eines Kundenbesuchs mit dem Vertriebsleiter
Einkäufer	Lieferant	Führen einer Einkaufsverhandlung

Quelle: Obermann, C., Assessment Center (2006), S. 125

In der Tabelle 13 sind die typischen Rollenspiele der Assessment Center-Praxis (Verkaufs-, Beschwerde-, Mitarbeiter- und Kundengespräch) zusammengefasst.

Eingesetzt wird das Rollenspiel, wenn es um die Messung des Einfühlungsvermögens, der mündlichen Ausdrucksflüssigkeit der Beharrlichkeit und der Belastbarkeit[158] geht.

Der Nachteil des Rollenspiels wird in seiner hohen Zeitintensität gesehen. So weist Obermann[159] darauf hin, dass bei zehn Teilnehmern und einer Durchführungszeit von einer halben Stunde eine Rollenübung bereits fünf Stunden in Anspruch nimmt. Problematisch dürfte darüber hinaus die Durchführungsobjektivität sein, wenn nicht sichergestellt werden kann, dass sich die Rollenspieler in der gleichen Art und Weise verhalten[160].

---

[158] vgl. Höft, S., Funke, U., Verfahren der Personalauswahl (2006), S. 157
[159] vgl. Obermann, C., Assessment Center (2006), S. 126
[160] die Individualisierung des Rollenspiels ermöglicht zwar Rückschlüsse auf die spezifischen Kompetenzen der jeweiligen Probanden. Problematisch ist bei dieser Art der Reaktivität des Messinstruments allerdings, dass die durchgeführten Rollenspiele durch den dynamischen Verlauf nicht mehr direkt vergleichbar sind. Vgl. Höft, S., Funke, U., Verfahren der Personalauswahl (2006), S. 157

3.3.2.2 Fact-Finding

Ein weiteres Testverfahren der Assessment Center-Praxis ist das Fact-Finding[161]. Hierbei handelt es sich um eine Aufgabenstellung, bei der den Probanden ein Entscheidungsproblem zur Bearbeitung vorgegeben ist, das auf unvollständigen Informationen basiert. Um die Informationsbasis zu erhöhen, wird den Teilnehmern die Möglichkeit gegeben, einen fiktiven Mitarbeiter der Organisation nach weiteren Informationen zu befragen.

Die Übung wird realisiert, indem der Bewerber die oberflächlich und lückenhaft formulierte Problemstellung vorab zur Einarbeitung erhält. Nach einer kurzen Einlese- und Vorbereitungszeit[162] wird er mit einem Rollenspieler zusammengeführt, der ihm als Gesprächspartner zur Verfügung steht. Dieser ist angehalten, unpräzise Fragen auch unpräzise zu beantworten und auf präzise Fragen des Probanden mit ausführlichen Antworten zu reagieren. Nach einer zeitlich fixierten Frage- und Antwortphase[163] wird der Proband aufgefordert seine Entscheidung zu präsentieren und nachvollziehbar zu begründen. Die Aufgabe kann danach weitergeführt werden, indem der Rollenspieler den Teilnehmer nach weiteren Gründen für seine Entscheidung befragt und hierbei versucht, ihn von seinem Entschluss abzubringen und für ein anderes Vorgehen zu begeistern. Während der Übung ist ein Assessor anwesend, der das Verhalten des Bewerbers beobachtet und protokolliert[164]. In den Aufgabenverlauf greift der Assessor nicht ein.

In der Tabelle 14 sind einige Aufgabenstellungen dokumentiert, die für das Fact-Finding heute typischerweise Verwendung finden.

---

[161] vgl. Obermann, C., Assessment Center (2006), S. 133
[162] diese beträgt im Regelfall fünf bis zehn Minuten
[163] die Übung dauert im Regelfall nicht länger als dreißig Minuten
[164] alternativ ist denkbar, dass der Rollenspieler die Aufgabe des Assessors mit wahrnimmt

Tab. 14: Beispiele für Fact-Finding Übungen im Assessment Center

Proband	Rollenspieler	Aufgabenstellung
Mitarbeiter der Betriebsorganisation	Stelleninhaber	Überprüfung von Stellen und betrieblichen Abläufen
Organisationsprogrammierer	Mitarbeiter der Fachabteilung	Befragung zu typischen Aufgabenstellungen
Berater	Stelleninhaber	Analyse von Abläufen bzw. Führungs- und Kommunikationsproblemen
Produktmanager	Außendienstmitarbeiter	Analyse von Märkten, Anwendung der Instrumente des Marketing-Mix auf ein konkretes Produkt

Quelle: Obermann, C., Assessment Center (2006), S. 133

Wie die Abbildung zeigt, sind dies Themenstellungen, die in Richtung der beratenden Berufe gehen, bei denen analytisch-konzeptionelle Kompetenzen dominieren. Vorzufinden ist das Fact-Finding deshalb vor allem dort, wo es um die Beurteilung intellektueller Fähigkeiten geht[165].

Der große Nachteil dieses Übungstyps wird im hohen Entwicklungsaufwand gesehen, der dadurch entsteht, dass ein Katalog mit standardisierten Antworten erarbeitet werden muss, nach denen die Rollenspieler die Fragen der Probanden zu beantworten haben[166]. Problematisch ist deshalb auch die Durchführungsobjektivität, wenn nicht gewährleistet werden kann, dass sich die Rollenspieler in den einzelnen Gesprächen standardisiert verhalten.

3.3.2.3 Fallstudien

Fallstudien sind das klassische Instrument der amerikanischen Managementausbildung, das von Anfang an auch für das Assessment Center genutzt wurde[167]. Bei der Fallstudie handelt es sich um eine Übung, bei der die Bewerber komplexe Problemstellungen aus dem Bereich der Unternehmenssteuerung

---

[165] vgl. Paschen, M., Weidemann, A., Turck, D., Stöwe, C., Assessment Center (2005), S. 112
[166] vgl. Paschen, M., Weidemann, A., Turck, D., Stöwe, C., Assessment Center (2005), S. 112
[167] vgl. Obermann, C., Assessment Center (2006), S. 129

bzw. der Führung einzelner Funktionsbereiche schriftlich zu bearbeiten haben.

Vor der Durchführung der Fallstudien erhalten die Bewerber umfangreiches schriftliches Datenmaterial ausgehändigt. Die Unterlagen umfassen nicht selten bis zu zwanzig Seiten Text, Abbildungen, Tabellen, Berechnungen, Prognosen u. ä. Die Bewerber haben das Datenmaterial durchzuarbeiten und für die Aufgabenstellung eine Lösung zu erarbeiten. Die Lösung ist in schriftlicher Form vorzulegen. Die Fallstudien werden in einem Raum bearbeitet, in dem ein ungestörtes Arbeiten möglich ist. Während der Aufgabenbearbeitung ist ein Moderator anwesend, der für Fragen zur Verfügung steht und dafür Sorge trägt, dass Gespräche und gegenseitige Hilfestellungen unterbleiben. Nach der Aufgabenbearbeitung werden die schriftlich vorliegenden Ausarbeitungen vom Moderator eingesammelt und zur Auswertung an die Assessoren weitergeleitet. In der Literatur benannte Themen für Assessment Center-Fallstudien sind

- die Reorganisation einer Bibliothek nach einer Budgetkürzung um zehn Prozent
- die Verbesserung der Abläufe in einem Büro
- die Optimierung der Abläufe in einem Hotelbetrieb
- die Entwicklung eines Marketingkonzepts für ein Konsumgüterprodukt
- die Neuausrichtung des Flottenkundengeschäfts eines Automobilimporteurs und
- die Analyse der Abläufe eines Unternehmens für Veranstaltungstechnik als Berater[168].

Eingesetzt wird die Fallstudie wenn es um die intellektuellen Fähigkeiten und das Entscheidungsverhalten von Bewerbern geht.

Fallstudien gelten neben den Planspielen[169] als die teuersten Testaufgaben der Assessment Center-Praxis. Insbesondere bei ihrer Erarbeitung und der

---

[168] vgl. Obermann, C., Assessment Center (2006), S. 129

späteren Ergebnisauswertung[170] wird ein erheblicher Aufwand verursacht. In vielen Fällen sind mehrere Vortests erforderlich, bis eine Aufgabenstellung und das Datenmaterial so präzise formuliert sind, dass mit der Fallstudie zwischen starken und schwachen Bewerbern unterschieden werden kann. Nachteilig ist darüber hinaus, dass Assessment Center in vielen Fällen neu konstruiert werden müssen, so dass sich eine erarbeitete Fallstudie nicht durchgängig verwenden lässt. Demgegenüber steht allerdings die hohe Durchführungsobjektivität, da das Ergebnis ausschließlich auf das Ausgangsmaterial zurückzuführen ist.

3.3.2.4 Kurzfälle

Im Gegensatz zu den anspruchsvollen und komplexen Fallstudien, stellen die aus dem situativen Interview[171] hervorgegangenen Kurzfälle eine einfache Variante einer Assessment Center-Übung dar[172]. Es handelt sich hierbei um eine Übung, bei der die Probanden auf eine Situationsbeschreibung mehr oder weniger spontan antworten bzw. reagieren müssen.

Um die Probanden in die gewünschte Situation zu versetzen, wird ihnen in knapper Form eine Fall-Situation erzählt bzw. schriftlich ausgegeben. Nach einer kurzen Vorbereitungszeit müssen sie ihre erarbeiteten Lösungen vorstellen bzw. in einem Rollenspiel spontan aufzeigen.

Themen für Kurzfälle sind z. B. Produktionsausfälle oder Kundenbeschwerden per Telefon[173].

Eingesetzt werden Kurzfälle vor allem bei der Einschätzung der intellektuellen Fähigkeiten von Bewerbern.

---

[169] vgl. Gliederungspunkt 3.3.2.11
[170] die Ergebnisauswertung einer komplexen Fallstudie kann zwei bis zweieinhalb Stunden in Anspruch nehmen
[171] vgl. Latham, G. P., Saari, L. M., Purcell, E. D., Campion, M. A., Interview (JoAP 1980), S. 422 ff. Vgl. Weuster, A., Personalauswahl (2004), S. 221 ff.
[172] vgl. Obermann, C., Assessment Center (2002), S. 103 f.
[173] vgl. Obermann, C., Assessment Center (2002), S. 103

Problematisch wird bei Kurzfällen gesehen, dass es sich hierbei nicht um die Beobachtung von Verhalten in einer konkreten Situation handelt, sondern dass über mögliches Verhalten nur gesprochen wird. Die Kurzfälle stehen deshalb dem klassischen Interview näher als dem situativen Testverfahren. Dem gegenüber wird jedoch als Vorteil gesehen, dass sich Verhaltensweisen in Situationen, die technisch gar nicht simulierbar sind, mit dem Kurzfall zumindest hinterfragen lassen.

3.3.2.5 Präsentationen

Zu den Testverfahren des Assessment Centers gehört auch die Präsentation[174], bei der die Bewerber einen Vortrag zu einem gegebenen Thema vor einem fiktiven Auditorium zu halten haben.

Der erste Schritt der Präsentation beginnt gewöhnlich damit, dass den Teilnehmern die Themenstellung während des Assessment Centers ausgegeben wird[175]. Danach werden die Bewerber gebeten, ihre Einschätzung zu dem Thema einem gedanklich anwesenden Auditorium vorzustellen. Hierfür stehen gängige Präsentationsmedien zur Verfügung[176]. Während der Vorträge sind Assessoren anwesend, die die Ausführungen und das Verhalten der Bewerber beobachten und schriftlich festhalten.

Bekannt sind auch Erweiterungen der Präsentationsübung, bei denen die Redner nach ihren Vorträgen von den Assessoren noch einmal befragt werden. Die Probanden werden hierbei mit vorbereiteten Einwänden konfrontiert, um auch das Verhalten im Umgang mit kritischen Fragen beobachten zu können[177]. Des Weiteren finden sich in der betrieblichen Praxis Verknüpfungen zwischen Präsentationen und anderen situativen Testverfahren. Dies wird da-

---

[174] vgl. Obermann, C., Assessment Center (1992), S. 150 ff.

[175] Paschen/Weidemann/Turck/Stöwe berichten aber auch davon, dass Themenstellungen durchaus auch schon vor dem Assessment Center per Post an die Bewerber herausgegeben werden. Vgl. Paschen, M., Weidemann, A., Turck, D., Stöwe, C., Assessment Center (2005), S. 154

[176] vgl. Paschen, M., Weidemann, A., Turck, D., Stöwe, C., Assessment Center (2005), S. 154

[177] vgl. Obermann, C., Assessment Center (2006), S. 124

durch möglich, dass z. B. die aus einer Fallstudie gewonnenen Ergebnisse das Thema für eine Präsentation darstellen, bzw. die in einer Präsentation vertretene Meinung den Ausgangspunkt für eine Gruppendiskussion darstellt. Häufig übernimmt diese Aufgabe auch nur eine Eisbrecher-Funktion zu Beginn eines Assessment Centers[178]

Gängige Themen für Präsentationen im Assessment Center sind

- Produktdarstellungen
- Präsentationen in einer Fremdsprache
- Verteidigung der aus einer Fallstudie gewonnenen Ergebnisse
- Erläuterung eines Reorganisationskonzeptes oder die
- Darstellung der aus Textmaterialien entnommenen Kernbotschaften[179].

Eingesetzt wird die Präsentation zur Einschätzung von analytischen Fähigkeiten und der sprachlichen Sicherheit vor einer Gruppe.

Fraglich bleibt allerdings, ob in Unternehmen tatsächlich so viel präsentiert und vorgetragen wird, wie dies die Häufigkeit dieser Übung im Assessment Center vermuten lässt[180].

3.3.2.6 Gruppendiskussionen

Die Gruppendiskussion stellt heute das im Assessment Center am Häufigsten verwendete Testverfahren dar[181]. Anwendung findet sie in zwei Varianten, die jeweils um Rollenvorgaben erweitert werden können.

---

[178] vgl. Höft, S., Funke, U., Verfahren der Personalauswahl (2006), S. 157
[179] vgl. Obermann, C., Assessment Center (2006), S. 123
[180] vgl. Obermann, C., Assessment Center (2006), S. 122 f.
[181] vgl. Paschen, M., Weidemann, A., Turck, D., Stöwe, C., Assessment Center (2005), S. 138

3.3.2.6.1 Führerlose Gruppendiskussion

Bei der führerlosen Gruppendiskussion[182] ist eine Themenstellung von einer Kleingruppe gemeinsam zu bearbeiten. Die Leitung der Gruppe wird keinem der Gruppenmitglieder übertragen. Die Dynamik der Situation zeigt vielmehr, wer von den Mitgliedern stärker als andere den Meinungsbildungsprozess beeinflusst und sich zum informellen Führer der Gruppe entwickelt.

Für die Übung werden sechs bis acht Personen zu einer Gruppe zusammengefasst und in einen separaten Raum verwiesen. Jedem Einzelnen wird die Themenstellung schriftlich vorgegeben. Es folgt eine kurze Einarbeitungszeit von fünf bis zehn Minuten, in der sich jeder Teilnehmer für eine Argumentationslinie entscheiden und Argumente für die Diskussion vorbereiten kann. Nach einer kurzen Einführung durch den Moderator, wird der Aufgabenbearbeitung in der Kleingruppe freier Lauf gelassen. Während der Diskussion sind Assessoren anwesend, die das Verhalten der Probanden beobachten[183]. Geeignete Themen für die führerlose Gruppendiskussion sind z. B.

- die Erarbeitung eines zielgruppenspezifischen Besuchsprogramms
- die Implementierung neuer Sicherheitsvorkehrungen oder
- die Generierung einer innovativen Marketingstrategie[184].

Untersuchungen zu früheren Assessment Center-Anwendungen lassen vermuten, dass die führerlose Gruppendiskussion zur Messung der Initiative, der

---

[182] vgl. Obermann, C., Assessment Center (2006), S. 120 f.

[183] Jeserich hat in einer früheren Veröffentlichung zum Assessment Center darauf hingewiesen, dass professionellen Beobachtern bis zu vier Teilnehmer zugeordnet werden können, unerfahrene Beobachter hingegen nicht mehr als zwei Teilnehmer beobachten sollten. Vgl. Jeserich, W., Mitarbeiter auswählen (1986), S. 109

[184] vgl. Thornton III, G. C., Byham, W. C., Assessment Centers (1982), S. 171. Kritisch wird in der Literatur die mangelnde Realitätsnähe einiger Diskussionsinhalte gesehen (prototypisch in der NASA-Übung, in der die Teilnehmer nach einer fiktiven Bruchlandung auf dem Mond sich einigen müssen, welche Ausrüstungsgegenstände für eine Rettungsaktion mitgenommen werden sollen). Vgl. Höft, S., Funke, U., Verfahren der Personalauswahl (2006), S. 159

Wertschätzung einer Person durch Andere und der verbalen Fähigkeiten von Bewerbern valide Ergebnisse liefert[185].

Kritisch muss jedoch gesehen werden, dass die Durchführungsobjektivität der führerlosen Gruppendiskussion im Einzelfall sehr niedrig sein kann. Das Problem ergibt sich dadurch, dass das Verhalten der Teilnehmer nicht allein durch die Aufgabenstellung, sondern ebenso durch das Verhalten der anderen Teilnehmer bestimmt wird. Profiliert sich z. B. ein Gruppenmitglied, dann kann dies dazu führen, dass sich das Verhalten der anderen Teilnehmer nicht mehr an der Themenstellung, sondern am Verhalten des Gruppenmitgliedes orientiert[186]. Das Problem versucht man zu umgehen, indem man in das Assessment Center zwei bis drei Gruppenübungen einbaut, die jeweils in einer anderen personellen Zusammensetzung zu durchlaufen sind[187]. Eine Alternative findet sich darin, dass Teilnehmer einer Gruppendiskussion durch geschulte Rollenspieler ersetzt werden[188]. Dem stehen jedoch deutlich höhere Kosten gegenüber. Speziell bei internen Potentialanalysen mit erfahrenen Teilnehmern empfiehlt man deshalb, auf die führerlose Gruppendiskussion ganz zu verzichten[189].

Fraglich ist des Weiteren, ob die durch die führerlose Gruppendiskussion gewonnenen Erkenntnisse zur Prognose von Führungserfolg tatsächlich bedeutsam sind. So belegen Arbeitsanalysen, dass Nachwuchskräfte in unstrukturierte Situationen wie die einer führerlosen Gruppendiskussion überhaupt

---

[185]   vgl. Thornton III, G. C., Byham, W. C., Assessment Centers (1982), S. 172
[186]   vgl. Thornton III, G. C., Byham, W. C., Assessment Centers (1982), S. 162. Vgl. Dirks, H., Assessment Center (PuP 1982), S. 53 ff.
[187]   vgl. Thornton III, G. C., Byham, W. C., Assessment Centers (1982), S. 54. Maukisch/Schmidt/Strunz berichten von einem Assessment Center, in das alleine fünf führerlose Gruppendiskussionen eingebaut wurden: Vgl. Maukisch, H., Schmidt, P., Strunz, C. M., Assessment Center (1991), S. 154. Und auch Obermann berichtet davon, dass sich in Assessment Centern heute mindestens ein bis zwei, häufig jedoch sehr viel mehr Gruppenarbeiten finden. Vgl. Obermann, C., Assessment Center (2002), S. 105
[188]   vgl. Obermann, C., Assessment Center (2006), S. 115
[189]   vgl. Obermann, C., Assessment Center (2006), S. 114

nicht kommen. Gestandene Führungskräfte haben demgegenüber in Besprechungen immer eine Position inne und müssen sich diese nicht erarbeiten[190].

3.3.2.6.2 Geführte Gruppendiskussion

Sicherlich auch wegen der beschriebenen Nachteile hat sich als weitere Variante die geführte Gruppendiskussion[191] etabliert. Der Unterschied besteht darin, dass den Teilnehmern während der Gruppendiskussion abwechselnd die Rolle des Diskussionsleiters übertragen wird.

Auch hier werden sechs bis acht Probanden zu einer Gruppe zusammengefasst. Die Gruppe erhält vom Moderator die zu bearbeitende Aufgabenstellung mit den erforderlichen Instruktionen. Im Anschluss an diese Einführung wird vom Moderator jedoch ein Teilnehmer bestimmt, der die Diskussion zu leiten hat. Nach zehn bzw. fünfzehn Minuten fordert der Moderator den nächsten Teilnehmer zur Gruppenführung auf. Die Übung wird solange durchgeführt, bis jeder Teilnehmer für den gleichen Zeitraum die Gruppenleitung innehatte.

Typische Themen für geführte Gruppendiskussionen sind Verkaufsaktionen oder Kundenbefragungen, die ein Vorgesetzter mit seinen Mitarbeitern in einem Meeting zu erarbeiten und zu planen hat[192].

Der Vorteil der geführten Gruppendiskussion wird darin gesehen, dass mit dieser überprüft werden kann, in wie weit eine Person eine formale Führungsrolle adäquat ausfüllen kann. Ein weiterer Vorteil liegt darin, dass Teilnehmer, die sich in der führerlosen Gruppendiskussion nicht äußerten, weil sie z. B. der Meinung waren, keinen neuen inhaltlichen Beitrag zum Thema zu haben, hier zeigen können, in wie weit sie sich mit einer Führungsrolle identifizieren können[193].

---

[190] vgl. Thornton III, G. C., Byham, W. C., Assessment Centers (1982), S. 175 f.
[191] vgl. Obermann, C., Assessment Center (2006), S. 120 f.
[192] vgl. Jeserich, W., Mitarbeiter auswählen (1986), S. 151
[193] vgl. Obermann, C., Assessment Center, (2006), S. 120 f.

3.3.2.6.3 Gruppendiskussion mit Rollenvorgaben

Verfolgt man das Ziel, möglichst intensive Auseinandersetzungen in den Diskussionsrunden zu erzeugen, dann wählt man die Gruppendiskussion mit Rollenvorgaben, bei der den Teilnehmern unterschiedliche Interessen zugewiesen werden, die sie zu vertreten haben[194].

Folgende Empfehlungen werden hierfür gegeben[195]:

- Die einzelnen Rollen sollten in etwa gleich schwierig zu spielen sein, damit einzelne Teilnehmer nicht benachteiligt werden. Ein einfaches Hilfsmittel ist hierfür die Vorgabe von Argumenten im Instruktionsmaterial. Auf diese Weise kann sichergestellt werden, dass alle Teilnehmer über eine ähnlich große Zahl an Argumenten verfügen.
- Es sollte darauf geachtet werden, dass die Themenstellungen Kompromisse zulassen. Hierdurch kann sichergestellt werden, dass die Diskussion für die Teilnehmer nicht zu konfliktreich und Stress geladen wird.
- Die Rollenvorgaben sollten den persönlichen Einstellungen der Teilnehmer nicht widersprechen, da dies die Gefahr einer künstlichen Diskussion erhöht. Zudem dürfte es analytisch starken Personen leichter fallen, sich in eine Rolle hinein zu denken, die der persönlichen widerspricht. Deshalb sollten jedem Teilnehmer zwei Rollen zur Wahl gestellt werden, von denen er sich für eine zu entscheiden hat.

3.3.2.7 Video-Simulationen

Mit der Verfügbarkeit preisgünstiger und technisch hochwertiger Autorensysteme, hat sich eine neue Simulation im Assessment Center etabliert, die sog. Video-Simulation[196]. Es handelt sich hierbei um eine Übung, bei der den Probanden kritische soziale Situationen per Video präsentiert werden, die von

---

[194] vgl. Paschen, M., Weidemann, A., Turck, D., Stöwe, C., Assessment Center (2005), S. 142
[195] vgl. Obermann, C., Assessment Center (2006), S. 120
[196] vgl. Obermann, C., Assessment Center (2002), S. 121 f.

diesen zu beurteilen sind, bzw. bei der sie das Wahrgenommene wiedergeben müssen.

Die Videosequenzen werden den Probanden meist einzeln vorgespielt. Danach fragt man sie, wie sie sich in dieser Situation verhalten hätten. Die Antworten werden von einem Assessor festgehalten und vorgegebenen Antwortkategorien zugeordnet. Als Beispiel für eine videogestützte Simulation nennt Obermann[197] einen Produktionsausfall, bei dem sich der Meister seinem Vorarbeiter gegenüber aggressiv verhält und mit der die soziale Kompetenz des Bewerbers beurteilt werden soll. Des Weiteren finden Video-Simulationen bei der Beurteilung anderer Menschen in bestimmten beruflichen Situationen Anwendung. Dies ist z. B. bei der Auswahl von Außendienstleitern der Fall, wenn ein Vertriebsgespräch auf Video präsentiert wird, um herauszufinden, wie differenziert der Bewerber Mitarbeiter oder andere Menschen überhaupt beurteilen kann.

Der Vorteil der Video-Simulation liegt im kostengünstigen Testverfahren für große Personengruppen. Dies ist u. a. dadurch möglich, dass auf Rollenspieler verzichtet werden kann.

3.3.2.8 Prüfen und Verfassen von Schriftstücken

Wenn es um die Beurteilung der schriftlichen Kompetenzen geht, findet sich in heutigen Assessment Centern auch das Prüfen und Verfassen von Schriftstücken wieder[198].

Bei dieser Art des Testverfahrens werden den Probanden - je nach Zielsetzung und Zielgruppe - z. B. folgende Aufgaben vorgegeben[199]:

- Prüfung einer Konstruktionszeichnung
- Beurteilung einer Bilanz oder eines Prüfberichts

---

[197] vgl. Obermann, C., Assessment Center (2002), S. 121 f.
[198] vgl. Obermann, C., Assessment Center (2002), S. 122 f.
[199] vgl. Obermann, C., Assessment Center (2002), S. 122 f.

- Analyse von Bewerbungsunterlagen
- Formulierung einer Einladung oder das
- Verfassen von Anzeigentexten, Werbebriefen oder Mitarbeiterrundschreiben.

Der Vorteil der Übungen liegt in ihrem hohen Realitätsbezug.

3.3.2.9 Organisationsaufgaben

Ebenfalls zu den Aufgaben neueren Typs sind die sog. Organisationsaufgaben[200] zu zählen. Bei diesen stehen die Teilnehmer vor der Aufgabe, knappe zeitliche oder finanzielle Ressourcen nach vorgegebenen Kriterien zu verteilen.

Die bekannteste Organisationsaufgabe im deutschen Sprachraum[201] ist die Wegzeitberechnung von Jeserich[202]. Bei dieser haben die Probanden Fahrtrouten zu optimieren, so dass die Zeit für die insgesamt zu bewältigende Strecke möglichst kurz bleibt. Weitere Organisationsaufgaben, die im Assessment Center Anwendung finden, sind z. B. bei Führungskräften mit Budgetverantwortung eine Budgetplanung nach vorgegebenen, sich teilweise widersprechenden Kriterien oder bei der Beurteilung von Führungskräften aus dem Produktionsbereich die Optimierung der Maschinenlaufzeiten und des Personaleinsatzes[203].

Eingesetzt werden Organisationsaufgaben wenn es um die Einschätzung der Delegationsfähigkeit, des Führungsverhaltens und der intellektuellen Leistungsfähigkeit von Bewerbern geht.

Kritisch ist zu sehen, dass bei Organisationsaufgaben der konkrete Zusammenhang zu den ursprünglichen Positionsanforderungen häufig verloren geht.

---

[200] vgl. Obermann, C., Assessment Center (2006), S. 130
[201] vgl. Obermann, C., Assessment Center (2002), S. 123
[202] vgl. Jeserich, W., Mitarbeiter auswählen (1986), S. 271 ff.
[203] vgl. Obermann, C., Assessment Center (2006), S. 130

3.3.2.10 Postkorbbearbeitung

Eine der beliebtesten Übungen des Assessment Centers ist die Postkorbbearbeitung[204]. Bei dieser haben die Probanden die Eingangspost einer fiktiven Führungskraft zu bearbeiten, die sich z. B. aufgrund einer Krankheit schon seit längerem nicht mehr am Arbeitsplatz befindet.

Um die Aufgabe durchzuführen, erhalten die Teilnehmer die Eingangspost mit entsprechenden Vorinformationen (Beschreibung der Position, Organigramm, Handlungsanweisung etc.). Im Postkorb finden sich dann typischerweise fünfzehn bis fünfundzwanzig Schriftstücke, wie Briefe, E-Mails, Telefonnotizen, Rundschreiben, Zeitungsausschnitte, Rechnungen, Mahnungen, Einladungen, Angebote, Anfragen, Beschwerden u. ä. Die Probanden haben nun die Aufgabe, den Inhalt der Schriftstücke zu erfassen und ihre Entscheidungen auf den Dokumenten schriftlich festzuhalten[205]. Die Aufgabenbearbeitung wird in Räumen durchgeführt, in denen die Probanden ungestört arbeiten können. Nach der Bearbeitungszeit werden die schriftlich vorliegenden Aufgabenbearbeitungen eingesammelt und von den Assessoren ausgewertet. Erschwert werden kann die Aufgabe, indem während der Bearbeitungszeit weitere telefonische Nachrichten oder E-Mails nachgereicht werden.

Eingesetzt wird die Postkorbbearbeitung wenn es um die Entscheidungsfähigkeit, die Arbeitsorganisation, die Prioritätensetzung, das Erkennen von Zusammenhängen und die Prüfung der fachlichen Kompetenzen geht.

Als nachteilig wird die lange Bearbeitungszeit von bis zu drei Stunden gesehen. Hinzu kommt noch einmal dieselbe Dauer, die für die Auswertung erforderlich wird. Des Weiteren wird das große Spektrum der Antwortmöglichkeiten negativ beurteilt, das die Assessoren bei der Auswertung vor erhebliche

---

[204] vgl. Obermann, C., Assessment Center (2006), S. 134
[205] vorfindbar ist auch, dass auf den Schriftstücken Fragen mit oder ohne Antwortkategorien vorformuliert sind, die vom Probanden zu beantworten sind, oder dass die Entscheidung gegenüber einem Beobachterteam in einem Interview vorgestellt werden muss. Vgl. Obermann, C., Assessment Center (2006), S. 130 f.

Interpretationsprobleme stellen kann. Der Assessorenschulung[206] wird deshalb eine große Bedeutung beigemessen.

3.3.2.11 Planspiele

Auch Planspiele[207] werden für das Assessment Center eingesetzt. Bei diesen aus der Aus- und Weiterbildung stammenden Techniken[208], haben Teilnehmergruppen fiktive und in Wettbewerb zueinander stehende Unternehmen zu führen. Das Ziel besteht darin, das eigene Unternehmen nach betriebswirtschaftlichen Kennzahlen so zu steuern, dass es denen der anderen Gruppen überlegen ist.

Planspiele liegen mittlerweile für verschiedene Branchen, Positionen und Schwierigkeitsgraden vor, die allerdings den eignungsdiagnostischen Zwecken des Assessment Centers erst noch angepasst werden müssen. Im Regelfall wird die Gruppe der Probanden in drei bis vier Kleingruppen aufgeteilt, die jeweils ein Unternehmen gemeinsam führen. Nach einer kurzen Einführung in den Spielverlauf, wird jeder Gruppe ein Raum zugeteilt, in dem sie ungestört arbeiten kann. Die Arbeitsunterlagen einer jeden Gruppe bestehen aus Planungsdaten und Entscheidungsblättern, die für jede Spielgruppe dieselben Ausgangsdaten aufweisen. Nach einer bestimmten Zeit sind die ersten unternehmerischen Entscheidungen zu treffen. Diese werden in ein Auswertungsblatt übertragen und dem Moderator übergeben, der die Daten in die EDV eingibt und auswertet. Die Ergebnisse werden an die Gruppen zurückgegeben und bilden die Ausgangslage für die zweite Spielrunde. Das Planspiel läuft über mehrere Runden. In den Gruppenräumen sind Assessoren anwesend, die das Verhalten der Gruppenmitglieder beobachten und protokollieren.

---

[206] vgl. Gliederungspunkt 3.3.4
[207] vgl. Obermann, C., Assessment Center (2006), S. 131 ff.
[208] vgl. Gooding, C., Zimmerer, T. W., Gaming (HRM 1980), S. 19 ff.

Eingesetzt wird das Planspiel zur Messung von Merkmalen wie Wirkung auf Andere, Initiative, Entschlossenheit[209] oder auch Entscheidungsverhalten und kognitive Leistungsfähigkeit[210].

Positiv an Planspielen beurteilt man die hohe inhaltliche Validität. Als Nachteil wird gesehen, dass das Gruppenverhalten mit fortschreitendem Spielverlauf nicht mehr auf die Aufgabenstellung, sondern zunehmend auf das Entscheidungsverhalten der konkurrierenden Gruppen zurückzuführen ist. Dies führt dazu, dass Spielverläufe oft wenig Ähnlichkeit zueinander haben[211]. Darüber hinaus wird der hohe administrative Aufwand als nachteilig empfunden, der dadurch entsteht, dass für die Datenauswertung PCs und personelle Ressourcen zur Verfügung gestellt werden müssen. Hohe Kosten können auch dadurch entstehen, dass ein Planspiel den betrieblichen Gegebenheiten erst angepasst bzw. neu entwickelt werden muss.

3.3.3 Auswahl der Assessoren

Die Ausführungen machten deutlich, dass bei situativen Übungen die Datenerhebung durch sog. Assessoren vorgenommen wird[212]. Sind die zur Erfassung der Merkmale geeigneten Testverfahren ausgewählt, sind im nächsten Schritt die Personen auszuwählen, die diese Aufgabe übernehmen.

Die Assessment Center-Theorie geht hier von zwei Grundsätzen aus[213]:

1. Die Assessoren sollen eine Position innehaben, die sich ein bis drei Hierarchieebenen über der Zielposition befindet.
2. Das Verhältnis von Assessor zu Bewerber soll eins zu zwei betragen.

---

[209] vgl. Jeserich, W., Mitarbeiter auswählen (1986), S. 123
[210] vgl. Höft, S., Funke, U., Verfahren der Personalauswahl (2006), S. 151
[211] vgl. Höft, S., Funke, U., Verfahren der Personalauswahl (2006), S. 152 f.
[212] vgl. grundsätzlich Kompa, A., Demontage (DBW 1990), S. 590 f.
[213] vgl. Thornton III, G. C., Byham, W. C., Assessment Centers (1982), S. 230 ff.

Der erste Grundsatz unterstellt[214], dass Organisationsmitglieder, die sich ein bis drei Hierarchieebenen über der betrachteten Zielposition befinden, den Ausprägungsgrad der für die Zielposition erfolgskritischen Merkmale am validesten beurteilen können, da sie Personen der betrachteten Position in vielen Situationen beobachten und beurteilen konnten. In der Anwendung[215] heißt dies, dass z. B. Außendienstmitarbeiter von Außendienstleitern, Führungsnachwuchskräfte von Führungskräften des unteren und mittleren Managements und Führungskräfte des mittleren Managements vom oberen Management beurteilt werden sollten. Eine Ausnahme[216] stellt lediglich die Beurteilung der Top-Führungskräfte dar, bei der man für die Assessorenaufgabe auf professionelle Berater zugreift. Grundsätzlich wird empfohlen[217], dass in die Assessorenteams auch Psychologen und Mitarbeiter der Personalabteilung eingebunden werden, da diese aufgrund ihrer Ausbildung und Berufspraxis für die Beobachtungsaufgabe in der Regel besonders geeignet sind[218].

Um die Kosten der Datenerhebung zu reduzieren[219], empfiehlt man ein Verhältnis von Assessor zu Bewerber von eins zu zwei zu realisieren. Da Assessment Center in der Regel mit sechs bis zwölf Bewerbern durchgeführt werden[220], bedeutet dies, dass pro Assessment Center drei bis sechs Assessoren benötigt werden.

Ist die Auswahl der Assessoren abgeschlossen, geht man zu deren Einweisung und Schulung über.

214	vgl. Thornton III, G. C., Byham, W. C., Assessment Centers (1982), S. 230
215	vgl. Thornton III, G. C., Byham, W. C., Assessment Centers (1982), S. 230
216	vgl. Thornton III, G. C., Byham, W. C., Assessment Centers (1982), S. 231
217	vgl. Obermann, C., Assessment Center (2006), S. 181
218	so konnten Thornton/Gaugler/Rosenthal/Bentson feststellen, dass sich die Prognosevalidität des Assessment Centers durch die Hinzunahme von Psychologen in das Beobachterteam erhöhen lässt. Vgl. Thornton III, G. C., Gaugler, B. B., Rosenthal, D. B., Bentson, C., Validität (1987), S. 46 ff. Woehr/Arthur weisen in ihrer Metaanalyse nach, dass Psychologen differenzierter urteilen als Manager. Vgl. Woehr, D. J., Arthur Jr., W., Assessment Center Ratings (2002), S. 231 ff.
219	vgl. Byham, W. C., Selection (1977), S. 98
220	vgl. Gliederungspunkt 3.3.6

3.3.4 Schulung der Assessoren

Zur sozialen Urteilsbildung gibt es zwei sich widersprechende Theorien[221]:

Die erste Theorie geht davon aus, dass Menschen das Verhalten anderer Personen objektiv wahrnehmen, dieses zu übergeordneten Merkmalen zusammenfassen und so zu einer objektiven Einschätzung der menschlichen Persönlichkeit gelangen. Dieser Ansatz wird als "bottom up approach"[222] bezeichnet. Demgegenüber steht die Annahme, dass wir Verhalten nur selektiv wahrnehmen. Dies geschieht dadurch, dass wir stereotype Vorstellungen von der Persönlichkeit des Menschen haben und das menschliche Verhalten deshalb nur in so weit wahrnehmen, wie wir es zur Klassifizierung anderer Personen benötigen. Dieser als "top down approch"[223] bezeichnete Ansatz führt in seiner Gültigkeit folglich zu einer unvollständigen und gegebenenfalls fehlerhaften Verhaltensbeobachtung. In der Assessment Center-Praxis[224] nimmt man an, dass beide Theorien eine gewisse Gültigkeit haben.

Um die Objektivität der Beobachtung zu erhöhen, führt man deshalb vor dem Assessment Center[225] eine sorgfältige Schulung der Assessoren[226] durch.

Der Aufbau eines solchen Trainings ist exemplarisch in der Tabelle 15 verdeutlicht.

---

[221] vgl. Thornton III, G. C., Assessment Centers (1992), S. 96 ff. Vgl. Höft, S., Lüth, N., Beobachtung und Bewertung (2005), S. 231 ff.
[222] Thornton III, G. C., Assessment Centers (1992), S. 96
[223] Thornton III, G. C., Assessment Centers (1992), S. 96
[224] vgl. Thornton III, G. C., Assessment Centers (1992), S. 97
[225] Obermann weist darauf hin, dass es sich als sinnvoll erwiesen hat, drei bis vier Wochen vor dem Assessment Center das Training durchzuführen und dann unmittelbar vor dem Assessment Center - z. B. nach der Anreise am Abend vorher - entstandene Fragen zu klären und wesentliche Assessment Center-Bausteine noch einmal zu üben. Vgl. Obermann, C., Assessment Center (2006), S. 197
[226] zur Leistungsfähigkeit von Assessoren-Trainings: Vgl. Lievers, F., Assessor Training (JoAP 2001), S. 255 ff.

Tab. 15: Ablaufplan eines Beobachtertrainings

Zeit	Inhalt/Methode	Zielsetzung
09.00 – 09.30	Erwartungsanalyse	
09.30 – 10.30	**Moderation** mit Metaplan-Kartenabfrage: Wie beschreibt sich die ideale Führungskraft? **Vergleich** der Einzelaussagen in der Gruppe	Teilnehmer spüren, dass es verschiedene Eigenschaften für erfolgreiche Führung gibt
10.30 – 11.15	Bewertung einer Rollenübung über Video in zwei Kleingruppen	Teilnehmer lernen ihre eigenen Wahrnehmungsgewohnheiten kennen
11.15 – 11.45	Vergleich der Bewertungen im Plenum	Teilnehmer werden sensibilisiert für Wahrnehmungsfehler
11.45 – 12.00	Vorstellung typischer Wahrnehmungsfehler durch Trainer	
12.00 – 13.00	Moderation: Erarbeitung, durch welches System Urteile angenähert werden können	
14.00 – 15.00	Vorstellung des Beobachtungssystems und der Übungen	
15.00 – 18.00	Üben an Simulationen - abwechselnd in der Teilnehmer- und Beurteilerrolle	

Quelle: Obermann, C., Assessment Center (2002), S. 174

Das Training ist in drei Teile gegliedert.

Nach der Erwartungsanalyse (09.00 – 09.30), sollen die Assessoren im ersten Teil der Schulung (09.30 – 10.30) für die Verschiedenartigkeit erfolgsrelevanter Merkmale sensibilisiert werden. Die Assessoren berichten über ihre Vorstellungen zur idealen Führungskraft und diskutieren diese in der Gruppe.

Im zweiten Teil des Trainings (10.30 – 13.00) wird der Schwerpunkt auf Beobachtungsfehler und die Selbstreflexion der Teilnehmer gelegt. Hier können zwei Übungen zum Einsatz kommen:

a) In einer ersten Übung beobachten zwei Kleingruppen parallel zueinander eine auf Video aufgezeichnete identische Situation und beurteilen anhand einiger allgemein gehaltener Beobachtungskriterien das gezeigte Verhalten (10.30 – 11.15). Daran anschließend werden die Beurteilungsergebnisse beider Gruppen im Plenum bekannt gegeben (11.15 – 11.45). Das Erstaunen über die erheblich differierenden Urteile lässt die Teilnehmer typische Wahrnehmungsfehler erkennen und bietet dann die Basis, um die Notwendigkeit und Funktionsweise eines Beobachtungssystems gemeinsam zu erarbeiten.

b) In einer alternativen Übung haben die Assessoren sich gegenseitig zu beurteilen. Die Ergebnisse werden ausgetauscht. Die Betroffenheit beim Feststellen von Differenzen zwischen Selbst- und Fremdbild kann dann pädagogisch genutzt werden.

Der Hauptteil des Trainings (14.00 – 18.00) ist dann auf die Vorstellung des Beobachtungssystems und das Kennen lernen der Assessment Center-Übungen gerichtet. Die Assessoren durchlaufen einzelne Übungen selbst, um deren Schwierigkeitsgrad und Eignung zur Stimulierung von erfolgsrelevantem Verhalten aus eigener Anschauung zu erfahren.

Sind die Assessoren in die Thematik der Verhaltensbeobachtung und -beurteilung eingewiesen, können die Probanden ausgewählt werden.

3.3.5 Auswahl der Probanden

Wie Obermann[227] berichtet, ist die Durchführung eines Assessment Centers für das Unternehmen mit erheblichen Kosten verbunden. Um diese zu begrenzen, werden nur die Bewerber zum Assessment Center zugelassen, die bestimmte Mindestkriterien erfüllen[228]. Die Vorauswahl der Bewerber wird in der Praxis mit folgenden Techniken unterstützt[229]:

- Die Benennung der Teilnehmer durch ihre direkten Vorgesetzten.
- Potentialrunden, bei denen die Personalabteilung die Eignung von Kandidaten mit deren Vorgesetzten bespricht.
- Die Auswahl der Teilnehmer durch ein vorgeschaltetes Interview.
- Die Auswertung der Bewerbungsunterlagen.
- Der Einsatz schriftlicher oder web-basierter Fragebogen, die biografische, situative und fachliche Kriterien überprüfen.

---

[227] vgl. Obermann, C., Assessment Center (2006), S. 202
[228] vgl. Obermann, C., Assessment Center (2006), S. 202
[229] vgl. Obermann, C., Assessment Center (2006), S. 204 ff.

Sind die passenden Kandidaten ausgesucht, kann zur Durchführung des Assessment Centers übergegangen werden.

3.3.6 Datenerhebung, -auswertung und -interpretation

Die Datenerhebung im Assessment Center unterscheidet sich von anderen Vorgehensweisen der betrieblichen Personalauswahl in dreierlei Hinsicht:

1. Die Datenerhebung wird in der Gruppe durchgeführt[230].
2. Die Gruppe hat eine Größe, die sich ohne Überhang in Kleingruppen teilen lässt[231].
3. Die Datenerhebung wird an einem Ort durchgeführt, der ungestörtes Arbeiten ermöglicht[232].

Der erste Grundsatz basiert auf der Erkenntnis, dass die Datenerhebung in der Gruppe ökonomisch ist, da die benötigten Ressourcen (Assessoren, Räumlichkeiten, Moderator) gut ausgelastet werden können. Man testet deshalb grundsätzlich immer mehrere Bewerber gemeinsam[233]. Lediglich bei der Auswahl von Führungskräften für das obere Management findet das Einzel-Assessment Center Anwendung, da hier unterstellt wird, dass bei herkömmlichen Assessment Centern Interessenten aus Diskretionsgründen von einer Bewerbung und der Teilnahme am Assessment Center absehen könnten[234].

Um die Assessment Center-Übungen nach einem straffen Zeitplan durchführen zu können, wählt man gewöhnlich eine Gruppengröße, die sich in Kleingruppen gleicher Größe teilen lässt. Als praktikabel hat sich eine Gruppengröße von zwölf Personen erwiesen[235], die problemlos in Kleingruppen von 2 x 6, 4 x 3, 3 x 4 oder 6 x 2 Personen aufgeteilt werden kann. Damit das

---

[230] vgl. Kompa, A., Demontage (DBW 1990), S. 588
[231] vgl. Kompa, A., Demontage (DBW 1990), S. 588
[232] vgl. Jeserich, W., Mitarbeiter auswählen (1986), S. 111
[233] vgl. Obermann, C., Assessment Center (2006), S. 214 ff.
[234] vgl. Obermann, C., Assessment Center (2006), S. 324 ff.
[235] vgl. Obermann, C., Assessment Center (2006), S. 214

Assessment Center ohne Störungen ablaufen kann, wählt man als Veranstaltungsort gewöhnlich ein Tagungshotel aus[236]. Für die Koordination der Abläufe ist ein Moderator verantwortlich, der das Assessment Center steuert und gegebenenfalls korrigierend eingreift[237].

In der Tabelle 16 (siehe S. 106) ist der Ablauf eines Assessment Centers für eine von drei Beobachtergruppen dargestellt.

In dem Beispiel wird angenommen[238], dass es drei Beobachtergruppen gibt, die jeweils eine Teilnehmergruppe, bestehend aus vier Personen, beobachten. Die Zeitangaben beziehen sich auf die Beobachtungs- bzw. Auswertungsdauer einer Übung pro Teilnehmer.

Wie die Abbildung verdeutlicht, beginnt das dreitägige Assessment Center am Morgen des ersten Tages mit der Einführung der Teilnehmer in das Prozedere. Im Anschluss daran beobachtet die Beobachtergruppe 1 die Teilnehmer 1 - 4 beim Mitarbeitergespräch I, am Nachmittag die Teilnehmer 5 - 8 beim Fact-Finding. Am Vormittag des zweiten Tages wertet die Beobachtergruppe 1 die Postkorbbearbeitung der Teilnehmer 9 - 12 aus und führt am Nachmittag mit den Teilnehmern 5 - 8 das Interview und anschließend mit den Teilnehmern 9 - 12 die Moderationsübung durch. Am Vormittag des dritten Tages absolviert die Beobachtergruppe 1 mit den Teilnehmern 1 - 4 das Mitarbeitergespräch II.[239]

Im Anschluss daran treffen sich die Assessoren zur Gesamtbeobachterkonferenz und zu den Feedbackgesprächen.

---

[236] vgl. Jeserich, W., Mitarbeiter auswählen (1986), S. 271. Eine Checkliste für die Raum- und Hotelorganisation findet sich bei Obermann, C., Assessment Center (2002), S. 196

[237] Obermann beschreibt u. a. folgende Aufgaben des Moderators: Teilnehmereinführung, Abschlussrunde, Einführung der Teilnehmer in die Übungen, Ausgabe der Instruktionen, Zeitmanagement, Steuerung des Ablaufs, Auffangen von Zeitverschiebungen, Backoffice-Funktion: Eingabe der Beobachtungsdaten, Berechnung von Profilen, Vorbereitung der Beobachterkonferenz, Steuerung von Klima und Atmosphäre, Ansprechpartner für Fragen. Vgl. Obermann, C., Assessment Center (2006), S. 221

[238] vgl. Obermann, C., Assessment Center (2006), S. 223 ff.

[239] die Beobachtergruppen 2 und 3 arbeiten nach anderen Zeitplänen

Tab. 16: Zeitplan einer Datenerhebung für eine von drei Beobachtergruppen

	Beobachtergruppe 3				
	Beobachtergruppe 2				
Beobachtergruppe 1					
Zeit	Thema	TN	Zeit	Thema	TN
Donnerstag			13.30 – 14.00	Interview	5
10.00 – 11.00	Einführung		14.00 – 14.15	Beobachterkonferenz	
11.00 – 11.30	Mitarbeitergespräch I	1	14.15 – 14.45	Interview	6
11.30 – 12.00	Feedback, Beobachterkonferenz		14.45 – 15.00	Beobachterkonferenz	
12.00 – 12.30	Mitarbeitergespräch I	2	15.00 – 15.30	Interview	7
12.30 – 13.00	Feedback, Beobachterkonferenz		15.30 – 15.45	Beobachterkonferenz	
13.00 – 14.00	Mittag		15.45 – 16.00	Interview	8
14.00 – 14.30	Mitarbeitergespräch I	3	16.00 – 16.15	Beobachterkonferenz	
14.30 – 15.00	Feedback, Beobachterkonferenz		16.15 – 16.45	Moderationsübung	9
15.00 – 15.30	Mitarbeitergespräch I	4	16.45 – 17.00	Beobachterkonferenz	
15.30 – 16.00	Feedback, Beobachterkonferenz		17.00 – 17.30	Moderationsübung	10
16.00 – 16.30	Fact-Finding	5	17.30 – 17.45	Beobachterkonferenz	
16.30 – 16.45	Beobachterkonferenz		17.45 – 18.15	Moderationsübung	11
16.45 – 17.15	Fact-Finding	6	18.15 – 18.30	Beobachterkonferenz	
17.15 – 17.30	Beobachterkonferenz		18.30 – 19.00	Moderationsübung	12
17.30 – 18.00	Fact-Finding	7	19.00 – 19.15	Beobachterkonferenz	
18.00 – 18.15	Beobachterkonferenz		Samstag		
18.15 – 18.45	Fact-Finding	8	08.30 – 09.00	Mitarbeitergespräch II	1
18.45 – 19.00	Beobachterkonferenz		09.00 – 09.15	Beobachterkonferenz	
Freitag			09.15 – 09.45	Mitarbeitergespräch II	2
08.30 – 09.15	Postkorb	9	09.45 – 10.00	Beobachterkonferenz	
09.15 – 09.30	Beobachterkonferenz		10.00 – 10.30	Mitarbeitergespräch II	3
09.30 – 10.15	Postkorb	10	10.30 – 10.45	Beobachterkonferenz	
10.15 – 10.30	Beobachterkonferenz		10.45 – 11.15	Mitarbeitergespräch II	4
10.30 – 11.15	Postkorb	11	11.15 – 11.30	Beobachterkonferenz	
11.15 – 11.30	Beobachterkonferenz		11.30 – 13.00	Mittag	
11.30 – 12.15	Postkorb	12	13.00 – 15.00	Gesamtbeobachterkonferenz	
12.15 – 12.30	Beobachterkonferenz		15.00 – 17.00	Feedbackgespräche	
12.30 – 13.30	Mittag				

Quelle: Obermann, C., Assessment Center (2006), S. 225

3.3.7 Beobachterkonferenz und Feedbackgespräche

Bei der Beobachterkonferenz ist zu unterscheiden, ob es sich um ein Assessment Center zum Zwecke der Trainingsbedarfsanalyse oder der Potentialbeurteilung handelt[240].

Für den ersten Fall ist zu beachten, dass die Assessoren eine qualitative Ergebniszusammenfassung vornehmen[241]. Wie die Tabelle 17 zeigt, handelt es sich hierbei um ein Stärken-Schwächen-Profil, dem z. B. zu entnehmen ist, dass dieser Kandidat ausgeprägte Fähigkeiten in der Mitarbeitermotivation, der Kundenorientierung und im unternehmerischen Denken aufweist. Demgegenüber sind Schwächen in der Überzeugungskraft und der Prozessorientierung festzustellen.

Tab. 17: Beispiel einer qualitativen Ergebniszusammenfassung

Stärken:
Hohe Kompetenz, Mitarbeiter zu motivieren: Vermittelt Wertschätzung und Optimismus; berücksichtigt die Interessen seiner Mitarbeiter und bemüht sich um ihre Arbeitszufriedenheit; ist hilfsbereit.
Ausgeprägte Kundenorientierung: Reagiert gut auf Markterfordernisse und Bedarfssignale von Kunden; realisiert Akquisitionschancen; präsentiert gute Initiativen zur Steigerung der Service- und Kundenorientierung sowie des Vertriebs.
Gutes unternehmerisches Denken: Denkt und agiert kosten- sowie ertragsorientiert; geht gut mit Unternehmenszahlen um.
Entwicklungsfelder:
Geringere Überzeugungskraft: Zu wenig tiefergehende Argumente und Argumentationsketten; könnte stärker mit dem Nutzen für den Gesprächspartner argumentieren.
Geringere Prozessorientierung: Fokussiert Einzelfalllösungen; könnte stärker auf Prozesse eingehen.

Quelle: Obermann, C., Assessment Center (2006), S. 228

Im zweiten Fall, also in der Potentialbeurteilung, ist es erforderlich, dass die Urteilsbildung quantitativ erfolgt[242]. Bei dieser berichten die Assessoren in der Gesamtbeobachterkonferenz über ihre in den Einzelübungen gewonnenen Einschätzungen, die dann in der Gruppe nach einem festgelegten Algorith-

---

[240] zu den Anwendungsfällen des Assessment Centers: Vgl. Gliederungspunkt 3.2
[241] vgl. Obermann, C., Assessment Center (2006), S. 232
[242] vgl. Obermann, C., Assessment Center (2006), S. 232

mus zu einer Bewährungsprognose verdichtet werden[243]. Das Ergebnis einer solchen quantitativen Urteilsbildung (siehe Tab. 18), könnte für einen Probanden so aussehen, dass dessen Teamfähigkeit im Mitarbeitergespräch I mit dem Wert 2,5, im Mitarbeitergespräch II mit 3,0 und in der Moderationsübung mit 1,5 bewertet wurde. Hieraus ergäbe sich ein Mittelwert für Teamfähigkeit von 2,33. Dieser Wert wird dann vom Sollwert (3,50) abgezogen, so dass Stärken bzw. Schwächen sichtbar sind. Durch die Addition der Defizite, lässt sich dann der Kandidat ermitteln, der dem Sollprofil am nächsten kommt.

Tab. 18: Beispiel einer quantitativen Urteilsbildung

Kriterien	Postkorb	Mitarbeitergespräch I	Mitarbeitergespräch II	Moderationsübung	Fallstudie	Interview	Gesamt	Soll	Differenz
Teamfähigkeit		2,5	3,0	1,5			2,33	3,50	-1,17
Einfühlungsvermögen		2,5	3,0	3,0			2,83	3,50	-0,67
Konfliktfähigkeit		4,0	3,0	1,5			2,83	3,50	-0,67
Kundenorientierung	3,0						3,00	4,00	-1,00
Argumentationsfähigkeit				3,0		4,0	3,50	3,50	0,00
Mitarbeitermotivation		2,0	3,0				2,50	4,00	-1,50
Ergebnisorientierung		2,5	2,5	2,0			2,33	3,50	-1,17
Komplexitätsverständnis	3,0			2,0			2,50	3,50	-1,00
Problemlösekompetenz	2,5			2,0			2,50	3,50	-1,00
Unternehmerisches Denken	3,0			2,0			2,50	3,50	-1,00
Leistungsmotivation						3,5	3,50	4,00	-0,50
								Gesamtdifferenz	-9,70

Quelle: Obermann, C., Assessment Center (2002), S. 202

---

[243] zur Diskussion, ob der statistischen oder der klinischen Prognoseform der Vorzug gegeben werden soll: Vgl. Sawyer, J., Measurement and Prediction (1966), S. 178 ff. Die statistische Vorhersage stellt die kostengünstigere und zeitsparendere Entscheidungsfindung dar, in die keine validitätsmindernden Gruppenprozesse einfließen. Die klinische Entscheidungsfindung über die Beobachterkonferenz hat den Vorteil, dass eine gemeinschaftliche, von allen Beobachtern mitgetragene Entscheidung gefällt wird. Vgl. Höft, S., Funke, U., Verfahren der Personalauswahl (2006), S. 171 f.

Abschließend übermittelt man den Teilnehmern die Stärken- und Schwächen-Einschätzung bzw. das Gesamtergebnis in einem persönlichen Gespräch[244].

Damit ist das Assessment Center abgeschlossen.

3.4 Kriteriumsvalidität des Assessment Centers und Möglichkeiten der Eignungsbeurteilung im betriebswirtschaftlichen Praktikum

Das Assessment Center wurde als ein Testprofil bezeichnet, das in der betrieblichen Personalarbeit zur Realisierung unterschiedlicher Ziele[245] eingesetzt wird. Für den hier interessierenden Fall der Personalauswahl bestimmt sich die Leistungsfähigkeit eines Testprofils nach seiner Kriteriumsvalidität[246]. Um die Schwächen des Assessment Centers und die Stärken der Potentialbeurteilung im Praktikum aufzuzeigen, soll auf die Ergebnisse zur Kriteriumsvalidität des Assessment Centers im Folgenden näher eingegangen werden.

Zur Überprüfung der Kriteriumsvalidität ist es erforderlich, dass die für die einzelnen Teilnehmer gewonnenen Bewährungsprognosen zu einem späteren Zeitpunkt mit einem Erfolgsmaßstab korreliert werden. Die Höhe des errechneten Korrelationskoeffizienten gilt als Maßstab für die Leistungsfähigkeit des Testverfahrens[247]. Inzwischen liegt eine ganze Reihe von Untersuchungen zur Kriteriumsvalidität des Assessment Centers vor[248]. Im Gegensatz zu früheren Jahren, als die Ergebnisse der Einzelstudien durch die Berechnung eines ungewichteten[249] bzw. gewichteten Mittelwertes[250] zusammengefasst wurden,

---

[244] vgl. Obermann, C., Assessment Center (2006), S. 234 ff.
[245] vgl. Gliederungspunkt 3.2
[246] vgl. Lienert, G. A., Raatz, U., Testanalyse (1994), S. 220
[247] vgl. Binning, J. F., Barrett, G. V., Personnel Decisions (JoAP 1986), S. 478 ff.
[248] vgl. Kompa, A., Assessment Center (2004), S. 64
[249] vgl. Kormann, A. K., Managerial Performance (PP 1968), S. 295 ff.
[250] vgl. Reilly, R. R., Chao, G. T., Selection (PP 1982), S. 1 ff.

macht man dies heute mit sog. Meta-Analysen[251]. Hierbei handelt es sich um statistische Verfahren zur Mittelwertbildung, mit denen sich statistische Artefakte beseitigen lassen[252]. Die bisher umfassendste Meta-Analyse zum Assessment Center stammt von Thornton/Gaugler/Rosenthal/Bentson[253] aus dem Jahre 1987. Neuere Befunde von Arthur/Day/McNelly/Edens[254] bestätigen die weiterhin gegebene Gültigkeit der Ergebnisse.

Die Ergebnisse der Studie sind in Tabelle 19 wiedergegeben.

Tab. 19: Meta-Analyse zur Validität des Assessment Centers

Stichprobe	Validitätskennzahlen	Ungewichtete Validität		Gewichtete Validität		um statistische Artefakte korrigierte Validität	
		Mittelwert	Varianz	Mittelwert	Varianz	Mittelwert	Varianz
Gesamt	107	.32	.030	.29	.0228	.37	.0172
Differenziert nach Kriterien							
Leistung	44	.31	.032	.25	.0233	.36	.0203
Potential	13	.45	.037	.40	.0330	.53	.0373
Dimensionen	9	.25	.071	.22	.0606	.33	.0998
Training	8	.31	.031	.30	.0219	.35	.0197
Karriere	33	.32	.011	.30	.0087	.36	.0000
Differenziert nach Ziel des Assesment Centers							
Beförderung	52	.29	.40	.24	.0304	.30	.2093
Frühe Identifikation	15	.31	.009	.30	.0032	.46	.0000
Auswahl	24	.30	.019	.29	.0166	.41	.0032
Forschung	6	.42	.003	.42	.0027	.48	.0000

Quelle: Thornton III, G. C., Gaugler, B. B., Rosenthal, D. B., Bentson, C., Validität des Assessment Centers (1987), S. 46

---

[251] für Schulze/Höft stellt die Entwicklung und Anwendung metaanalytischer Analysetechniken für die berufliche Eignungsdiagnostik einen methodischen Quantensprung dar. Vgl. Schulze, H., Höft, S., Berufseignungsdiagnostik (2004), S. 450
[252] vgl. Holling, H., Schulze, R., Statistische Modelle (2004), S. 111 ff.
[253] vgl. Thornton III, G. C., Gaugler, B. B., Rosenthal, D. B., Bentson, C., Validität (1987), S. 36 ff.
[254] vgl. Arthur Jr., W., Day, E. A., McNelly, T. L., Edens, P. S., Meta-Analysis (PP 2003), S. 125 ff.

Wie diese zeigt, wurden in die Analyse 107 Validitätswerte einbezogen. Diese berücksichtigen als Erfolgskriterien Beurteilungen durch die unmittelbaren Vorgesetzten (Leistung, Potential, Dimensionen), den in Schulungen erreichten Leistungsstand (Training) und Maße für die Gehaltsentwicklung und die Häufigkeit von Beförderungen (Karriere). Gewonnen wurden die Validitätswerte im Rahmen interner Stellenbesetzungen (Beförderung), der Suche nach eigenem Führungsnachwuchs (Frühe Identifikation), der Einstellung neuer Mitarbeiter (Auswahl) und der wissenschaftlichen Untersuchung des Assessment Centers (Forschung). Über alle Kriterien und Anwendungen wurde ein um Messfehler korrigierter Validitätskoeffizient von .37 ermittelt. Der niedrigste Wert ergab sich bei internen Stellenbesetzungen mit .30; der höchste Wert bei Potentialbeurteilungen durch die direkten Vorgesetzten mit .53.

Obwohl diese Werte im Vergleich zu anderen Testverfahren[255] Spitzenplätze einnehmen, sind sie streng genommen doch "enttäuschend gering"[256]. So muss man sehen, dass mit einem Mittelwert von r = .37 gerade einmal 13,5 % der Validität eines Testverfahrens erklärbar sind[257]. Erschwerend kommt hinzu, dass es sich beim Assessment Center um ein Testprofil handelt und die zum Vergleich herangezogenen Validitätswerte ausnahmslos von Einzeltests stammen[258].

---

[255] vgl. Schmidt, F. L., Ones, D. S., Hunter, J. E., Selection (ARoP 1992), S. 631 ff. Vgl. Robertson, I. T., Iles, P. A., Selection (IRoIOP 1988), S. 168 ff. Vgl. Muchinski, P. M., Selection (IRoIOP 1986), S. 39 ff. Vgl. Smith, M., George, D., Selection (IRoIOP 1992), S. 57 ff. Vgl. Schuler, H., Funke, U., Berufseignungsdiagnostik (1989), S. 291 ff. Vgl. Schuler, H., Funke, U., Eignung (1993), S. 244 ff. Vgl. Schmidt, F. L., Hunter, J. E., Selection Methods, (PB 1998), S. 262 ff.

[256] Lattmann, C., Assessment Center (1989), S. 52

[257] vgl. Lattmann, C., Assessment Center (1989), S. 52

[258] vgl. Lattmann, C., Assessment Center (1989), S. 52. Vgl. Maukisch, H., Assessment Center (1989), S. 258 ff.

Sucht man nach Gründen für die bislang enttäuschenden Ergebnisse des Assessment Centers, dann kann bei der Messung der Kriterien, oder auch bei der Messung der Persönlichkeitsmerkmale angesetzt werden[259]:

1. So ist es durchaus denkbar, dass die in den Studien herangezogenen Bewährungsmaßstäbe nicht objektiv erfasst worden sind.
2. Möglich ist des Weiteren, dass die Messung der Erfolgsmaßstäbe nicht zuverlässig vorgenommen wurde.
3. Es könnte aber auch daran liegen, dass die verwendeten Kriterien zur Erfolgsmessung überhaupt nicht geeignet waren.
4. Ein nächster Grund könnte sein, dass mit den verwendeten Testverfahren eine objektive Messung der erfolgsrelevanten Eigenschaften nicht möglich war.
5. Ebenso ist es denkbar, dass die ausgewählten Testverfahren die reliable Messung der Eigenschaften nicht ermöglichten und
6. schließlich könnte eine Erklärung auch darin liegen, dass die zur Messung der Führungseigenschaften herangezogenen Testaufgaben hierfür nicht geeignet waren, da das für die Beurteilung erforderliche Verhalten mit diesen nicht stimuliert werden konnte.

Auf die einzelnen Thesen wird im Folgenden näher eingegangen:

Bei der betrieblichen Leistungsbeurteilung muss beachtet werden, dass Arbeitsergebnisse nicht immer unter gleichen Bedingungen zustande kommen. In großen Abteilungen ist es durchaus denkbar, dass ein Teamleiter einer Gruppe vorsteht, die sich mehrheitlich aus „Bremsern"[260] zusammensetzt. Ein anderer Teamleiter mag hingegen eine Gruppe führen, die im Kern aus sog. „Treibern"[261] besteht. Diese unterschiedlichen Situationen können die Arbeitsergebnisse der Teamleiter maßgeblich beeinflussen. Führt man unter den ge-

---

[259] zu den Gütekriterien der klassischen Testtheorie und deren Wechselwirkung: Vgl. Lienert, G. A., Raatz, U., Testtheorie (1994), S. 7 ff.
[260] Grochla, E., Grundlagen (1982), S. 53
[261] Grochla, E., Grundlagen (1982), S. 53

nannten Bedingungen eine Leistungsbeurteilung durch, dann bedeutet dies aus testtheoretischer Sicht, dass die Durchführungsobjektivität[262] der Datenerhebung nicht gewährleistet ist.

Des Weiteren ist zu beachten, dass Vorgesetzte die Einschätzung ihrer Mitarbeiter auf der Grundlage einer unterschiedlich großen Zahl an Beobachtungen vornehmen. So ist es durchaus möglich, dass ein Vorgesetzter die Aufgabe der Leistungsbeurteilung mit großer Ernsthaftigkeit betreibt und sein Urteil deshalb auf eine große Zahl von Verhaltensbeispielen stützt. Umgekehrt kann der Fall vorliegen, dass jemand dieser Aufgabe wenig Beachtung beimisst und zur Bildung seines Urteils nur wenige Verhaltensbeispiele heranzieht. Aus testtheoretischer Sicht bedeutet das letztgenannte Beispiel, dass eine zuverlässige Messung[263] bei einer großen Zahl an unterschiedlichen Merkmalen überhaupt nicht möglich ist. Da die Reliabilität die Obergrenze der Validität darstellt[264], können selbst aussagekräftige Bewährungskriterien durch eine niedrige Reliabilität künstlich „gedeckelt" werden. Zwar wird dieses Problem durch Beurteilerschulungen zu umgehen versucht. Ob solche in den einbezogenen Studien allerdings durchgeführt wurden, lässt sich an dieser Stelle nicht sagen.

Ein weiterer Grund für die unbefriedigenden Ergebnisse kann darin liegen, dass die Bewährungsmaßstäbe für die Beurteilung des beruflichen Erfolgs nicht geeignet waren. Bray/Cambell/Grant[265] kamen in ihrer Management-Progress-Study zu dem Ergebnis, dass „Aufstiegspotential" besser vorhergesagt werden konnte als „Aufstieg" selbst. Sie begründeten dies damit, dass „Aufstieg" von einer Vielzahl von Faktoren abhängig ist (z. B. der Zahl der verfügbaren Stellen), die vom Probanden nicht beeinflusst werden können. In diese Richtung argumentieren auch Klimoski/Strickland[266]. Sie vermuten, dass die Korrelation zwischen Merkmal und Kriterium weniger durch Leistung er-

---

[262] vgl. Lienert, G. A., Raatz, U., Testanalyse (1994), S. 8
[263] vgl. Lienert, G. A., Raatz, U., Testanalyse (1994), S. 9
[264] vgl. Lienert, G. A., Raatz, U., Testanalyse (1994), S.13 f.
[265] vgl. Bray, D. W., Campbell, R. J.,Grant, D. L., Formative Years (1974), S. 78
[266] vgl. Klimoski, R. J., Strickland, W. J., Assessment Centers (PP 1977), S. 351 ff.

klärbar sei, als vielmehr durch das Wissen über die Eigenschaften, die erforderlich sind, um im Unternehmen Karriere zu machen. Bei genauer Hinsicht spiegeln sich diese Annahmen in den Zahlen von Thornton/Gaugler/Rosenthal/Bentson wider. Auch in ihrer Studie korrelierte die Potentialbeurteilung (.53) deutlich höher als die Karriereentwicklung (.36) und die Leistungsbeurteilung am Arbeitsplatz (.36). Es könnte also durchaus sein, dass mit anderen Kriterien, die neben der Leistung auch die Gesinnung und die Passung der Kandidaten zu den Werten, Erfolgsmustern und Verhaltensvorstellungen des Unternehmens erfasst hätten, deutlich bessere Prognosevaliditäten erzielt worden wären.

Ein anderer Grund kann sein, dass die verwendeten situativen Testverfahren nicht objektiv waren. Es wurde bereits darauf hingewiesen[267], dass bei Gruppendiskussionen das Verhalten der Teilnehmer nicht ursächlich auf das Ausgangsmaterial zurückgeführt werden kann, da dieses auch durch das Verhalten der anderen Teilnehmer bestimmt wird. Dies kann dazu führen, dass sich ein ruhiger Bewerber in einer extrovertierten Gruppe anders verhält, als er dies in einer introvertierten Gruppe täte. Im Assessment Center versucht man dies heute zu umgehen, indem man mehrere Gruppenübungen mit unterschiedlichen Teilnehmerzusammensetzungen einplant[268]. Da eine Vielzahl der Validierungsstudien jedoch aus früheren Jahren stammt, als man im Assessment Center in der Regel nur mit einer Gruppendiskussion arbeitete[269], könnten die enttäuschenden Ergebnisse der Meta-Analyse auch in einer geringen Objektivität der situativen Testverfahren begründet liegen.

Das nächste testtheoretische Problem stellt der geringe Reliabilitätsgrad der situativen Testverfahren dar. Sakett/Dreher[270] vermuten, dass man mit den gewöhnlich zum Einsatz kommenden situativen Testverfahren nicht imstande ist, Verhaltensweisen in großer Zahl zu stimulieren. Sie weisen darauf hin, dass es in Gruppendiskussionen häufig vorkommt, dass sich Teilnehmer zu-

---

[267] vgl. Gliederungspunkt 3.3.2.6.1
[268] vgl. Gliederungspunkt 3.3.2.6.1
[269] vgl. Gliederungspunkt 3.1
[270] vgl. Sakett, P. R., Dreher, G. F., Empirical Findings (JoAP 1982), S. 401 ff.

rückhalten und nur selten in die Aufgabenbearbeitung eingreifen[271]. Sind für eine Gruppendiskussion z. B. zehn Beobachtungsmerkmale vorgegeben und unterstellt man, dass sich ein Bewerber nur fünf mal zu Wort meldet, dann ist aus testtheoretischer Sicht eine zuverlässige Einschätzung der vorgegebenen Merkmale überhaupt nicht möglich[272]. In der Literatur findet sich deshalb auch die Empfehlung, die Beobachtungsergebnisse nicht bereits nach den einzelnen Simulationen zu einer Beurteilung zu verdichten, sondern die Einschätzungen der Merkmalsausprägungen erst in der Beobachterkonferenz auf der Grundlage aller Beobachtungsergebnisse vorzunehmen[273]. Da in vielen Assessment Centern die Beurteilung der Ausprägungsgrade jedoch bereits im Anschluss an jede Gruppenübung vorgenommen wird[274], ist nicht von der Hand zu weisen, dass durch niedrige Reliabilitätswerte die Leistungsfähigkeit des Assessment Centers künstlich nach unten gedrückt wird.

Letztendlich können die schwachen Ergebnisse aber auch darauf zurück zu führen sein, dass die im Assessment Center verwendeten Simulationen zur Messung bestimmter Führungseigenschaften nicht in dem Maße geeignet sind, wie dies vermutet wird. Schuler[275] weist darauf hin, dass es während der Dauer von ein bis drei Tagen gar nicht möglich ist, Merkmale wie die Bereitschaft zu lang anhaltendem Kräfteeinsatz oder Monotonieresistenz zu erfassen, da diese nur durch eine Langzeitbeobachtung erschließbar sind[276].

---

[271] diese Problematik ist auch aus der Anwenderpraxis bekannt. So weist Obermann darauf hin, dass ihm diese Siuationen „Kopfweh" bereiten. Er geht in einem solchen Fall den Weg, mit dem Probanden ein Nachgespräch zu führen, um auszuschließen, dass der betreffende Mitarbeiter/Bewerber aufgrund der fälschlichen Annahme eines aus seiner Sicht „richtigen" Verhaltens nichts gesagt hat. Vgl. Obermann, C., Assessment Center (2002), S. 107

[272] vgl. analog Maukisch, H., Assessment Center (1989), S. 273

[273] vgl. Silvermann, W. H., Dalessio, A., Woods, S. B., Johnson, R. L. Jr., Assessors Ratings (PP 1986), S. 565. Trotz gegenteiliger Befunde einzelner Replikationsstudien scheinen sich die Befunde von Silvermann/Dalesio/Woods/Johnson generell zu bestätigen. Vgl. Woehr, D. J., Arthur Jr., W., Assessment Center Ratings (2002), S. 125 ff.

[274] vgl. Obermann, C., Assessment Center (2006), S. 229

[275] vgl. Schuler, H., Assessment Center (1987), S. 13

[276] ähnliches findet sich bereits bei Thornton/Byham, die für die Erfassung von „Arbeitsmoral" und „Energie" die Leistungsbeurteilung am Arbeitsplatz vorschlagen und hier-

Bungard[277] vermutet, dass die Bewerber aufgrund der bekannten Testsituation ihr Verhalten derart verfälschen, dass dieses ihrem wahren Verhalten nicht mehr entspricht. Obermann[278] berichtet z. B. davon, dass bei Auswahl-Assessment Centern, die Teilnehmer aus der Motivation heraus, besonders gut abzuschneiden bzw. sich richtig zu verhalten, Hypothesen aufstellen, welches Verhalten erwünscht sei und ihr Verhalten hiernach ausrichten: „Vermutet ein Teilnehmer in einer Gruppendiskussion etwa, dass es hier ein kooperatives Verhalten gefragt sei, so wird er sich ganz anders verhalten, als wenn nach seinem Empfinden die Führungsfähigkeit im Vordergrund steht. Unter dieser Annahme wird es ihm gerechtfertigt erscheinen, die Diskussion ruhig einmal zu unterbrechen und deutlicher zu werden"[279]. Es spricht folglich einiges dafür, dass die situativen Testverfahren die von ihnen erwarteten hohen Validitätsgrade nicht aufweisen können.

Betrachtet man die Hypothesen aus der Distanz, dann scheint der einen eine größere, der anderen eine geringere Bedeutung zuzukommen. Aufgrund der wechselseitigen Abhängigkeit der testtheoretischen Gütekriterien[280], muss allerdings davon ausgegangen werden, dass allen eine bestimmte Bedeutung bei der Erklärung der unbefriedigenden Validitätswerte zukommt. Die größte Beeinträchtigung des Assessment Centers dürfte jedoch in der geringen Validität der situativen Testverfahren liegen. Nicht zuletzt deshalb werden in der Literatur Weiterentwicklungen diskutiert, mit denen mehr Realitätsnähe in das

---

    zu bemerken: „A person might be able to put on a good „show" during a 2- or 3-day assessment center. The same person might be able to tell a good story in an interview; however, daily observation over a periode of time would certainly be a good indication of energy an work standards.": Thornton III, G. C., Byham, W. C., Assessment Center (1982), S. 129. Zur Stützung der These von Schuler kann auch auf die empirischen Ergebnisse von Scholz zurückgegriffen werden. Dieser vergleicht eine ansatzweise dynamisierte Assessment Center-Form mit einer statischen Variante. Die durch die Dynamisierung entstandene Verlängerung der Arbeitsdauer scheint Aspekte von emotionaler Stabilität und Extraversion zu erfassen, die als Bestandteil von Belastbarkeit berufsrelevant sein sollen. Vgl. Scholz, G., Konstruktvalidität und Dynamisierung (1994), S. 1 ff.

[277]   vgl. Bungard, W., Problematik (1987), S. 99 ff.
[278]   vgl. Obermann, C., Assessment Center (2002), S. 259
[279]   Obermann, C., Assessment Center (2006), S. 299
[280]   vgl. Lienert, G. A., Raatz, U., Testanalyse (1994), S. 13 f.

Assessment Center gebracht werden soll[281]. In wie weit sich dies in den kommenden Jahren realisieren lässt, bleibt vorerst abzuwarten. Im betriebswirtschaftlichen Praktikum lässt sich dieses Vorhaben allerdings bereits heute realisieren. Das betriebswirtschaftliche Praktikum stellt über seine gesamte Dauer eine reale Situation dar, in der die beschriebenen Reaktivitätseffekte nicht auftreten. Zudem hat man während der mehrwöchigen Hospitationen die Möglichkeit, Merkmale wie die Beharrlichkeit bei der Aufgabenerledigung oder Monotonieresistenz über einen längeren Zeitraum hinweg zu beurteilen. Sollten sich für wichtige Persönlichkeitsmerkmale keine geeigneten Beobachtungssituationen ergeben, können in Anlehnung an das Assessment Center eigene Prüfstationen erarbeitet und in das Praktikum eingebaut werden. Auf diese Art und Weise sollten sich Validitätswerte erzielen lassen, die mit der Potentialbeurteilung im Assessment Center bislang noch nicht realisiert werden konnten. Gestützt werden kann diese Hypothese durchaus mit empirischen Ergebnissen. Schmitt/Gooding/Noe/Kirsch[282] und Hunter/Hunter[283] zeigten in ihren Studien, dass mit einer Vorgesetzten- bzw. Kollegenbeurteilung am Arbeitsplatz Validitätswerte von $r = .43$ bzw. $r = .49$ erzielt werden konnten. Der Zusammenfassung der metaanalytischen Befundlage zur Validität eignungsdiagnostischer Verfahren von Schmidt/Hunter[284] ist zu entnehmen, dass sich mit der Beurteilung in der Probezeit eine kriterienbezogene Validität von $r = .44$ erzielen lässt, insgesamt also Validitätswerte, die deutlich über den von Thornton/Gaugler/Rosenthal/Bentson[285] für das Assessment Center ermittelten Werten liegen.

Gehen Unternehmen den Weg, in die Praktikantenausbildung auch Führungskräfte mit einzubeziehen, dann lassen sich quasi nebenbei wichtige In-

---

[281] vgl. Sarges, W., Weiterentwicklungen (2001), S. 5 ff. Vgl. Lievens, F., Thornton III, G. C., Bestandsaufnahme (2007), S. 37 ff.

[282] vgl. Schmitt, N., Gooding, R. Z., Noe, R. A., Kirsch, M., Validity (PP 1984), S. 415

[283] vgl. Hunter, J. E., Hunter, R. F., Predictors (PB 1984), S. 86

[284] vgl. Schmidt, F. L., Hunter, J. E., Selection Methods (PB 1998), S. 262 ff.

[285] vgl. Thornton III, G. C., Gaugler, B. B., Rosenthal, D. B., Bentson, C., Validität (1987), S. 36 ff.

formationen über das Verhalten und die Eigenschaften von Nachwuchskräften gewinnen.

Wie ein solches Vorgehen umgesetzt werden kann, soll im folgenden Kapitel 4 aufgezeigt werden.

4. Eine Konzeption zur systematischen Erweiterung eines betriebswirtschaftlichen Praktikums zum Zwecke der Personalauswahl

Die Vorgehensweise zur Erweiterung des betriebswirtschaftlichen Praktikums stützt sich auf die im Kapitel 3 beschriebenen Prozesse und Techniken der Entwicklung eines Assessment Centers[286]. Der Schwerpunkt wurde auf die Erarbeitung von standardisierten Aufgabenstellungen gelegt, mit denen sich die Möglichkeiten zur Potentialbeurteilung im Praktikum maximal ausschöpfen lassen. Zu beachten ist hierbei, dass diese Aufgaben eine sinnvolle inhaltliche Erweiterung des Praktikums darstellen. Dies hängt zum ersten damit zusammen, das auch das zu Rekrutierungszwecken erweiterte Praktikum nach wie vor ein Instrument zur Ausbildung der Studierenden bleiben muss, durch das diese einen Einblick in die Strukturen und Prozesse eines Unternehmens erlangen[287]. Zum zweiten lassen sich nur durch realistische Aufgabenstellungen die sog. Reaktivitätseffekte[288] vermeiden, die der Eignungsbeurteilung so abträglich sind.

Die Initiierung des Vorhabens wird zunächst betrachtet.

4.1 Initiierung und Förderung des Vorhabens

Die Erweiterung eines betriebswirtschaftlichen Praktikums zu Personalauswahlzwecken ist ein aufwändiges Verfahren. Besteht in einem Unternehmen eine eher distanzierte Einstellung gegenüber diesem Vorhaben, macht es wenig Sinn, die Prinzipien des Assessment Centers auf ein Praktikum zu übertragen. Deshalb müssen in einem ersten Schritt zunächst einmal die wichtigsten Führungskräfte des Unternehmens „ins Boot geholt werden"[289]. Zur Gesprächsvorbereitung empfiehlt sich, mögliche Bedenken zu erkennen und

---

[286] vgl. Gliederungspunkt 3.3
[287] vgl. Gliederungspunkt 2.2
[288] vgl. Gliederungspunkt 3.4
[289] Obermann, C., Assessment Center (1992), S. 57

Gegenargumente zu deren Entkräftung zu erarbeiten[290]. Mit hoher Wahrscheinlichkeit sind Einwände der folgenden Art zu erwarten:

1. „Im Praktikum ist die Übertragung anspruchsvoller Aufgaben aufgrund des geringen Vorwissens der Hospitierenden nicht möglich".
2. „Im Praktikum ist eine Verhaltensbeobachtung nicht zu realisieren, da bereits die Betreuung der Studenten erhebliche Zeit in Anspruch nimmt".
3. „Die Potentialbeurteilung der Praktikanten ist in den Studienplänen nicht vorgesehen. Sollte diese bekannt werden, wird es Unstimmigkeiten geben".
4. „Bis zum Ende des Studiums vergeht noch zu viel Zeit, wer weiß, wo sich unsere Praktikanten bis dorthin noch überall bewerben".
5. „In unserer Abteilung ist eine Standardisierung des Praktikums nicht möglich".

Dem ersten Einwand kann entgegen gehalten werden, dass sich auch für Praktikanten, die das erste Mal in einem Unternehmen arbeiten, Aufgabenstellungen finden lassen, die diese sehr wohl fordern. Solche Aufgaben können z. B. die Protokollführung bei Sitzungen oder die Erarbeitung von Redemanuskripten sein. Zudem gilt es zu bedenken, dass ein Großteil der Praktikanten sich bereits in höheren Semestern befindet und die Übertragung anspruchsvoller Aufgaben in diesen Fällen sogar erwünscht ist.

Beim zweiten Einwand kann erwidert werden, dass mit der Betreuung der Praktikanten der größte Aufwand bereits bewältigt ist. Diszipliniert sich die Führungskraft nach den einzelnen Ausbildungseinheiten, die beobachteten Verhaltensweisen stichpunktartig festzuhalten, dann ist dies ohne großen zusätzlichen Arbeitsaufwand möglich, da die Eindrücke noch präsent sind und größere Reflexionsphasen nicht erforderlich sein werden.

Gegen den dritten Einwand spricht, dass Beurteilungen in allen Lebenslagen vorgenommen werden. Sollte den Studenten die Potentialbeurteilung bewusst

---

[290] vgl. Obermann, C., Assessment Center (1992), S. 57

werden, zeigt es ihnen lediglich, wie die Berufswelt aussieht, ein Ziel also, das mit dem Praktikum ohnehin zu realisieren versucht wird[291].

Der vierte Einwand ist sicher berechtigt. Wenn das betriebswirtschaftliche Praktikum ein Instrument darstellt, mit dem sich die angehenden Hochschulabsolventen bei späteren Arbeitgebern umschauen, spricht vieles dafür, dass sie noch bei anderen Unternehmen hospitieren werden. Vor dem Hintergrund der demografischen Entwicklung muss aber jede Möglichkeit ergriffen werden, mit Hochschulabsolventen frühzeitig in Kontakt zu kommen, um im Wettbewerb um die besten Köpfe nicht ins Hintertreffen zu geraten.

Der fünfte Einwand kann in dieser pauschalen Form nicht aufrecht erhalten bleiben. In jedem Unternehmen sind Prozesse standardisiert. Man denke nur an einen Handelsbetrieb, bei dem die Warenbestellung, die Auftragsbearbeitung und die Zahlungsabwicklung streng reglementiert ablaufen. In diese Prozesse können die Praktikanten einbezogen werden. Eine objektive Datenerhebung im Praktikum ist deshalb in jeder Abteilung möglich.

Darüber hinaus kann es sinnvoll sein, sich mit grundlegenden Nutzenargumenten zu wappnen. Diese können in den Gesprächen mit den Führungskräften immer dann eingebracht werden, wenn einer Zusage noch Bedenken gegenüberstehen. Solche Nutzenargumente sollten aus der Perspektive des Gesamtunternehmens, der einzelnen Geschäftsbereiche und auch der Studierenden erarbeitet werden. Folgende Thesen können hilfreich sein:

1. Ein Geschäftsbereich kann sich durch die Beurteilung von Praktikanten profilieren, da er im Unternehmen eine Vorreiterrolle einnimmt.

---

[291] an dieser Stelle sollte darauf hingewiesen werden, dass die Potentialbeurteilung im Praktikum mit dem Betriebsrat abzustimmen ist. Aus dem § 94 des Betriebsverfassungsgesetzes ergibt sich, dass dem Betriebsrat bei der Erstellung von Personalfragebögen und Beurteilungsgrundsätzen ein Mitbestimmungsrecht zukommt. „Mitbestimmungspflichtig ist daher jede Aufstellung von Regeln, Richtlinien oder Systemen zur fachlichen und persönlichen Beurteilung neu einzustellender Bewerber und bereits beschäftigter Mitarbeiter." Meisel, P. G. Mitbestimmung (1984), S. 94

2. Im Geschäftsbereich lässt sich der Teamgedanke stärken, da Führungskräfte vom Team- bis zum Abteilungsleiter in den Prozess der Rekrutierung von Hochschulabsolventen einbezogen sind.
3. Die Verhaltensbeobachtung in realen Arbeitssituationen liefert verbesserte Eignungsinformationen, so dass die Gefahr von Fehlentscheidungen bei der Einstellung von Hochschulabsolventen verringert wird.
4. Da den Praktikanten die Potentialbeurteilung nicht bekannt ist, entsteht nicht die Erwartung an eine spätere Einstellung, und im Falle des „Ausbleibens" ein Imageverlust für das Unternehmen.
5. Mit der verbesserten Eignungsbeurteilung steigt die Wahrscheinlichkeit nur diejenigen Hochschulabsolventen auszulesen, die den „zukünftigen" Anforderungen gerecht werden können, so dass Vertragsauflösungen in der Probezeit auch im Interesse der Absolventen vermieden werden können.
6. Da durch Praktika gewonnene Hochschulabsolventen das Unternehmen mit seinen Teilbereichen bereits kennen, lässt sich deren Einarbeitungszeit deutlich verkürzen.
7. Die Potentialbeurteilung von Praktikanten sensibilisiert die Führungskräfte des Unternehmens für die Eignungsbeurteilung auch bei anderen Berufsgruppen, z. B. Einstiegsqualifizierungsjahr (EQJ).
8. Mit der Potentialbeurteilung von Praktikanten sammeln Führungskräfte Erfahrungen in der Verhaltensbeobachtung, wodurch sich Ängste und Vorurteile gegen Leistungsbeurteilungen abbauen lassen.
9. Durch die Entscheidungsfindung in der Assessorenkonferenz wird die Zusammenarbeit über Abteilungen hinweg verbessert.
10. Die Studenten erhalten durch das Feedback am Ende des Praktikums ein Stärken-Schwächen-Profil, das sie zu ihrer persönlichen Fortentwicklung gezielt nutzen können.

Die Gewinnung der meinungsbildenden Führungskräfte kann in Einzel- oder Gruppengesprächen erfolgen. Wichtig ist dabei, dass für die Unterredungen ausreichend Zeit eingeplant wird, so dass die Führungskräfte ohne Zeitdruck zur Verfügung stehen.

Der Gesprächsablauf kann sich an der in der Tabelle 20 dargestellten Struktur orientieren:

Tab. 20: Struktur und Themen der Gespräche zur Initiierung des Vorhabens

TOP 1: Sachliche und zeitliche Gliederung eines betriebswirtschaftlichen Praktikums.
TOP 2: Erweiterung eines Praktikums um „Prüfstationen".
TOP 3: Teilschritte und Techniken der Erweiterung des Praktikums zur Personalauswahl.
TOP 4: Weitere Vorgehensweise und Terminabsprache.

In einem ersten Tagesordnungspunkt sollte die sachliche und zeitliche Gliederung eines betriebswirtschaftlichen Praktikums vorgestellt werden. Hier empfiehlt sich die Anlehnung an die Ausbildungsrahmenpläne der modernen kaufmännischen Ausbildungsberufe[292], die einen guten Überblick über die wichtigsten Ausbildungsstationen, die dort zu vermittelnden Kenntnisse und Fertigkeiten und die einzuplanende Verweildauer vermitteln. In diesem Zusammenhang können auch Schwerpunktsetzungen besprochen werden, die erforderlich sind, um Besonderheiten der einen oder anderen Abteilung Rechnung zu tragen.

Im zweiten Tagesordnungspunkt sollte aufgezeigt werden, wie sich durch die Beobachtung des studentischen Arbeitsverhaltens Informationen über den Ausprägungsgrad von Persönlichkeitsmerkmalen gewinnen lassen. Zu diesem Zwecke kann ein leicht verständliches Merkmal (z. B. mündliche Ausdrucksflüssigkeit) herausgegriffen und anhand möglicher Aufgabenstellungen und Verhaltensweisen operationalisiert werden. Da diagnostische Prüfstationen abteilungsspezifisch erarbeitet werden müssen, ist es ratsam, dass man die Gesprächspartner bereits an dieser Stelle nach möglichen „Prüfstationen" befragt, bzw. Vorschläge für solche unterbreitet.

---

[292] als solcher ist z. B. der anerkannte Ausbildungsberuf Industriekaufmann/-frau zu nennen, der 2002 novelliert und den Anforderungen der Praxis angepasst wurde. Vgl. Verordnung über die Berufsausbildung zum Industriekaufmann/zur Industriekauffrau vom 23. Juli 2002 (BGBl. I S. 2764)

Im dritten Tagesordnungspunkt sollte der Prozess der Praktikumserweiterung[293] in seinen einzelnen Schritten skizziert werden. Hier empfiehlt sich, dass Abbildungen, Schaubilder u. ä. vorbereitet werden, die zur Verdeutlichung der Arbeitsschritte herangezogen werden können.

Im abschließenden vierten TOP können die weitere Vorgehensweise geklärt und die erforderlichen Terminabsprachen getroffen werden.

Konnte die Zustimmung für das Projekt gewonnen werden, müssen im nächsten Schritt mit den Führungskräften die Persönlichkeitseigenschaften bestimmt werden, die bei Hochschulabsolventen als wichtig erachtet werden.

4.2 Bestimmung der Persönlichkeitsanforderungen

Die Bestimmung der erfolgsrelevanten Eigenschaften ist ein Prozess, der in der Literatur in unterschiedlicher Ausführlichkeit diskutiert wird. Einigkeit herrscht darüber, dass es keine verbindliche Vorgehensweise gibt[294]. Ein prozessual und technisch fundiertes Modell stammt von Thornton/Byham[295]. Dieses basiert auf der Annahme, dass Persönlichkeitsanforderungen aus den Arbeitsaufgaben und den zu ihrer erfolgreichen Ausführung kritischen Verhaltensweisen abgeleitet werden müssen[296]. Zudem berücksichtigt es für die Datengewinnung das gesamte Methodenspektrum der empirischen Sozialforschung[297], das im Einzelfall problemlos um Techniken gekürzt bzw. erweitert werden kann. Aufgrund seiner wissenschaftlichen Fundierung und Methodenvielfalt wird dieses Modell auch für das Praktikum empfohlen.

---

[293] vgl. Gliederungspunkt 4.2 ff.
[294] vgl. Thornton III, G. C., Assessment Centers (1992), S. 54
[295] vgl. Thornton III, G. C., Byham, W. C., Assessment Center (1982), S. 130 ff.
[296] diese grundsätzliche Trennung von Verhalten und Eigenschaft geht auf die früheren Untersuchungen zu Führungseigenschaften zurück, die zu dem Ergebnis kamen, dass es keine generellen, sondern nur situative Führungseigenschaften gibt. Vgl. Stogdill, P. M., Leadership (JoP 1948), S. 35 ff. Vgl. Mann, R. D., Personality and Performance (PB 1959), S. 241 ff.
[297] vgl. Atteslander, P., Methoden (2008), S. 65 ff.

Die wichtigsten Schritte werden im Folgenden kurz vorgestellt[298]:

1. **Planung der Vorgehens:** Bevor mit der Erarbeitung eines Anforderungsprofils begonnen wird, empfiehlt es sich in einem ersten Schritt, die Zielposition, den Kreis der zu befragenden Personen, die zur Verfügung stehende Zeit und das Budget festzulegen.

2. **Auswertung verfügbarer Materialien:** Vernünftigerweise beginnt man dann mit der Auswertung aller über die Zielposition vorliegenden Materialien, wie Stellenbeschreibungen, Fachpublikationen, oder - wenn es sich bereits um die Übernahme von Führungsverantwortung handeln sollte - von Literatur zu den Eigenschaften erfolgreicher Führungskräfte.

3. **Beobachtung von Stelleninhabern:** Hat man über die Aufgaben und das gewünschte Verhalten in der Zielposition nur vage Vorstellungen, ist die persönliche Inaugenscheinnahme durch eine ein- bis zweitägige[299] Arbeitsbeobachtung empfehlenswert. Mit dieser verbessert sich das Verständnis über die später gewonnenen Daten und der Einsatz der Datenerhebungsmethoden wird präziser möglich.

4. **Interviews mit Stelleninhabern:** Um das Verhalten in der Zielposition genauer hinterfragen zu können, bieten sich Interviews mit Stelleninhabern an. Die Fragen sollten sich hierbei auf das Tagesgeschäft, den Verantwortungs- und Kompetenzbereich, die hierarchische Einordnung und die Schwierigkeiten bei der Ausführung der Arbeitsaufgaben konzentrieren. Wichtig ist, dass die Antworten durch Verhaltensbeispiele belegt werden.

5. **Schriftliche Befragung der verbleibenden Stelleninhaber:** Aus den in den Interviews gewonnenen Daten kann in großen Organisationen als nächstes ein Fragebogen erarbeitet werden, der den restlichen Stelleninhabern zur Beantwortung vorgelegt wird. Mit diesem können weitere Arbeitsaktivitäten gewonnen und die bereits bekannten hinsichtlich ihrer Bedeutung, der Häufigkeit ihres Auftretens, der zeitlichen Inanspruch-

---

[298] vgl. Thornton III, G. C., Byham, W. C., Assessment Center (1982), S. 132 ff.
[299] vgl. Thornton III, G. C., Byham, W. C., Assessment Center (1982), S. 132 f.

nahme und des Schwierigkeitsgrades bewertet werden. Die insgesamt vorliegenden Verhaltensweisen werden geclustert und um Unwichtiges gekürzt.

6. **Erhebung der erfolgskritischen Verhaltensstrategien:** Als nächstes erfolgt die Befragung der Vorgesetzten nach den für die Zielposition erfolgskritischen Verhaltensstrategien. In diesen Einzelinterviews werden die Vorgesetzten angehalten, anhand von Beispielen zu zeigen, wie sich der erfolgreiche Stelleninhaber bei der Erledigung seiner Arbeitsaufgaben verhält[300]. Die gewonnenen Strategien werden wiederum gruppiert und um unwichtiges Verhalten bereinigt[301].

7. **Bestimmung der erfolgsrelevanten Persönlichkeitsmerkmale:** Nun ist die Frage zu beantworten, welche Persönlichkeitsmerkmale den erfolgskritischen Verhaltensstrategien zugrunde liegen. Obermann[302] weist darauf hin, dass diese Frage sowohl in Einzelinterviews mit Vorgesetzten, als auch in moderierten Workshops geklärt werden kann. Dirks[303] empfiehlt sich an empirisch überprüfte Persönlichkeitsmodelle anzulehnen, um die Überschneidung bzw. Nichtbeachtung von Persönlichkeitseigenschaften zu vermeiden. Die „retrograd" gewonnenen Merkmale sind danach um Eigenschaften zu ergänzen, die zukünftig als wichtig erachtet werden[304].

8. **Gewichtung der erfolgsrelevanten Persönlichkeitsmerkmale:** Sind die erfolgsrelevanten Eigenschaften ermittelt, müssen diese in ihrem Verhältnis zueinander gewichtet werden. In der Regel wird dieser Schritt

---

[300] diese Sammlung von „kritischen Verhaltensweisen" sehen Thornton/Byham als eine der wichtigsten Techniken in Modellen der Anforderungsanalyse. Vgl. Thornton III, G. C., Byham, W. C., Assessment Center (1982), S. 131

[301] Neidig konnte in einer früheren Studie nachweisen, dass Gruppen, die jeweils aus Psychologen, Führungskräften und Studenten bestanden, zu vergleichbaren Ergebnissen kamen. Vgl. Neidig, R. D., Job Analysis (AD 1977), S. 1 ff.

[302] vgl. Obermann, C., Assessment Center (2006), S. 93

[303] vgl. Dirks, H., Assessment Center (PuP 1982), S. 57

[304] hierfür empfiehlt Obermann das Interview mit Führungskräften der „ersten Führungsebene und weiteren Entscheidungsträgern des Hauses". Vgl. Obermann, C., Assessment Center (2006), S. 82 ff.

mit der eben beschriebenen Phase 7. zusammenfallen[305]. In großen Organisationen werden die bestimmten Persönlichkeitsmerkmale auch in Fragebögen festgehalten und Führungskräften, die sich eine oder zwei Ebenen über der Zielposition befinden, zur Gewichtung vorgelegt[306]. Mit einfachen Verfahren der deskriptiven Statistik[307] lassen sich die Merkmale auswählen, die der Potentialbeurteilung zugrunde zu legen sind.

9. **Auswahl geeigneter Testverfahren:** Anschließend sind die Testverfahren zu bestimmen, mit denen die ausgesuchten Merkmale erfasst werden. Für die Personalauswahl im Praktikum ist also hier die Frage zu beantworten, welche Merkmale bereits mit einer Leistungsbeurteilung während des Praktikums und welche nur durch den Einbau zusätzlicher standardisierter „Prüfstationen" zu erschließen sind.

10. **Niederschrift des Vorgehens:** Ist die Anforderungsanalyse abgeschlossen, werden die Vorgehensweise und das Ergebnis dokumentiert, damit bei späteren Anforderungsanalysen darauf zurückgegriffen werden kann.

Das mögliche Ergebnis einer Anforderungsanalyse im Praktikum ist in Tabelle 21 (siehe S. 128) dargestellt:

Wie aus der Abbildung hervorgeht, werden für eine Potentialbeurteilung im Praktikum neun Eigenschaften als wichtig erachtet. Diese werden in ihren Ausprägungsgraden durch ein Interview vor dem Praktikum, eine Leistungsbeurteilung während des Praktikums und in das Praktikum eingebaute „Prüfstationen" erfasst[308]. Den Merkmalen werden Sollwerte zugeordnet, die im Falle der Initiative und des Selbstvertauens den Wert 4,0 nicht unterschreiten

---

[305] vgl. Obermann, C., Assessment Center (2006), S. 88 ff.
[306] dies kann in der Form eines Paarvergleichs, einer Rangreihenbildung oder eines Ratings erfolgen. Vgl. Thornton III, G. C., Byham, W. C., Assessment Center (1982), S. 135
[307] vgl. Buttler, G., Fickel, N., Statistik (2002), S. 46 ff.
[308] zur Passgenauigkeit von Testverfahren und Persönlichkeitseigenschaften: Vgl. Thornton III, G. C., Byham, W. C., Assessment Center (1982), S. 136

dürfen[309]. Durch die Subtraktion des „Soll" vom „Gesamt" wird die positive bzw. negative Differenz eines jeden Merkmals ermittelt. Die „Summe der negativen Differenzen"[310] bestimmt das Endergebnis des Testverlaufs und dient als Basis für die Bewährungsprognose.

Ist das Anforderungsprofil bestimmt, kann zur Erarbeitung standardisierter „Prüfstationen" für das Praktikum übergegangen werden.

Tab. 21: Das Ergebnis einer Anforderungsanalyse im Praktikum

Merkmale	Interview	Leistungsbeurteilung	„Prüfstationen"	Gesamt	Soll	Differenz
Mündliche Ausdrucksflüssigkeit	●	●	●		3,00	
Schriftliche Ausdrucksflüssigkeit	●		●		3,00	
Originalität			●		4,00	
Schlussfolgerndes Denken			●		4,00	
Urteilsfähigkeit			●		3,00	
Sensibilität	●	●	●		3,00	
Initiative [1)]	●	●	●		4,00	
Selbstvertrauen [1)]	●	●	●		4,00	
Risikobereitschaft	●		●		4,00	
					Bewährungsprognose	

[1)] der Sollwert von 4,0 darf nicht unterschritten werden

4.3 Definition, Explikation und Operationalisierung der Persönlichkeitsanforderungen und Implementierung der erarbeiteten Aufgabenstellungen in den Ausbildungsplan

Bei der Erarbeitung von „Prüfstationen" ist zu beachten, dass Praktikanten, die ihnen übertragenen Aufgaben alleine, zu zweit oder in der Gruppe bear-

---

[309] die Unterschreitung würde grundsätzlich das „Ausscheiden" bedeuten
[310] vgl. hierzu auch Gliederungspunkt 3.3.6

beiten können[311]. Die Einzelaufgabe dürfte sich am besten zur Beurteilung der kognitiven Fähigkeiten des Praktikanten eignen. Demgegenüber ermöglicht die durch Interaktion zu bewältigende Arbeitsaufgabe auch eine Beurteilung von sozialen Kompetenzen.

Im Folgenden soll anhand der in Tabelle 21 verwendeten neun Merkmale aufgezeigt werden, wie standardisierte Aufgabenstellungen zur Erfassung von Persönlichkeitseigenschaften im Praktikum aussehen und in einen Ausbildungsplan integriert werden können[312].

Zu Beginn erfolgt eine Betrachtung von Aufgaben zur Erfassung der mündlichen Ausdrucksflüssigkeit.

4.3.1 Mündliche Ausdrucksflüssigkeit

Die mündliche Ausdrucksflüssigkeit stellt ein Merkmal dar, dem in Führungspositionen eine große Bedeutung zukommt. Dies hängt zum einen damit zusammen, dass Kommunikation ein Medium zur Erfüllung von Aufgaben darstellt[313], zum anderen damit, dass Menschen, die ihre Gedanken in situationsgerechte und nuancierte Sprachwendungen kleiden können, Bewunderung auf sich ziehen und dies zur Durchsetzung ihrer Interessen nutzen können[314]. Betrachtet man die Assessment Center-Literatur, so zeigt sich, dass die mündliche Ausdrucksflüssigkeit bei Auswahlentscheidungen auf allen hierarchischen Ebenen untersucht wird[315].

Im Folgenden wird auf Definition, Explikation und Operationalisierung des Merkmals näher eingehen.

---

[311] vgl. hierzu auch Gliederungspunkt 3.3.2
[312] vgl. Anhang
[313] vgl. Malik, F., Führen (2000), S. 270 f.
[314] vgl. Guilford, J. P., Persönlichkeit (1974), S. 377
[315] vgl. Thornton III, G. C., Byham, W. C., Assessment Center (1982), S. 124 f.

4.3.1.1 Definition und Explikation

Mündliche Ausdrucksflüssigkeit ist die Fähigkeit, sich der Sprache in einer flüssigen und nuancierten Weise zu bedienen. Durch diese Fähigkeit wird der Mensch in die Lage versetzt, seine Vorstellungen rasch in sprachliche Form zu bringen. Vermutlich ist es so, dass der Umfang des Wortschatzes und die Fähigkeit zwischen Wortbedeutungen zu unterscheiden einen hohen Ausprägungsgrad dieses Merkmals möglich machen[316]. Ein hoher Ausprägungsgrad liegt vor, wenn eine Person fließend und für andere Menschen beeindruckend sprechen kann. Ein niedriger Ausprägungsgrad ist gegeben, wenn Inhalte schleppend und mit Stockungen vorgetragen werden.

In der folgenden Tabelle sind Definition und Explikation zusammengefasst.

Tab. 22: Definition und Explikation der mündlichen Ausdrucksflüssigkeit

Mündliche Ausdrucksflüssigkeit
Definition:
Mündliche Ausdrucksflüssigkeit ist die Fähigkeit, sich der Sprache in einer flüssigen und nuancierten Weise zu bedienen.
Explikation:
Das Charakteristische des Merkmals ist die „Schnelligkeit" der Sprache. Sie zeigt sich in einer raschen und richtigen Wortabfolge, die auf andere Personen beeindruckend wirkt. Verständliche, Gedanken verdeutlichende und rasch gewonnene Formulierungen lassen auf einen hohen Ausprägungsgrad schließen. Ein niedriger Ausprägungsgrad liegt vor, wenn es einer Person nicht gelingt, Gedanken zügig und klar in Worte zu fassen.

Quelle: in Anlehnung an Guilford, J. P., Persönlichkeit (1974), S. 377

Wie die Tabelle verdeutlicht, ist die fließende und wortreiche Verfügbarkeit mündlicher Sprache das Charakteristische dieses Merkmals.

4.3.1.2 Operationalisierung

Im Folgenden werden einige standardisierte Aufgabenstellungen vorgestellt, mit denen die mündliche Ausdrucksflüssigkeit im Praktikum beurteilt werden kann.

---

[316] vgl. Fittkau, B., Kommunikation (1995), S. 389 ff.

4.3.1.2.1   Besprechung der Praktikumserwartungen

Nachdem der Student sich an seinem ersten Ausbildungstag im Unternehmen eingefunden hat, bietet es sich an, dass der für den Praktikanten verantwortliche Vorgesetzte mit ihm ein Gespräch führt. Durch dieses können sich beide näher kennen lernen und auf die Ausgestaltung des Praktikums noch Einfluss nehmen.

Damit dieses Erstgespräch strukturiert abläuft, wird empfohlen mit einem Interviewleitfaden zu arbeiten. Tabelle 23 (siehe S. 132) gibt einen solchen wieder.

Wie im Vorstellungsgespräch üblich, kann die Führungskraft das Gespräch mit ein paar allgemeinen Fragen zur Anreise und zum Eindruck vom Unternehmen beginnen.

Nachdem der Student und der Vorgesetzte sich vorgestellt haben, sollte das Gespräch auf Unternehmensthemen gelenkt werden. Durch gezieltes Fragen lässt sich ein Eindruck gewinnen, wie umfassend sich der Studierende für das Praktikum im Unternehmen vorbereitet hat.

Der nachfolgende Gesprächsteil sollte dann den universitären Werdegang des Studierenden noch einmal beleuchten. Zeigt sich, dass der Student bereits umfassende Kenntnisse und Fertigkeiten in Unternehmen erworben hat, kann dies für die Ausgestaltung des Praktikums im beidseitigen Interesse genutzt werden.

Im Kern muss das Gespräch sich dann allerdings um die konkrete Ausgestaltung des Praktikums drehen. Es wurde mehrfach darauf hingewiesen, dass das Praktikum in erster Linie einen Mehrwert für das Studium des Studierenden erbringen muss. Durch die Besprechung eines vorbereiteten Ausbildungsplans und dessen individueller Ausgestaltung kann der Wert des Praktikums für den Studierenden optimiert und die Gefahr von Reaktivitätseffekten bei der Potentialbeurteilung reduziert werden.

Im Anschluss an das Gespräch sollte der Praktikant den Teammitgliedern als neuer „Kollege" vorgestellt und in erste Arbeitsaufgaben eingeführt werden.

Tab. 23: Leitfaden zur Klärung der Praktikumserwartungen

---

1. **Begrüßung des Studenten**
2. **Vorstellung des Studenten und des Vorgesetzten**
3. **Fragen zum Unternehmen**
   - Was wissen Sie über das Unternehmen?
   - Was wissen Sie über die Produkte bzw. Dienstleistungen des Unternehmens?
   - Was wissen Sie über den Markt, in dem das Unternehmen aktiv ist?
4. **Fragen zum universitären Werdegang des Studenten**
   - Welche Studienscheine haben Sie bereits erworben?
   - Welche Schwerpunkte haben Sie im Studium gelegt?
   - Welche Praktika haben Sie bereits absolviert? In welchen Unternehmen? In welchen Abteilungen? Was waren Ihre Aufgaben? Was haben Sie während der einzelnen Stationen im Praktikum gelernt?
5. **Zum aktuellen Praktikum**
   - In welchen Bereichen wollen Sie mitarbeiten?
   - Welche Ziele sollen mit dem Praktikum realisiert werden?
   - Wie lassen sich Ihre Erwartungen im Ausbildungsplan noch konkretisieren?
6. **Gesprächsende**

Gibt die Führungskraft dem Studierenden genügend Freiräume zur ausführlichen Beantwortung der gestellten Fragen, lässt sich ein erster Eindruck von der mündlichen Ausdrucksflüssigkeit, vom Ehrgeiz und vom Selbstvertrauen des Praktikanten gewinnen.

Nach dem Gespräch sind die Beobachtungen vom Vorgesetzten in einem Protokoll mit Datum, Ort, ggf. anwesenden Personen, Aufgabenstellung und dem Verhalten des Praktikanten schriftlich festzuhalten.

Da sich die Besprechung der Praktikumserwartungen strukturieren lässt, ist die Durchführungsobjektivität mit der von Gesprächssimulationen im Assessment Center vergleichbar. Die Kosten sind zu vernachlässigen, da die Unterredung auf die Dauer von z. B. einer Stunde beschränkt werden kann. Für den Studierenden ergibt sich der Vorteil, dass er zum Beginn des Praktikums seinen Vorgesetzten und dessen Mitarbeiter persönlich kennen lernt und seine Vorstellungen zur Praktikumsgestaltung noch einmal konkret vorbringen kann.

4.3.1.2.2 Vorstellung bei der Geschäftsführung

Ein Praktikant sollte sich nicht nur bei den Teammitgliedern, sondern auch bei der Geschäftsführung vorstellen. Durch dieses Vorstellungsgespräch lassen sich die Führungskräfte der höheren Ebenen frühzeitig in die Potentialbeurteilung mit einbinden und weitere Eindrücke über die mündliche Ausdrucksflüssigkeit des Praktikanten gewinnen.

Idealerweise ist dieser Vorstellungstermin im Ausbildungsplan des Praktikanten bereits vermerkt.

Am vereinbarten Termin geht der Student zur Geschäftsführung und stellt sich als neuer Praktikant vor.

Die Führungskraft führt das Gespräch nach einem vorbereiteten Gesprächsleitfaden, so dass die Verhaltensdaten objektiv gewonnen werden.

In der folgenden Tabelle ist die mögliche Struktur eines solchen Gespräches dargestellt.

Tab. 24: Leitfaden zum Kennen lernen des Praktikanten

1. Begrüßung des Studenten
2. Vorstellung des Studenten
3. Beweggründe für das Praktikum   • Was hat Sie bewogen, sich bei uns für das Praktikum zu bewerben?   • Wo sehen Sie unsere Stärken im Vergleich zu unseren Mitbewerbern?   • Wie kommen Sie zu all ihren Eindrücken?
4. Führung von Mitarbeitern   • Haben Sie schon einmal ein Team zusammenstellen und führen müssen?   • Welche Bedeutung messen Sie Führung bei?   • Wie motiviert man Mitarbeiter?   • Streben Sie eine Führungsposition an?
5. Gesprächsende

Die Einführung in das Gespräch kann genutzt werden, um sich über das Aufgabengebiet des Praktikanten und seine ersten Eindrücke zu erkundigen.

Um weiteren Nutzen aus der Vorstellung zu ziehen, empfiehlt es sich, das Gespräch durch geschicktes Fragen auf die Motivation des Studierenden für das Praktikum im Unternehmen zu richten. Hierdurch gewinnt man Informationen über die wichtige Frage, wie das Unternehmen im Kreis der Studierenden gesehen wird.

Verbleibt noch Zeit, kann man sich mit einem Studenten der Betriebswirtschaftslehre sinnvoll über das Thema Mitarbeiterführung unterhalten. Über die Hierarchieebenen hinweg verändert sich in Stellenprofilen das Verhältnis von Fach- zu Führungsaufgaben, woraus sich interessante Aspekte für Dialoge ergeben.

Führt man das Gespräch in der Form eines Dialoges, zeigen sich Verhaltenssequenzen, die Einschätzungen über die mündliche Ausdrucksflüssigkeit, das Selbstvertrauen und den Ehrgeiz des Praktikanten erlauben.

Nach dem Gespräch werden die Eindrücke schriftlich festgehalten. Persönlich oder durch einen Beauftragten können sie in die Assessorenkonferenz eingebracht werden.

Wird ein solches Gespräch strukturiert geführt, ist die Durchführungsobjektivität genauso hoch wie bei gängigen Auswahlgesprächen. Die Kosten sind zu vernachlässigen, da das Gespräch zu einem passenden Zeitpunkt quasi nebenbei erfolgen kann. Der Praktikant erhält wichtige Einblicke in die Aufbauorganisation und die Führungsstile in Teilbereichen des Unternehmens.

4.3.2 Schriftliche Ausdrucksflüssigkeit

Erfahrungsberichten zum Assessment Center ist zu entnehmen[317], dass neben der mündlichen auch die schriftliche Ausdrucksflüssigkeit als eigenständiges und für Führungsaufgaben bedeutsames Persönlichkeitsmerkmal betrachtet wird. Im Folgenden werden deshalb auch Überlegungen zu diesem Merkmal vorgestellt.

---

[317] vgl. Jeserich, J., Mitarbeiter auswählen (1986), S. 123. Vgl. Schuler, H., Becker, K., Diemand, A., Potentialanalysen (2007), S. 304

4.3.2.1 Definition und Explikation

Schriftliche Ausdrucksflüssigkeit, ist die Fähigkeit des Menschen, seine Gedanken und Ideen in schriftlicher Form flüssig und nuanciert darzulegen. Wie bei der mündlichen Ausdrucksflüssigkeit, geht es auch hier um die Art des Spracheinsatzes. Es kann also durchaus sein, dass eine Person den flüssigen Stil eines Schreibens beeindruckend findet, den Inhalt aber ablehnt. Umgekehrt ist es denkbar, dass der Inhalt eines Dokuments als interessant, der Stil der Ausführungen jedoch als langatmig und umständlich gesehen wird. Im ersten Fall liegt ein hoher Ausprägungsgrad der schriftlichen Ausdrucksflüssigkeit vor, im zweiten ein niedriger.

Die Definition und Explikation der schriftlichen Ausdrucksflüssigkeit enthält die folgende Tabelle.

Tab. 25: Definition und Explikation der schriftlichen Ausdrucksflüssigkeit

Schriftliche Ausdrucksflüssigkeit
Definition:
Schriftliche Ausdrucksflüssigkeit ist die Fähigkeit, sich der schriftlichen Sprache in flüssiger und nuancierter Weise zu bedienen.
Explikation:
Bei dieser Fähigkeit ist allein die „Flüssigkeit" der schriftlichen Sprache von Bedeutung. Ohne Bedeutung ist der übermittelte Inhalt. Ein hoher Ausprägungsgrad liegt vor, wenn eine Person ihre Ideen grammatikalisch richtig und in plastischer und nuancierter Wortwahl schriftlich vermitteln kann. Ein niedriger Ausdrucksgrad ist gegeben, wenn sich Fehler in der Grammatik und ein einfacher Wortschatz beim Abfassen von Schriftstücken zeigen.

Quelle: in Anlehnung an Guilford, J. P., Persönlichkeit (1974), S. 377 f.

Wie die Tabelle verdeutlicht, ist die Flüssigkeit der schriftlichen Sprache der Kern dieses Merkmals.

4.3.2.2 Operationalisierung

Im Folgenden werden Aufgaben dargestellt, mit denen die schriftliche Ausdrucksflüssigkeit im Praktikum objektiv beurteilt werden kann.

4.3.2.2.1 Entwerfen von Schriftstücken

In Organisationen stehen Personen in mündlicher und schriftlicher Kommunikation zueinander. Zieht man den Praktikanten zum Entwerfen von Schriftstücken heran, hat man eine erste Aufgabe zur Beurteilung der schriftlichen Ausdrucksflüssigkeit gefunden.

Bevor dem Studenten diese Aufgabe übertragen wird, sollte man ihn in einem persönlichen Gespräch die Intention der Schriftstücke aufzeigen. So ist es durchaus denkbar, dass mit einem Schreiben der Leser für etwas begeistert werden soll, mit einem anderen sollen ihm möglichst objektiv Informationen übermittelt werden. Der Student erarbeitet seine Entwürfe und legt diese der Führungskraft zur Beurteilung vor. Wenn erforderlich nimmt die Führungskraft Änderungen vor und gibt diese dem Studenten mit der Bitte um Überarbeitung zurück. Bei anspruchsvollen Schriftstücken kann sich dieser Abstimmungsprozess mehrmals wiederholen.

Durch die Begutachtung der Entwürfe findet die Führungskraft Formulierungen, die Aussagen über den Ausprägungsgrad der schriftlichen Ausdrucksflüssigkeit, der Originalität und der Urteilsfähigkeit liefern.

Diese sind festzuhalten und in die Assessorenkonferenz einzubringen.

In der folgenden Tabelle sind Schriftstücke zusammengestellt, die Studenten im Praktikum entwerfen können.

Tab. 26: Beispiele für im Praktikum zu entwerfende Schriftstücke

1. Entwurf von Einladungen;
2. Formulierung von Dankschreiben;
3. Erstellung von Informations- bzw. Werbebriefen;
4. Beantwortung von Anfragen;
5. Beantwortung von Beschwerden;
6. Entwurf von Anzeigen, Flyern und Postern;
7. Abfassung von Berichten für Mitarbeiterzeitungen.

Wählt man Schriftstücke mit einem vergleichbaren Schwierigkeitsgrad, kann die Durchführungsobjektivität dieser Aufgabe als hoch bezeichnet werden. Kosten entstehen für die Aufgabenstellung nicht, da der Praktikant für die

Führungskraft eine unmittelbar verwertbare Leistung erbringt. Der Student gewinnt durch diese Assistenzaufgabe einen Einblick in die Kommunikationsaufgaben von leitenden Personen und deren schriftlichen Kommunikationsstil.

4.3.2.2.2 Protokollführung bei Team-Meetings

Führungskräfte verbringen einen erheblichen Teil ihrer Arbeitszeit in Sitzungen der unterschiedlichsten Art[318]. Lässt man den Verlauf bzw. das Ergebnis eines Team-Meetings von einem Praktikanten protokollieren[319], hat man eine weitere Aufgabe zur Beurteilung der schriftlichen Ausdrucksflüssigkeit zur Hand.

Da Team-Meetings in der Regel fest terminiert sind (vielfach findet man diese wöchentlich am Montag bzw. monatlich am ersten Montag im Monat), lässt sich diese Aufgabe in einem Ausbildungsplan gut verankern. Um dem Praktikanten einen Einblick in die Themen und die Art und Tiefe der Protokollführung zu ermöglichen, sollten dem Praktikanten frühere Mitschriften zugänglich gemacht werden. Während der Sitzung macht der Praktikant handschriftlich oder elektronisch am Laptop Mitschriften, die er später auswertet und in einem Protokoll zusammenfasst. Dieses legt er der Führungskraft zur Korrektur vor. Bei der Durchsicht des Entwurfs finden sich wiederum Formulierungen, die die Führungskraft zur Einschätzung der schriftlichen Ausdrucksflüssigkeit und der Urteilsfähigkeit heranziehen kann.

Diese Beispiele sind festzuhalten und in die Assessorenkonferenz einzubringen.

Da die in Team-Meetings behandelten Themen aufgrund der feststehenden Aufgaben der betrieblichen Teilbereiche einen vergleichbaren Schwierigkeitsgrad aufweisen, ist für diese Aufgabe eine hohe Durchführungsobjektivität zu

---

[318] zu den Arten von Sitzungen: Vgl. Malik, F., Führen (2000), S. 284 f.

[319] Malik sieht die Protokollierung von Sitzungen als wichtige Aufgabe, um die Ergebnisse transparent und für alle Beteiligten überprüfbar zu machen. Vgl. Malik, F., Führen (2000), S. 291

prognostizieren. Der Praktikant gewinnt Einsichten in Teamprozesse und die Vorgehensweisen bei der Problemlösung in der Gruppe.

4.3.2.2.3 Führung eines Berichtsheftes

Die aussagekräftigsten Ergebnisse zur Beurteilung der schriftlichen Ausdrucksflüssigkeit liefert die Auswertung des Berichtshefts.

Es wurde bereits darauf hingewiesen[320], dass an einzelnen Hochschulen die Anfertigung eines Berichtsheftes vorschrieben ist. Ist dies nicht der Fall, empfiehlt sich diese Verpflichtung in den Praktikumsvertrag[321] aufzunehmen.

Damit sich über die Auswertung des Berichts objektive Informationen gewinnen lassen, müssen Mindestanforderungen bestimmt werden. Diese können wie folgt aussehen:

- Der Umfang des Berichts sollte für die Dauer von einem Monat zehn Seiten nicht unterschreiten.

- Der Bericht enthält ein Kapitel, in dem die Stellung des Ausbildungsbetriebes im regionalen, nationalen und gegebenenfalls im internationalen Markt beschrieben wird.

- Die Beschreibung der Tätigkeiten gliedert sich in Teilberichte pro Fachabteilung. In diesen wird der Arbeitsplatz beschrieben, der Arbeitsablauf dargestellt und die Einbindung des Arbeitsplatzes in umfassendere Betriebsabläufe charakterisiert.

- Die Teilberichte enthalten eine detaillierte Beschreibung der ausgeführten Aktivitäten, der vermittelten Fertigkeiten und Kenntnisse sowie der persönlichen Eindrücke.

- Die Teilberichte sind sorgfältig zu führen und von der verantwortlichen Führungskraft wöchentlich durch Unterschrift zu bestätigen.

---

[320] vgl. Gliederungspunkt 2.3.3.3
[321] vgl. Gliederungspunkt 2.3.3.1

Der Gesamtbericht ist zum Ende des Praktikums dem Praktikumsverantwortlichen des Unternehmens vorzulegen.

Bei der Durchsicht eines solch umfangreichen Berichtsheftes finden die Führungskraft und der Praktikumsverantwortliche Passagen, die zur Einschätzung der schriftlichen Ausdrucksflüssigkeit, des Urteilsvermögens und des Ehrgeizes des Praktikanten herangezogen werden können.

Diese Beispiele sind festzuhalten und bei der Auswertung der Beobachtungsergebnisse zu berücksichtigen.

Dem Berichtsheft kommt eine hohe Validität bei der Beurteilung der schriftlichen Ausdrucksflüssigkeit zu. Werden die Mindestanforderungen in einem Merkblatt zusammengefasst und allen Praktikanten mit dem Praktikumsvertrag ausgehändigt, lassen sich objektive Informationen über Eigenschaften der Praktikanten erzielen.

4.3.3 Originalität

Ein anderes Merkmal, dessen Ausprägungsgrad im Assessment Center untersucht wird, ist die Originalität[322]. Bedeutung erlangt diese Eigenschaft im Problemlöseprozess und zwar dort, wo es um die Suche nach Gestaltungsalternativen geht[323].

Auf die Definition, Explikation und Operationalisierung dieser Anforderung wird im Folgenden eingegangen.

4.3.3.1 Definition und Explikation

„Originalität ist die Fähigkeit, außergewöhnliche oder neuartige Ideen und Lösungswege zu erzeugen"[324]. Zugeordnet wird dieses Merkmal dem Bereich des divergenten Denkens, also den Fähigkeiten, bei denen das Denken in

---

[322] vgl. Thornton III, G. C., Byham, W. C., Assessment Center (1982), S. 139
[323] vgl. Szyperski, N., Winand, U., Entscheidungstheorie (1974), S. 6
[324] Guilford, J. P., Persönlichkeit (1974), S. 380

verschiedene Richtungen fortschreitet[325]. Heller[326] sieht die Originalität deshalb auch als eine besondere Facette der Kreativität. Ein hoher Ausprägungsgrad liegt dann vor, wenn eine Person im Stande ist, abstrakte Sachverhalte so zu transformieren, dass neuartige und bislang nicht da gewesene Lösungen zu Tage treten. Ein niedriger Ausprägungsgrad liegt vor, wenn die Suche nach Neuem nur Altbekanntes hervorbringt.

Der folgenden Tabelle ist die Definition und Explikation zu entnehmen.

Tab. 27: Definition und Explikation der Originalität

Originalität

Definition:
Originalität ist die Fähigkeit, außergewöhnliche oder neuartige Ideen und Lösungswege zu erzeugen.

Explikation:
Das Besondere im Vergleich zu anderen Kreativitätsmerkmalen ist das Ungewöhnliche bzw. Neuartige von hervorgebrachten Einfällen. Ein Maßstab zur Beurteilung des Ausprägungsgrades des Merkmals ist deshalb die Abweichung vom Erkenntnisstand. Ein hoher Ausprägungsgrad zeigt sich darin, dass ein Einfall bzw. Lösungsweg produziert werden konnte, der sich deutlich vom derzeit Üblichen abhebt. Ein niedriger Ausprägungsgrad liegt vor, wenn keine oder nur eine geringe Abweichung vom derzeit Bekannten erzielt werden kann.

Quelle: in Anlehnung an Guilford, J. P., Persönlichkeit (1974), S. 380 ff.

Wie diese verdeutlicht, ist das Hervorbringen von „Ungewöhnlichem" bzw. „Neuartigem", das Charakteristische dieses Wesenszuges.

4.3.3.2 Operationalisierung

Zur Messung der Originalität können im Praktikum die folgenden Aufgaben übertragen werden.

4.3.3.2.1 Bearbeitung von Sonderaufgaben

Sonderaufgaben kommen in Unternehmen relativ häufig vor. Es handelt sich hierbei um Aufgabenstellungen, die wegen ihres einmaligen und oft unvorher-

---

[325] vgl. Guilford, J. P., Persönlichkeit (1974), S. 374
[326] vgl. Heller, K. A., Kreativität (1993), S. 423

gesehenen Auftretens nur schwer planbar sind. Wegen ihres relativ häufigen Auftretens können sie am Ende einer längeren Ausbildung als eine Art Bewährungsprobe vorgesehen werden, die zur Überprüfung der bisherigen Ausbildung dienen kann. Mit Sonderaufgaben lässt sich feststellen, ob jemand in der Lage ist, sich in neue, weder organisatorisch noch inhaltlich festgelegte und abgegrenzte Aufgaben hineinzuversetzen und diese erfolgreich zu Ende zu führen. Überträgt man einem Studenten eines höheren Semesters die Bearbeitung einer Sonderaufgabe, so hat man auch eine Aufgabe zur Beurteilung der Originalität gefunden.

Damit Sonderaufgaben im Praktikum bearbeitet werden können, müssen die Führungskräfte nach möglichen Aufgabenstellungen dieser Art fortwährend Ausschau halten. Ist eine Sonderaufgabe gefunden, muss diese mit dem Praktikumstermin des Studenten in Einklang gebracht werden.

Die Problemdiagnose und die Gestaltungsziele stellt man dem Praktikanten am besten in einem persönlichen Gespräch vor. Ideal ist es, wenn dem Praktikanten die Problemdiagnose bereits äußerst exakt vorgetragen werden kann, so dass bei dieser Aufgabe die Lösungssuche im Vordergrund steht.

In terminierten Arbeitsgesprächen trägt der Praktikant jeweils den Stand seiner Lösungssuche vor. Diese Arbeitsgespräche sind wichtig, damit die Führungskraft über den Gang der Lösungssuche informiert ist und auf die Alternativengenerierung Einfluss nehmen kann.

Über die Durchführung der Sonderaufgabe und das Ergebnis erstellt der Studierende eine Dokumentation.

Entspricht das Ergebnis den Erwartungen und steht für das Praktikum noch ausreichend Zeit zur Verfügung, kann dem Studenten - gegebenenfalls auch mit einer Praktikantenprojektgruppe[327] - die Lösungsimplementierung übertragen werden.

---

[327] vgl. Gliederungspunkt 4.3.7.2.1

Durch die Arbeitsgespräche, die Begutachtung der Dokumentation und die Begleitung der Lösungsimplementierung lassen sich Einschätzungen über die Originalität, die mündliche und schriftliche Ausdrucksflüssigkeit, den Ehrgeiz und die Beharrlichkeit von Studenten höherer Semester gewinnen.

Die Beobachtungen werden festgehalten und fließen in die Assessorenkonferenz ein.

In Tabelle 28 sind Sonderaufgaben für Studenten höherer Semester zusammengestellt.

Tab. 28: Beispiele für im Praktikum zu bearbeitende Sonderaufgaben

1. Durchführung von Untersuchungen;
2. Suche nach Lösungen in organisatorischen Gestaltungsprozessen;
3. Entwicklung von Veranstaltungskonzepten;
4. Verbesserung von Programmen zur Unternehmenssteuerung.

Klar strukturierte und auf die Lösungssuche eingegrenzte Sonderaufgaben werden bei der Beurteilung der Originalität eine hohe Validität erzielen. Die Kosten dieser Aufgabenstellung sind zu vernachlässigen, da diese durch die unmittelbar verwertbare Arbeitsleistung des Studierenden in der Regel mehr als kompensiert werden. Die Studenten der höheren Semester erwerben mit dieser Aufgabe Sicherheit in der Anwendung der an der Hochschule erworbenen methodischen Kenntnisse. Durch die enge Zusammenarbeit mit Mitarbeitern aus den Fachabteilungen werden darüber hinaus soziale Kompetenzen erworben, die beim Übergang ins Berufsleben wichtig sind.

4.3.3.2.2 Erarbeitung von Redemanuskripten

Zur Aufgabe einer Führungskraft gehört auch die Repräsentation des Unternehmens nach außen[328]. Lässt man einem Praktikanten ein Redemanuskript erstellen, hat man eine weitere Aufgabe zur Beurteilung der Originalität gefunden.

---

[328] vgl. Scheurer, A., Repräsentationsaufgaben (2001), S. 1 ff.

Auch für diese Aufgabenstellung ist es ratsam, dass dem Studierenden in einem Vorgespräch die Intention der Rede erläutert wird. Der Praktikant erstellt darauf hin seinen Entwurf, den er mit dem Vorgesetzten diskutiert. Im Rahmen dieser Arbeitsgespräche und durch die Korrektur der Entwürfe findet die Führungskraft Passagen, die zur Beurteilung der Originalität, der mündlichen und schriftlichen Ausdrucksflüssigkeit und des Urteilsvermögens herangezogen werden können.

Diese Beispiele werden festgehalten und der Assessorenkonferenz zugänglich gemacht.

Die folgende Tabelle enthält Repräsentationsaufgaben, für die ein Praktikant das Redemanuskript entwerfen kann.

Tab. 29: Beispiele für im Praktikum zu entwerfende Reden

1. Eröffnung einer Veranstaltung;
2. Dank bei einem Betriebsfest;
3. Grußwort bei einer Veranstaltung;
4. Statement bei einer Pressekonferenz.

Da die von einer Führungskraft wahrzunehmenden Repräsentationsaufgaben ähnlich sind, kann mit dieser Aufgabe eine objektive Datenerhebung erzielt werden. Der Praktikant erhält mit dieser Assistenzaufgabe das Privileg, in den internen Bereich einer Führungskraft vorzurücken und Repräsentationsaufgaben aus Führungssicht kennen zu lernen.

4.3.3.2.3 Erstellung von Präsentationen

Anspruchsvolle Vorträge müssen heute durch Medieneinsatz visualisiert werden. Lässt man einem Praktikanten eine Präsentation erstellen, hat man eine weitere Aufgabenstellung zur Beurteilung der Originalität gefunden.

Wie bei den zuletzt vorgestellten Aufgaben empfiehlt es sich auch hier, dass die Führungskraft mit dem Praktikanten ein Vorgespräch führt, in dem die Intention der Medienpräsentation verdeutlicht wird. Der Praktikant erstellt darauf hin sein Präsentationskonzept und stimmt dieses in weiteren Gesprächen mit dem Vorgesetzten ab. Während der Arbeitsbesprechungen und durch die Begutachtung der Entwürfe gewinnt die Führungskraft Eindrücke, die zur Beurteilung der Originalität, der mündlichen und schriftlichen Ausdrucksflüssigkeit, der Urteilsfähigkeit, des Ehrgeizes und der Beharrlichkeit herangezogen werden können.

Die Beobachtungen werden von der Führungskraft festgehalten und der Assessorenkonferenz zugänglich gemacht.

Da Präsentationserstellungen vergleichbare Schwierigkeitsgrade aufweisen, ist eine objektive Datenerhebung bei dieser Aufgabenstellung möglich. Praktikanten bietet diese Aufgabe eine Abrundung des Einblicks in die Repräsentationsaufgaben von Führungskräften und die sich dahinter verbergende Arbeit.

4.3.3.2.4 Teilnahme am Brainstorming

Brainstorming ist das bekannteste und in Unternehmen auf allen Ebenen am häufigsten angewendete Verfahren zur Stimulierung kreativer Denkprozesse[329]. Aufgrund seines häufigen Vorkommens lassen sich regelmäßig Praktikanten hinzuziehen und weitere Informationen zur Einschätzung der Originalität gewinnen.

Ist ein Brainstorming anberaumt, sollte der Praktikant rechtzeitig unter Bekanntgabe des Themas eingeladen werden. Die Bekanntgabe des Themas ist wichtig, damit der Praktikant sich im Vorfeld mit diesem auseinander setzen kann[330]. Während der Sitzung trägt der Praktikant seine Beiträge - wie jeder der anderen Teilnehmer auch - assoziierend und spontan vor[331]. Die Beiträge werden visualisiert und im Anschluss an die Ideengenerierung von der Gruppe hinsichtlich ihrer Neuartigkeit und Realisierbarkeit einzeln bewertet und

---

[329] vgl. Hentze, J., Kammel, A., Personalwirtschaftslehre 1 (2001), S. 391
[330] vgl. grundsätzlich Brinkmann, R. D., Techniken (2009), S. 121
[331] vgl. grundsätzlich Brinkmann, R. D., Techniken (2009), S. 123

kritisiert[332]. Um die Produktion von Ideen anzuregen, sind bei der Durchführung von Brainstormingsitzungen die folgenden Prinzipien zu beachten[333]:

- Dauer: ca. zwanzig Minuten
- Gruppengröße: fünf bis zwölf Personen
- Mitschreiben der Ideen, z. B. auf Flipchart
- heterogene Zusammensetzung der Gruppe
- Bewertung der Ideen erst nach der Sammlung
- der Moderator muss immer auf das Einhalten der Regeln achten.

Der Eindruck von den Beiträgen des Praktikanten ist festzuhalten und in die Assessorenkonferenz einzubringen.

Da bestimmt werden kann, dass Praktikanten am Brainstorming nur dann teilnehmen, wenn Themen gleicher Schwierigkeitsgrade behandelt werden, ist die Durchführungsobjektivität dieser Aufgabe als ausreichend zu bezeichnen. Für die teilnehmenden Studenten lassen sich interessante Erfahrungen in der Handhabung von praktizierten Kreativitätstechniken gewinnen.

4.3.4 Schlussfolgerndes Denken

Eine weitere in Führungspositionen bedeutsame Eigenschaft, ist das schlussfolgernde Denken[334]. Seine Bedeutung ergibt sich aufgrund der Tatsache, dass Personen in Schlüsselpositionen viel mit Ideen operieren, deren Konsequenzen über mehrere Stufen hinweg vorausbedacht werden müssen[335].

Überlegungen zur Definition, Explikation und Messung dieses Merkmals werden im Folgenden vorgestellt.

---

[332] vgl. Brinkmann, R. D., Techniken (2009), S. 123
[333] vgl. Arnold, R., Krämer-Stürzl, A., Arbeitspädagogik (1999), S. 278 f.
[334] Paschen, M., Weidemann, A., Turck, D., Stöwe, C., Assessment Center (2005), S. 49
[335] vgl. Guilford, J. P., Persönlichkeit (1974), S. 369

4.3.4.1 Definition und Explikation

„Schlussfolgerndes Denken ist die Fähigkeit, die Folgen von Situationen abzuschätzen"[336]. Zugeordnet wird dieses Merkmal den kognitiven Fähigkeiten des Menschen, bei denen es um das Erkennen bzw. Auffinden von Informationen geht[337]. Das Besondere ist sein Zukunftsbezug. Guilford[338] weist darauf hin, dass Organismen lernen, was sie von Sachverhalten zu erwarten haben. Je differenzierter ein Organismus ist und je mehr Erfahrung er gesammelt hat, desto weiter kann er seine Erwartungen ausdehnen und von gegenwärtigen Informationen auf zukünftige Ereignisse schließen. Ein hoher Ausprägungsgrad zeigt sich dann, wenn eine Person Zusammenhänge erkennt und hieraus weitsichtige und richtige Schlussfolgerungen ziehen kann. Demgegenüber liegt ein schwacher Ausprägungsgrad vor, wenn aus erkennbaren Zusammenhängen falsche oder nur begrenzte Schlussfolgerungen gezogen werden.

Die Definition und Explikation des Merkmals ist in der folgenden Tabelle enthalten.

Tab. 30: Definition- und Explikation des schlussfolgernden Denkens

Schlussfolgerndes Denken
Definition:
Schlussfolgerndes Denken ist die Fähigkeit, die Folgen von Situationen abzuschätzen.
Explikation:
Schlussfolgerndes Denken hat immer einen Zukunftsbezug. Es geht um das Erkennen von Zusammenhängen und die Frage, welche Konsequenz aus dem Erkannten gezogen werden kann. Ein hoher Ausprägungsgrad zeigt sich dann, wenn Schlussfolgerungen weitreichend und richtig sind; ein niedriger Ausprägungsgrad liegt vor, wenn die Erkenntnis begrenzt und nur in Teilen richtig ist.

Quelle: in Anlehnung an Guilford, J. P., Persönlichkeit (1974), S. 369 ff.

Wie die Tabelle darlegt, ist der „Weitblick" das Charakteristische dieser Persönlichkeitseigenschaft.

---

[336] Guilford, J. P., Persönlichkeit (1974), S. 368 f.
[337] vgl. Guilford, J. P., Persönlichkeit (1974), S. 358
[338] vgl. Guilford, J. P., Persönlichkeit (1974), S. 367 f.

4.3.4.2   Operationalisierung

Im Folgenden werden wiederholbare Aufgaben vorgestellt, mit denen der Ausprägungsgrad im Praktikum beurteilt werden kann.

4.3.4.2.1   Analyse von Datenbeständen

Jeder Abteilung eines Unternehmens obliegt die Erfüllung eines bestimmten Ausschnitts aus der Gesamtaufgabe der Unternehmung. Allgemein betrachtet beinhaltet die Aufgabe einer Abteilung die Verpflichtung, eine bestimmte Leistung, die aus dem Sachziel des Unternehmens abgeleitet ist, zu erbringen. Um die Zielerreichung zu überprüfen, gibt es in jeder Abteilung Datenbestände, die ausgewertet und zur Entscheidungsvorbereitung herangezogen werden. Überträgt man einem Praktikanten die Analyse und Interpretation dieser Datenbestände, dann hat man eine erste Aufgabe zur Beurteilung des schlussfolgernden Denkens.

Wie bei allen Aufgaben, die Praktikanten zur eignungsdiagnostischen Beurteilung übertragen werden, muss auch hier dem Praktikanten in einem persönlichen Gespräch das Anliegen der Aufgabenstellung verdeutlicht werden. Sind die zu analysierenden Datenbestände elektronisch hinterlegt, sollte man diese mit dem Praktikanten einsehen und dem Praktikanten in die Handhabung des Selektionsprogramms einführen. Mit Hilfe der EDV trägt der Praktikant die Informationen zusammen und analysiert diese. Das Ergebnis wird dem Vorgesetzten in einem Bericht schriftlich vorgelegt. Durch die Auswertung des Berichts kann sich der Vorgesetzte ein Bild von der Fähigkeit des schlussfolgernden Denkens und der schriftlichen Ausdrucksflüssigkeit des Studenten machen.

Diese Einschätzung hält die Führungskraft fest und bringt sie in die Assessorenkonferenz ein.

In Tabelle 31 sind einige Beispiele für Themenstellungen im Praktikum dargestellt.

Tab. 31: Beispiele für im Praktikum zu analysierende Datenbestände

1. Auswertung von Besuchsberichten;
2. Analyse von Verkaufszahlen;
3. Analyse von Kostenentwicklungen;
4. Untersuchung von Nutzungshäufigkeiten.

Da in jeder Abteilung regelmäßig Daten zur Überprüfung der Zielerreichung erhoben werden müssen, lassen sich mit dieser Aufgabe objektive Informationen zur Beurteilung des schlussfolgernden Denkens gewinnen. Für den Praktikanten bringt die Aufgabe interessante Einblicke in die Zielsetzungen einzelner Abteilungen und den realisierten Zielerreichungsgrad mit sich.

4.3.4.2.2 Bewertung gesetzlicher Neuerungen

Die Durchführung der Arbeitsprozesse im Unternehmen unterliegt in unterschiedlich starkem Maße dem Einfluss rechtlicher Bestimmungen. Jedes Unternehmen ist z. B. zur Buchführung verpflichtet. Es müssen die Handelsbücher geführt, Inventare und Bilanzen erstellt und hierbei die Grundsätze ordnungsgemäßer Buchführung eingehalten werden. Daraus resultieren unmittelbar Anforderungen an die Organisation des Rechnungswesens. Lässt man Praktikanten die Konsequenzen gesetzlicher Neuerungen für die Durchführung von Arbeitsprozessen bewerten, hat man eine weitere Aufgabe zur Beurteilung des schlussfolgernden Denkens bei Studenten der höheren Semester.

Damit eine solche Aufgabe für das Praktikum genutzt werden kann, empfiehlt sich folgendes Vorgehen:

1. Sammlung relevanter gesetzlicher Neuerungen während des gesamten Jahres.

2. Beurteilung des Schwierigkeitsgrades der gesetzlichen Neuerung und Übertragung der Aufgabenstellung in den Ausbildungsplan.

3. Führen eines Vorgespräches mit dem Studierenden, in dem die Intention der Gesetzesänderung erläutert und die Aufgabenstellung für den Praktikanten besprochen wird.

4. Auswertung der vom Studenten schriftlich vorgelegten Einschätzung.

5. Besprechung der studentischen Einschätzung in einer gesonderten Rücksprache.

In der folgenden Tabelle sind einige der 2009 in Kraft getretenen gesetzlichen Neuerungen zusammengestellt.

Tab. 32: Gesetzliche Neuerungen 2009

Bereich	Neuerung
Handwerkerrechnungen	Handwerkerrechnungen können künftig bis 6.000 EUR steuerlich geltend gemacht werden.
Arbeitslosenversicherung	Der Beitrag wird von 3,3 Prozent auf 3,0 Prozent gesenkt. Zusätzlich wird der Beitragssatz vorübergehend vom 01.01.2009 bis zum 30.06.2010 durch Rechtsverordnung auf 2,8 Prozent gesenkt.
Gesundheitsfond	Der Krankenversicherungsbeitrag wird auf einheitlich 15,5 Prozent festgesetzt.
Abgeltungssteuer	Sparer müssen auf die meisten Kapitalerträge erstmals eine Abgeltungssteuer von 25 Prozent zahlen.
Schulgeld	Die steuerliche Absetzbarkeit des Schulgeldes wird auf den Höstbetrag von 3.000 EUR begrenzt.
Tagespflege	Tagesmütter und Tagesväter müssen die Einkünfte aus ihrer Tagespflegetätigkeit versteuern.
Erbschafts- und Schenkungssteuer	2009 wird es ein neues Erbschafts- und Schenkungsrecht geben. In der Umsetzung einer Vorgabe des Bundesverfassungsgerichts werden ausnahmslos alle Vermögenswerte mit ihrem wirklichen Wert, d. h. mit dem Verkehrswert bewertet werden. Gleichzeitig werden höchste Vermögen und Vermögensübertragungen außerhalb des engen familiären Umfeldes höher besteuert.
Private Krankenversicherung	Die Versicherungspflichtgrenze steigt auf 48.600 EUR (monatlich 4.050 EUR).
Wohngeld	Einkommensschwache Haushalte erhalten mehr Wohngeld. Zudem erhalten Bezieher von Wohngeld erstmals auch für Heizkosten einen pauschalen Zuschuss.
Kindergeld	Das Kindergeld für das erste, zweite und dritte Kind wird erhöht.
Kinderfreibetrag	Der Kinderfreibetrag wird auf 3.864 EUR für jedes Kind erhöht.

Einem Studenten des Orientierungsstudiums, der in der Personalabteilung praktiziert, kann man beispielsweise die Bewertung der Neuerungen in der Arbeitslosenversicherung übertragen. Die Bewertung der Neuerungen des Erbschafts- und Schenkungsrechts bietet sich demgegenüber für einen Studenten an, der z. B. in einer Wirtschaftskanzlei praktiziert und bereits über einschlägige steuerrechtliche Kenntnisse verfügt.

Durch den schriftlichen Bericht des Studierenden und die Rücksprache gewinnt der Vorgesetzte Informationen, die Aufschluss über das schlussfolgernde Denken sowie die schriftliche und mündliche Ausdrucksflüssigkeit des Studenten geben.

Da den Praktikanten Aufgabenstellungen mit vergleichbarem Schwierigkeitsgrad übertragen werden können, liegt bei dieser Aufgabenstellung ein hoher Grad an Durchführungsobjektivität vor. Die Führungskraft erlangt durch diese Aufgabe zu ein und demselben Thema eine Einschätzung aus der Perspektive verschiedener Personen, was der eigenen Urteilsbildung dienlich sein kann. Für die Praktikanten ergeben sich interessante Einblicke in gesetzliche Änderungen und deren Wirkung in der betrieblichen Praxis.

4.3.4.2.3 Bearbeitung einer betrieblichen Fachaufgabe

Für Studenten des Profilierungsstudiums, die über eine längere Zeit im Unternehmen bleiben, wird die Bearbeitung einer betrieblichen Fachaufgabe empfohlen.

4.3.4.2.3.1 Charakteristik

Die betriebliche Fachaufgabe hat ihren Ursprung in der dualen Berufsausbildung. Sie wird dort in der Abschlussprüfung bei verschiedenen Ausbildungsberufen zur Erfassung der Kompetenzen Planung, Durchführung und Kontrolle eingesetzt[339].

Bei der betrieblichen Fachaufgabe handelt es sich um einen Arbeitsprozess im Unternehmen, dessen selbständige Ausführung der Auszubildende mit praxisüblichen Unterlagen dokumentiert und vor Mitgliedern des Prüfungsausschusses präsentiert und in einem Fachgespräch erläutert.

---

[339] vgl. exemplarisch den Ausbildungsberuf Industriekaufmann/-frau. Vgl. Verordnung über die Berufsausbildung zum Industriekaufmann/zur Industriekauffrau vom 23. Juli 2002 (BGBl. I S. 2764)

Den Charakter betrieblicher Aufgabenstellungen hatten bereits klassische Gesellenstücke. Bei diesen war ein Produkt zu fertigen, das individuell nach den betrieblichen Möglichkeiten und Bedürfnissen festgelegt wurde.

Anders als in der beruflichen Ausbildung, wo die betriebliche Fachaufgabe wegen der großen Zahl der Prüfungsteilnehmer[340] von einem IHK-Prüfungsausschuss schriftlich genehmigt werden muss, kann die Genehmigung der betrieblichen Fachaufgabe im Praktikum im Rahmen eines persönlichen Gesprächs zwischen dem Praktikanten und dem Praktikumsverantwortlichen aus der Personalabteilung erfolgen.

4.3.4.2.3.2 Durchführung

Damit sich die mit der betrieblichen Fachaufgabe bietenden Möglichkeiten zur Potentialbeurteilung im Praktikum ausschöpfen lassen, muss die Vorgehensweise reglementiert werden.

Die in der Abbildung 22 (siehe S. 152) dargestellten Schritte sind praktikabel und sinnvoll.

---

[340] große Industrie- und Handelskammern haben in einzelnen Ausbildungsberufen pro Prüfungstermin mehrere Hundert Prüfungsteilnehmer

Abb. 22: Ablauf der betrieblichen Fachaufgabe

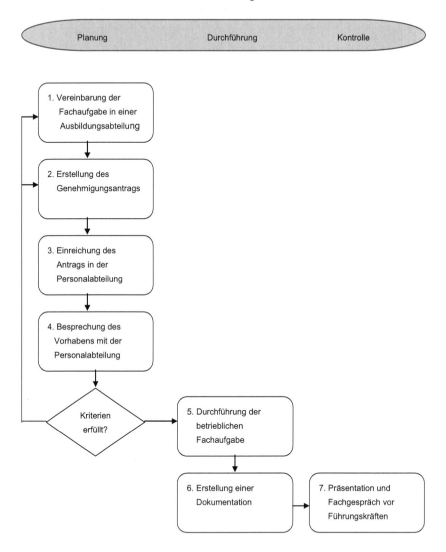

Der Praktikant vereinbart in der Fachabteilung mit der für ihn zuständigen Führungskraft die Durchführung einer betrieblichen Fachaufgabe (1). Das Konzept wird in einem Genehmigungsantrag festgehalten. In diesem sind die Aufgabenbeschreibung, das Arbeitsumfeld, der Durchführungszeitraum, die erforderlichen Teilschritte, die der Dokumentation beizufügenden Unterlagen und die geplanten Präsentationsmittel festzuhalten (2). Der Antrag wird in der Personalabteilung eingereicht (3). Bei einem vereinbarten Gesprächstermin erläutert der Praktikant dem für die Praktikantenausbildung verantwortlichen Mitarbeiter der Personalabteilung das Vorhaben (4). Entspricht das geplante Vorhaben den Erwartungen, erhält der Student die Genehmigung zur Durchführung der Fachaufgabe. Bestehen Änderungswünsche, werden diese besprochen und sind bei der Bearbeitung der Fachaufgabe zu berücksichtigen. Entspricht die betriebliche Fachaufgabe nicht den Anforderungen, wird diese abgelehnt und um die Einreichung eines neuen Konzeptes gebeten. Wird der Antrag genehmigt, bearbeitet der Praktikant die betriebliche Aufgabe in der vorgesehenen Zeit (5) und legt eine Dokumentation über die Durchführung der Fachaufgabe bis zum vereinbarten Zeitpunkt in der Personalabteilung vor (6). Die Personalabteilung vereinbart mit der Geschäftsführung einen Termin, bei dem der Praktikant seine Ergebnisse der Geschäftsführung präsentiert und in einem Fachgespräch erläutert (7).

Im Nachgang an das Gespräch ist das Verhalten des Praktikanten zu reflektieren und schriftlich festzuhalten.

4.3.4.2.3.3 Beurteilung aus testtheoretischer Sicht

Die betriebliche Fachaufgabe stellt eine „kombinierte Prüfungsmethode"[341] dar, die aus folgenden Aufgaben besteht:

- Genehmigungsantrag
- Genehmigungsgespräch
- Durchführung

---

[341] Schmidt, J. U., Prüfungsmethoden (2005), S. 278 f.

- Dokumentation
- Präsentation
- Fachgespräch.

Während dieser Einzelaufgaben lassen sich verschiedene Merkmale beobachten und in ihrem Ausprägungsgrad einschätzen (siehe Tabelle 33). Von besonderer Bedeutung ist jedoch die Möglichkeit der Beurteilung des schlussfolgernden Denkens, das sich nur bei wenigen Aufgabenstellungen im Praktikum beobachten lässt.

Tab. 33: Zuordnung der Aufgaben zu Merkmalen in einer betrieblichen Fachaufgabe

Aufgabe	Merkmal
Genehmigungsantrag	- schriftliche Ausdrucksflüssigkeit
	- Ehrgeiz
Genehmigungsgespräch	- mündliche Ausdrucksflüssigkeit
Durchführung	- Beharrlichkeit
Dokumentation	- schriftliche Ausdrucksflüssigkeit
	- schlussfolgerndes Denken
Präsentation	- mündliche Ausdrucksflüssigkeit
	- schlussfolgerndes Denken
	- Selbstvertrauen
Fachgespräch	- mündliche Ausdrucksflüssigkeit
	- schlussfolgerndes Denken
	- Beharrlichkeit
	- Selbstvertrauen

Neben dieser aus eignungsdiagnostischer Sicht großen Bedeutung der betrieblichen Fachaufgabe ergeben sich weitere Vorteile im Rahmen eines betriebswirtschaftlichen Praktikums:

1. Der Nutzen für das Unternehmen ist hoch, da durch die Bearbeitung der Fachaufgabe neue Einsichten in die Prozesse der Aufgabenbearbeitung gewonnen werden können.

2. Die Validität der Beurteilung ist hoch, da zur Eignungsbeurteilung Führungskräfte verschiedener Ebenen und Mitarbeiter der Personalabteilung hinzugezogen werden können.

3. Die Wertschätzung gegenüber dem Praktikanten ist hoch, da Fach- und Führungskräfte bei der Ergebnispräsentation anwesend sind.
4. Im Falle einer späteren Einstellung des Studierenden lässt sich die Einarbeitungszeit verkürzen, da der Absolvent komplexe Aufgabenprozesse des Unternehmens bereits tiefgehend kennen gelernt hat.

Voraussetzung für den Erfolg der betrieblichen Fachaufgabe ist allerdings die Betreuung des Studierenden während der Zeit der Aufgabenbearbeitung. Nur wenn sichergestellt ist, dass der Praktikant in allen Phasen der Bearbeitung der Fachaufgabe fachkompetente und engagierte Betreuer zur Seite hat, lassen sich anspruchsvolle Prozesse im Unternehmen selbständig ausführen, dokumentieren und in ihrem Zusammenspiel verstehen.

Ist diese Voraussetzung realisiert, bringt die betriebliche Fachaufgabe bedeutsame Einblicke in die betriebliche Praxis mit sich.

4.3.5 Urteilsfähigkeit

Ein weiteres Leistungsmerkmal für Führungsaufgaben ist die Urteilsfähigkeit[342]. Bedeutung erlangt auch diese Fähigkeit im Problemlöseprozess[343], und zwar dann, wenn es um das Bewerten der Handlungsmöglichkeiten und das Treffen der richtigen Entscheidung geht. Die Bedeutung der Urteilsfähigkeit ist in den vergangen Jahren gestiegen, da Entscheidungen immer komplexer und unstrukturierter und vermehrt unter erheblichem Zeitdruck zu treffen sind[344]. Im Folgenden werden Überlegungen zur Erfassung des Merkmals Urteilsfähigkeit im Praktikum vorgestellt.

---

[342] vgl. Jeserich, W., Mitarbeiter auswählen (1986), S. 123
[343] vgl. Szyperski, N., Winand, U., Entscheidungstheorie (1974), S. 6 ff.
[344] vgl. Pribilla, P., Reichwald, R., Goecke, R., Management (1996), S. 171

4.3.5.1 Definition und Explikation

Urteilsfähigkeit bedeutet, aus mehreren Handlungsmöglichkeiten die angemessenste auswählen zu können[345]. Zugeordnet wird das Merkmal den bewertenden Persönlichkeitsfaktoren[346]. Diese treten immer dann hervor, wenn es zu entscheiden gilt, ob erkannte Sachverhalte richtig zusammenpassen, den Anforderungen genügen oder sonst irgendwie adäquat sind[347]. Das Kriterium, nach dem das Abwägen erfolgt, ist die Angemessenheit zur Lösung eines Problems[348]. Ein hoher Ausprägungsgrad liegt vor, wenn jemand im Stande ist, unter mehreren Handlungsweisen diejenige auszuwählen, mit der ein Problem am besten gelöst werden kann. Von einem niedrigen Ausprägungsgrad muss gesprochen werden, wenn jemand beim Abwägen von Alternativen zu falschen Einschätzungen gelangt.

Die Definition und Explikation der Urteilsfähigkeit ist in Tabelle 34 dargestellt.

Tab. 34: Definition und Explikation der Urteilsfähigkeit

Urteilsfähigkeit
Definition:
Urteilsfähigkeit bedeutet, aus mehreren Handlungsmöglichkeiten die angemessenste auswählen zu können.
Explikation:
Die Urteilsfähigkeit ist dann von Bedeutung, wenn es um das Abwägen von Alternativen hinsichtlich der Lösung konkreter Probleme geht. Unerheblich ist in diesem Zusammenhang die Operation, die der Gewinnung des Urteils zu Grunde liegt. Ausschließlich das Ergebnis des Urteilsprozesses ist von Relevanz, also die Frage, ob eine Person aus dem Abwägen von Informationen zu „richtigen" Entscheidungen kommt oder nicht.

Quelle: in Anlehnung an Guilford, J. P., Persönlichkeit (1974), S. 353 und 385 f.

Wie aus der Tabelle hervorgeht, ist das richtige Abwägen von Alternativen das Charakteristische der Urteilsfähigkeit.

---

[345] vgl. Guilford, J. P., Persönlichkeit (1974), S. 386
[346] vgl. Guilford, J. P., Persönlichkeit (1974), S. 386
[347] vgl. Guilford, J. P., Persönlichkeit (1974), S. 386
[348] vgl. Pawlik, K., Dimensionen (1976), S. 349 f.

4.3.5.2 Operationalisierung

Im Folgenden zeigen wir einige „Prüfstationen", die zur Einschätzung der Urteilsfähigkeit im Praktikum beitragen können.

4.3.5.2.1 Teilnahme an der Ad-hoc-Besprechung zwischen Vorgesetztem und Mitarbeiter

Eine häufig vorkommende Führungssituation ist die, dass ein Mitarbeiter auf seinen Vorgesetzten zukommt, da eine Entscheidung zu treffen ist, die außerhalb des Kompetenzbereiches des Mitarbeiters liegt[349]. Die Führungskraft tut gut daran, einen Gesprächstermin zu vereinbaren und das Anliegen zu besprechen. Nimmt man zu einer solchen Ad-hoc-Besprechung auch den Praktikanten mit hinzu, lassen sich Einblicke in die Urteilsfähigkeit des Studenten gewinnen.

Folgende Schritte sind hierzu erforderlich:

1. Einschätzung, ob das Entscheidungsproblem des Mitarbeiters gemessen am Schwierigkeitsgrad von einem Praktikanten eines höheren Semesters beurteilt werden kann.

2. Wenn dies der Fall ist, Vereinbarung eines Termins mit dem Mitarbeiter und dem Studierenden.

3. Durchführung des Gesprächs, bei dem das Entscheidungsproblem analysiert und nach den Konsequenzen verschiedener Entscheidungen gefragt wird.

4. Einbeziehung des Praktikanten, indem dieser ganz gezielt nach seiner Einschätzung befragt wird.

Durch das Gespräch lässt sich ein Bild über die Urteilsfähigkeit, die mündliche Ausdrucksflüssigkeit und - je nach Entscheidungsproblem - die Risikobereitschaft des Praktikanten gewinnen.

---

[349] vgl. Pribilla, P., Reichwald, R., Goecke, R., Management (1996), S. 168

Die Beobachtungen werden festgehalten und fließen in die Assessorenkonferenz ein.

Wird die Teilnahme des Praktikanten am Gespräch sorgfältig ausgewählt und ist das Gesprächsthema dem Wissens- und Erfahrungsstand des Praktikanten angemessen, liegt eine hohe Durchführungsobjektivität dieser Aufgabenstellung vor. Kosten entstehen nicht, da diese eignungsdiagnostische Übung nebenbei durchgeführt werden kann. Für den Studenten ergeben sich interessante Einblicke in die Entscheidungsfindung von Vorgesetzten.

4.3.5.2.2 Teilnahme an der Ad-hoc-Besprechung zwischen Führungskräften

Ebenso häufig wie die kurzfristigen Besprechungen zwischen Führungskräften und ihren Mitarbeitern, sind im Führungsalltag die Ad-hoc-Besprechungen zwischen zwei gleichrangigen Führungskräften vorzufinden. Auch zu diesen Ad-hoc-Besprechungen lassen sich Praktikanten hinzuziehen und hinsichtlich ihrer Urteilsfähigkeit beurteilen.

Die Vorbereitung und Durchführung des Gespräches kann auch hier in vier Schritten erfolgen.

1. Anhören des kollegialen Anliegens und Auswahl eines Themas, das gemessen am Schwierigkeitsgrad vom Praktikanten eines höheren Semesters beurteilt werden kann.
2. Vereinbarung eines Termins mit dem Kollegen und dem Studierenden.
3. Führen eines Gespräches, bei dem der Sachverhalt analysiert und die Konsequenzen der verschiedenen Handlungsmöglichkeiten hinterfragt werden.
4. Einbeziehung des Praktikanten, indem dieser ganz gezielt nach seiner Einschätzung befragt wird.

Da auch hier der Praktikant gezielt nach seinem Urteil befragt werden kann, ist ein Bild über die Urteilsfähigkeit, die mündliche Ausdrucksflüssigkeit und die Risikobereitschaft des Praktikanten problemlos möglich.

Der Praktikant erweitert sein Wissen über geschäftsbereichsübergreifende Themenstellungen und die Entscheidungsfindung bei Führungskräften.

4.3.5.2.3 Teilnahme an Bewerbungsgesprächen

Trotz der aktuellen Wirtschaftskrise sind in vielen Unternehmen offene Stellen zu besetzen. Nimmt man einen Praktikanten zu einem Vorstellungsgespräch hinzu, hat man eine weitere Aufgabe zur Einschätzung der Urteilsfähigkeit des Praktikanten gewonnen.

Der gängige Weg des Vorstellungsgespräches ist heute nach wie vor die Bewerberbefragung durch Fachvorgesetzte und Mitarbeiter der Personalabteilung[350]. Ist eine Stelle zu besetzen, sollte der Praktikant vom Vorgesetzten zu dem Vorstellungsgespräch mit hinzugenommen werden. Der Vertreter der Personalabteilung, der das Gespräch in der Regel führen wird, stellt dem Bewerber auch den Praktikanten vor und betont, dass der Praktikant lediglich als Gast anwesend ist und nicht in das Gespräch eingreift.

Während des Gespräches verfolgt der Student die einzelnen Gesprächsabschnitte.

Nach dem Vorstellungsgespräch bleiben die Vertreter des Unternehmens beisammen und nehmen die Beurteilung des Bewerbers vor. In dieser Nachbesprechung wird auch der Praktikant nach seinem Urteil befragt.

In der Nachbesprechung lassen sich Eindrücke über die Urteilsfähigkeit, die mündliche Ausdrucksflüssigkeit und ggf. die Risikobereitschaft des Praktikanten gewinnen.

Die Assessoren halten ihre Beobachtungen fest und bringen diese in die Assessorenkonferenz ein.

Da Vorstellungsgespräche in der Regel standardisiert geführt werden, ist die Durchführungsobjektivität dieser Aufgabe als hoch zu bezeichnen. Kosten entstehen nicht, da auch bei dieser Prüfstation die Beurteilung des Praktikan-

---

[350] vgl. Hesse, J., Schrader, H. C., Bewerbungsstrategie (2001), S. 167 ff.

ten „nebenbei" erfolgen kann. Für den Ausbildungsbetrieb bringt diese Prüfstation den Vorzug mit sich, dass Mitarbeiter aus der Personalabteilung in die Potentialbeurteilung des Praktikanten mit einbezogen werden können. Dem Studierenden zeigen sich interessante Einblicke in Aufgaben von Führungskräften.

4.3.6 Sensibilität

In früheren Arbeiten zur menschlichen Intelligenzstruktur fand sich bereits die Vermutung, dass es neben einer abstrakten und einer praktischen auch eine soziale Intelligenz des Menschen geben müsse[351]. Diese Annahme wurde wissenschaftlich belegt und für die Unternehmensführung nutzbar gemacht. Wirft man einen Blick auf die Assessment Center-Praxis, dann zeigt sich, dass die soziale Kompetenz bei Bewerbern häufig durch die Einschätzung der Sensibilität beurteilt wird[352].

Wie sich das Merkmal Sensibilität im Praktikum erfassen lässt, wird im Folgenden aufgezeigt.

4.3.6.1 Definition und Explikation

„Sensibilität ist die Fähigkeit, andere zu verstehen und sich in der Beziehung zu ihnen klug zu verhalten"[353]. Diese Definition hat zwei Komponenten: Eine erste, die sich auf das Einschätzen anderer Personen bezieht und eine zweite, die auf den Umgang mit anderen gerichtet ist. Sensibilität im hier verstandenen Sinne misst sich über das zweite Element. Ein hoher Ausprägungsgrad ist folglich dann gegeben, wenn es eine Person versteht, auf die Erwartungen anderer Personen flexibel und originell zu reagieren. Ein niedriger Ausprägungsgrad liegt demgegenüber vor, wenn sich eine betrachtete Person im Umgang mit anderen ungewandt und unbeholfen verhält.

---

[351] vgl. Thorndike, E. L., Intelligence (HM 1920), S. 228
[352] vgl. Thornton III, G. C., Byham, W. C., Assessment Centers (1982), S. 120
[353] Sowarka, B. H., Soziale Intelligenz (1995), S. 368

Die Definition und Explikation ist in der folgenden Tabelle enthalten.

Tab. 35: Definition und Explikation der Sensibilität

Sensibilität
Definition:
Sensibilität ist die Fähigkeit, andere zu verstehen und sich in der Beziehung zu ihnen klug zu verhalten.
Explikation:
Sensibilität offenbart sich in zwischenmenschlichen Situationen. Sie zeigt sich darin, wie jemand auf die Erwartungen und Eigenarten anderer Menschen reagiert. Werden Denken und Empfinden einer Person durch ihr Verhalten sichtbar, so ist die sensible Person im Stande, dieses zu entschlüsseln und adäquat zu reagieren. Demgegenüber lässt sich von einer schwach ausgeprägten Sensibilität dann sprechen, wenn sich jemand in zwischenmenschlichen Situationen ungeschickt verhält.

Quelle: in Anlehnung an Sowarka, B. H., Soziale Intelligenz (1995), S. 368

Wie diese verdeutlicht, ist kluges Verhalten in sozialen Situationen der Kern des Merkmals.

4.3.6.2 Operationalisierung

Im Folgenden werden Prüfsituationen aufgezeigt, mit denen sich die Sensibilität im Praktikum in standardisierten Situationen beurteilen lässt.

4.3.6.2.1 Gespräch mit Fachexperten im Unternehmen

In jeder Abteilung gibt es Mitarbeiter, die über Kenntnisse in Spezialgebieten verfügen. Beobachtet man den Praktikanten beim Gespräch mit einem Fachexperten, lässt sich ein Eindruck über die Sensibilität des Studenten gewinnen.

Die Aufgabe kann wie folgt vorbereitet werden:

1. Der Praktikant wird gebeten, einen Gesprächsleitfaden zu erarbeiten, mit dem er das Gespräch mit dem Fachmann führen möchte.
2. Hiernach vereinbart der Praktikant einen Gesprächstermin mit dem Experten, bei dem auch der Vorgesetzte des Praktikanten mit anwesend ist.

3. Während des Fachgespräches beobachtet die Führungskraft den Gesprächsverlauf und gibt dem Praktikanten wo erforderlich noch ergänzende Informationen.

Nach dem Fachgespräch werden die wichtigsten Beobachtungen festgehalten.

Da die Ausgestaltung des Gesprächsleitfadens beeinflusst werden kann, ist die Durchführungsobjektivität der Aufgabe als hoch zu bezeichnen. Die Kosten der Datenerhebung sind zu vernachlässigen, da die Termine so gelegt werden können, dass sie mit dringenden Aufgaben nicht kollidieren. Der Praktikant erhält die Möglichkeit, sich aus eigener Anschauung ein Urteil über die Aufgaben an verschiedenen Arbeitsplätzen im Team und deren Ausführung zu bilden. Darüber hinaus gewinnt er zusätzliche Informationen über Spezialgebiete einzelner Mitarbeiter.

4.3.6.2.2 Teilnahme an betriebsinternen Veranstaltungen

Für den Erfolg eines Praktikums ist es förderlich, wenn der Student zu den informellen Anlässen im Unternehmen mit eingeladen wird. Bezieht man den Praktikanten gezielt in die geführten Gespräche mit ein, lässt sich durch die Verhaltensbeobachtung eine Einschätzung der Sensibilität vornehmen.

Bereits bei der Besprechung der Praktikumserwartungen[354] sollte der Praktikant darüber informiert werden, dass er zu internen Veranstaltungen grundsätzlich eingeladen ist. Da es für den Praktikanten im Einzelfall nicht immer klar ersichtlich sein dürfte, ob es sich bei Veranstaltungen um solche für die gesamte Belegschaft oder für eine kleinere Gruppe handelt, lädt die Führungskraft den Praktikanten im konkreten Einzelfall immer noch einmal persönlich ein.

Während der Veranstaltung bringt sich der Praktikant in die Gespräche mit ein. Wenn dies nur schwer möglich sein sollte, stellt die Führungskraft den

---

[354] vgl. Gliederungspunkt 4.3.1.2.1

Praktikanten vor und initiiert auf diese Weise Gespräche mit Mitarbeitern des Unternehmens.

Aus dem Verhalten des Praktikanten lassen sich Rückschlüsse über die Sensibilität, die mündliche Ausdrucksflüssigkeit und das Selbstvertrauen gewinnen.

Die Beobachtungen werden schriftlich festgehalten.

In der folgenden Tabelle sind einige interne Veranstaltungen zusammengefasst, zu denen der Praktikant hinzugezogen werden kann.

Tab. 36:   Beispiele für betriebsinterne Veranstaltungen

1. Betriebsausflüge;
2. Betriebsfeste;
3. Sommerfeste;
4. Geburtstagsfeiern;
5. Neujahrsempfänge;

Besondere Dienste dürften die Anlässe bieten, die ein eher ungezwungenes Miteinander ermöglichen, wie z. B. Betriebsausflüge oder Betriebsfeste.

Da bei betrieblichen Veranstaltungen bestimmte Regeln und Normen zu beachten sind, ist für diese Prüfstation eine hohe Durchführungsobjektivität gegeben. Kosten entstehen für die Datenerhebung nicht, da betriebsinterne Veranstaltungen in aller Regel außerhalb der Arbeitszeit stattfinden. Für den Studenten liegt der Vorzug darin, dass er vermehrt Kontakt zur Belegschaft findet und darüber hinaus Kontakte knüpfen kann, die er während des Studiums und nach dessen Beendigung nutzen kann.

4.3.7 Initiative

Initiative ist ein weiteres Merkmal für Erfolg im Management[355]. Dies ergibt sich aus der Tatsache, dass zur Erreichung von Zielen Handlungen erforderlich sind[356].

---

[355]   vgl. Jeserich, Mitarbeiter auswählen (1986), S. 123

Wie die Initiative im Praktikum beurteilt werden kann, wird im Folgenden thematisiert.

4.3.7.1 Definition und Explikation

„Initiative ist ungezwungenes Sozialverhalten aus mangelnder Scheu"[357]. Betrachtet wird dieses Merkmal als ein Faktor der Extraversion[358]. Personen, bei denen ein hoher Ausprägungsgrad vorliegt, zeichneten sich in Untersuchungen dadurch aus, dass sie

- Vorschläge für Zusammenkünfte verschiedenster Art machten;
- aktiv Kontakt zu anderen suchten;
- schnell neue Freundschaften schlossen;
- Extraarbeiten übernahmen, die ihnen nicht ausdrücklich aufgetragen wurden und
- nichts dagegen hatten, wenn andere sie beobachteten[359].

Demgegenüber wurde ein niedriger Ausprägungsgrad beobachtet, wenn das Sozialverhalten in Richtung Passivität tendierte.

Tabelle 37 (siehe S. 165) enthält die Definition und Explikation des Merkmals.

---

[356] vgl. Malik, F., Führen (2000), S. 21
[357] Pawlik, K., Dimensionen (1976), S. 375
[358] vgl. Pawlik, K., Dimensionen (1976), S. 375 f.
[359] vgl. Guilford, J. P., Persönlichkeit (1974), S. 398

Tab. 37: Definition und Explikation der Initiative

Initiative
Definition: Initiative ist ungezwungenes Sozialverhalten aus mangelnder Scheu.   **Explikation:**   Die Initiative erfordert immer eine Aktivität. Hierbei ist zunächst einmal unerheblich, aus welchem Grund die Aktivität erfolgt. Bedeutsam ist lediglich, dass eine Handlung ausgeführt und durch diese Einfluss auf andere ausübt wird. Ein hoher Ausprägungsgrad zeigt sich darin, dass eine Person spontan und häufig die Handlungen in sozialen Situationen auslöst. Ein niedriger Ausprägungsgrad liegt demgegenüber vor, wenn sich eine Person aus sozialen Situationen zurückzieht.

Quelle: in Anlehnung an Pawlik, K., Dimensionen (1976), S. 375 f.

Die Tabelle macht deutlich, dass die nicht vorhandene Scheu im Umgang mit anderen Menschen den Kern dieser Eigenschaft bildet.

4.3.7.2 Operationalisierung

Im Folgenden werden einige Aufgaben vorgestellt, mit denen der Ausprägungsgrad der Initiative im Praktikum beurteilt werden kann.

4.3.7.2.1 Mitarbeit in einer Praktikantenprojektgruppe

Es wurde bereits darauf hingewiesen, dass für Studenten höherer Semester die Bearbeitung von Sonderaufgaben eine der besten Übungen zur Erprobung des erworbenen Wissens darstellt[360]. Befinden sich zur selben Zeit mehrere Studenten im Unternehmen, besteht die Möglichkeit, anspruchsvolle Aufgaben durch eine Praktikantenprojektgruppe bearbeiten zu lassen. Während der Projektsitzungen kann ein Eindruck von der Initiative der Gruppenmitglieder gewonnen werden.

Bei der Suche nach geeigneten Aufgabenstellungen empfiehlt es sich, dass der für Praktika beauftragte Mitarbeiter der Personalabteilung in den Fachabteilungen des Unternehmens bereits frühzeitig nach interessanten Themenstellungen Ausschau hält. Schlägt ein Fachbereich eine Sonderaufgabe zur

---

[360] vgl. Gliederungspunkt 4.3.3.2.1

Bearbeitung vor, muss dieser eine Führungskraft als Projektverantwortlichen für die fachliche Betreuung des Vorhabens benennen. Die zur Projektgruppe gehörenden Praktikanten organisieren sich nach Rücksprache mit dem Projektverantwortlichen selbst. Konkret heißt dies, dass die Führungskraft bei den Projektsitzungen anwesend ist, um auf den Verlauf des Projektes Einfluss nehmen zu können. In die Gruppenarbeit schaltet sie sich jedoch nicht ein.

Während der Gruppensitzungen lassen sich Eindrücke über die Initiative, die mündliche Ausdrucksflüssigkeit, das schlussfolgernde Denken und die Sensibilität der Praktikanten gewinnen.

Die Einschätzungen werden festgehalten und fließen in die Assessorenkonferenz ein.

Die folgende Tabelle enthält Aufgaben, die sich in der Projektgruppe bearbeiten lassen.

Tab. 38: Beispiele für Aufgaben einer Praktikantenprojektgruppe

1. Organisation von Veranstaltungen;
2. Suche nach Lösungen in organisatorischen Gestaltungsprozessen;
3. Durchführung von Befragungen.

Aufgrund der realen Projektbedingungen ist davon auszugehen, dass sich eine außerordentlich hohe Validität bei der Messung der Initiative zeigt. Finden sich für die einzelnen Praktika Sonderaufgaben desselben Schwierigkeitsgrades, die sich durch Gruppen der gleichen Größe bearbeiten lassen, ist auch die Forderung nach der Durchführungsobjektivität realisiert. Kosten entstehen keine, da diese von den durch die Studierenden erbrachten Leistungen bei weitem kompensiert werden. Für Studenten höherer Semester ergeben sich interessante Einblicke in drängende Aufgabenstellungen und deren Lösung in der Gruppe.

4.3.7.2.2 Teilnahme an der betrieblichen Weiterbildung

Vor dem Hintergrund des bestehenden Fachkräftemangels[361], kommt der Fortbildung der Belegschaft eine immer größere Bedeutung zu. Ermöglicht man Praktikanten die Teilnahme an ausgewählten Schulungen, lassen sich weitere Eindrücke von deren Initiative gewinnen.

Damit die Teilnahme an betrieblicher Fortbildung zur persönlichen Entwicklung des Praktikanten beitragen kann, müssen mit dem verantwortlichen Personalentwickler folgende Fragen geklärt werden:

1. Welche Fortbildungsinhalte stellen eine sinnvolle Ergänzung des Praktikums dar?
2. Zu welchen Seminaren oder Lehrgängen lassen sich Praktikanten als Teilnehmer hinzunehmen?
3. Welche Seminare oder Lehrgänge verwenden Methoden, die eine aussagekräftige Verhaltensbeobachtung zulassen?

Zur Vorbereitung der dritten Frage, sind in Tabelle 39 (siehe S. 168) die gängigen Methoden der betrieblichen Weiterbildung dargestellt.

Insbesondere bei Fortbildungen mit prozessorientierten bzw. vermischten Methoden lassen sich Einschätzungen der Initiative, der mündlichen Ausdrucksflüssigkeit und des Selbstvertrauens des Studenten gewinnen.

Die Beobachtungen fließen in die Potentialbeurteilung ein.

Nehmen Praktikanten an denselben Schulungen teil, ist eine hohe Durchführungsobjektivität dieser Prüfstation gewährleistet. Kosten entstehen nicht, da die zusätzliche Teilnahme eines Praktikanten in den meisten Fällen problemlos möglich sein dürfte. Die Studenten erwerben Fertigkeiten und Einsichten, die für das Studium und den späteren Beruf nützlich sind.

---

[361] vgl. Deutscher Industrie- und Handelskammertag, Fachkräftemangel (2007), S. 6 ff.

Tab. 39: Methoden der betrieblichen Weiterbildung

1. Inhaltsbezogene Methoden
• Selbstinstruktion;
• Vortrag;
• Audiovisuelle Methoden;
• Programmierte Unterweisung;
• Computerunterstützte Unterweisung.
2. Prozessorientierte Methoden
• Rollenspiel;
• Trainingsgruppe;
• Sensitivity-Training;
• Teamentwicklung.
3. Vermischte Methoden
• Gruppenarbeit;
• Themenzentrierte Interaktion;
• Fallstudie;
• Simulation;
• Unternehmensplanspiel.

Quelle: Rüttinger, B., Klein-Moddenborg, V., Weiterbildung (1989), S. 704 ff.

4.3.8 Selbstvertrauen

Eine weitere Eigenschaft, der man im Management eine große Bedeutung beimisst, ist das Selbstvertrauen[362]. Bedeutung erlangt dieses Merkmal dadurch, dass Selbstsicherheit notwendig ist, um Handlungen in sozialen Situationen kompetent ausführen zu können[363]. Strittig ist allerdings, ob Selbstvertrauen eine Voraussetzung für die Übernahme einer Führungsposition darstellt, oder ob Selbstvertrauen erst durch die Übernahme einer Führungsposition entsteht[364]. Mehrheitlich wird dies heute jedoch in einem wechselseitigem Zusammenhang gesehen[365].

---

[362] vgl. Malik, F., Führen (2000), S. 155 ff.
[363] vgl. Petermann, U., Selbstsicherheit (1993), S. 628
[364] vgl. Scheller, R., Filipp, S. H., Selbstkonzept (1995), S. 291 ff.
[365] vgl. Scheller, R., Filipp, S. H., Selbstkonzept (1995), S. 293 f.

Überlegungen zur Erfassung der Selbstsicherheit werden im Folgenden vorgestellt.

4.3.8.1 Definition und Explikation

„Selbstvertrauen ist das Gefühl, den Anforderungen seiner Umwelt gewachsen zu sein"[366]. Wie die Initiative gehört auch das Selbstvertrauen zum Temperamentsbereich des Menschen, der zeigt, „wie" jemand etwas vollbringt[367]. In Untersuchungen zeigte sich bei selbstsicheren Person

- das Gefühl, den Dingen gewachsen zu sein;
- ein Gefühl, von anderen akzeptiert zu werden;
- der Glaube an sich selbst und
- ein gewisses selbstsicheres Benehmen, das Verlegen werden ausschließt[368].

Ein niedriger Ausprägungsgrad des Merkmals zeigte sich z. B. in Insuffizienzgefühlen, Perfektionismus oder Schuldgefühlen[369].

In Tabelle 40 (siehe S. 170) sind Definition und Explikation dargestellt.

Wie die Tabelle verdeutlicht, ist das Gefühl, den Anforderungen gewachsen zu sein, der Kern dieses Wesenszuges.

---

[366] Guilford, J. P. Persönlichkeit (1974), S. 400
[367] vgl. Guilford, J. P. Persönlichkeit (1974), S. 398 ff.
[368] vgl. Guilford, J. P. Persönlichkeit (1974), S. 400
[369] vgl. Guilford, J. P. Persönlichkeit (1974), S. 400

Tab. 40:   Definition und Explikation des Selbstvertrauens

Selbstvertrauen
Definition:
Selbstvertrauen ist das Gefühl, den Anforderungen seiner Umwelt gewachsen zu sein.
Explikation:
Bei der Einschätzung des Selbstvertrauens muss man sich vor Augen halten, dass dieses Gefühl alle Lebenslagen überstrahlt. Die selbstsichere Person geht grundsätzlich davon aus, dass sie die in sie gesetzten Erwartungen erfüllen kann. Sie hat das Gefühl, selbst anspruchsvollste Aufgaben meistern zu können. Deshalb erweckt sie auch den Eindruck, mit anderen Personen mindestens auf derselben Ebene zu stehen. Der entgegengesetzte Pol dieses Wesenszuges ist das Minderwertigkeitsgefühl. Diese Person hat Insuffizienz- und Schuldgefühle. Sie zieht sich aus ihrer Umwelt zurück, da sie das Gefühl hat, den Dingen nicht gewachsen zu sein.

Quelle: in Anlehnung an Guilford, J. P., Persönlichkeit (1974), S. 400 f.

4.3.8.2   Operationalisierung

Zur Beurteilung des Merkmals, kann im Praktikum auf die nachfolgend beschriebenen Aufgaben zugegriffen werden.

4.3.8.2.1   Teilnahme an ehrenamtlichen Veranstaltungen

Das ehrenamtliche Engagement stellt eine tragende Säule unseres Wirtschafts- und Gesellschaftssystems dar. Viele Organisationen wie die Industrie- und Handelskammern sind bei der Erfüllung ihrer hoheitlichen Aufgabe auf die ehrenamtliche Unterstützung von Mitarbeiterinnen und Mitarbeitern aus angeschlossenen Unternehmen angewiesen[370]. Die Mitnahme des Praktikanten zu ausgewählten Veranstaltungen kann interessante Eindrücke über dessen Selbstvertrauen erbringen.

In diesem Fall ist zu empfehlen, dem Praktikanten in einem Vorgespräch die Historie und Aufgabe der Organisation und die Bedeutung des ehrenamtlichen Engagements zu erläutern.

---

[370]   z. B. für die Abnahme der Abschlussprüfungen in den anerkannten Ausbildungsberufen. Vgl. Berufsbildungsgesetz vom 23.05.2005 (BGBl. I S. 931), § 40

Zum Termin sollte man mit dem Praktikanten gemeinsam fahren, da bereits während der Anreise interessante Gespräche geführt und Verhaltensweisen beobachtet werden können.

Vor der Veranstaltung stellt man den Praktikanten den bekannten Teilnehmern vor und bezieht ihn in die Gespräche mit ein.

Durch die Beobachtung des Verhaltens während der Veranstaltung gewinnt man Eindrücke von dem Selbstvertrauen, der mündlichen Ausdrucksflüssigkeit und der Sensibilität des Praktikanten.

In der folgenden Tabelle sind einige Veranstaltungen dargestellt, die die Teilnahme des Praktikanten ermöglichen.

Tab. 41: Beispiele für ehrenamtliche Veranstaltungen

1. Ausbilderarbeitskreise;
2. Prüfungsausschusssitzungen;
3. Fachausschusssitzungen;
4. Beiratssitzungen.

Die gewonnenen Eindrücke werden im Nachhinein schriftlich festgehalten und der Assessorenkonferenz zugänglich gemacht.

Da diese Veranstaltungen mit einem festen Teilnehmerkreis und nach standardisierten Protokollarien durchgeführt werden, ist die Durchführungsobjektivität als hoch zu bezeichnen. Die Kosten sind zu vernachlässigen, da ehrenamtliche Veranstaltungen in vielen Fällen außerhalb der Arbeitszeit stattfinden. Für die verantwortliche Führungskraft ergibt sich der Vorteil, dass die Verhaltensbeobachtung quasi nebenher erfolgen kann. Der Praktikant gewinnt Einblicke in Kreise und Institutionen, die nicht für jeden zugänglich sind.

4.3.8.2.2 Teilnahme an außerberuflichen Veranstaltungen

Die Pflege eines beruflichen Netzwerkes zählt zu den Aufgaben, die für das berufliche Vorankommen als wichtig erachtet werden[371]. Die Hinzunahme des

---

[371] vgl. Begemann, P., Business-Knigge (2003), S. 124 ff.

Praktikanten zu außerberuflichen Treffen kann dem Vorgesetzten weitere Eindrücke zum Selbstvertrauen des Praktikanten vermitteln.

Auch in diesem Fall empfiehlt es sich, dass der Praktikant vor dem Termin über Teilnehmer und Hintergründe des Treffens informiert wird. Die Fahrt zur Veranstaltung sollte wiederum gemeinsam erfolgen, da sich Gesprächsgelegenheiten bieten werden, die Meinungen und Einstellungen des Praktikanten offenlegen. Zu Beginn des Treffens stellt man den Teilnehmern den Praktikanten vor und bindet diesen in die Gespräche mit ein.

Während der Gespräche lassen sich Verhaltensweisen beobachten, die Aufschluss über das Selbstvertrauen, die mündliche Ausdrucksflüssigkeit und die Sensibilität des Praktikanten geben.

Die folgende Tabelle enthält Interessenvertretungen, die Veranstaltungen dieser Art planen und durchführen.

Tab. 42: Beispiele für Organisationen mit außerberuflichen Veranstaltungen

1. Wirtschaftsjunioren;
2. Handwerksjunioren;
3. Arbeitsgemeinschaft Selbständiger Unternehmer;
4. Arbeitskreis Unternehmerfrauen im Handwerk;
5. Rotary;
6. Lions.

Die wichtigsten Eindrücke sind festzuhalten und in die Assessorenkonferenz einzubringen.

Da diese Veranstaltungen regelmäßig stattfinden, kann eine gewisse Gleichförmigkeit und folglich eine akzeptable Durchführungsobjektivität unterstellt werden. Die Aufgabe verursacht keinerlei Kosten und bietet ausgewählten Praktikanten interessante Einblicke in Netzwerke von Führungskräften.

4.3.9 Risikobereitschaft

Auch die Risikobereitschaft stellt eine Eigenschaft dar, die für die Übernahme von Führungspositionen wichtig ist. Bereits vor Jahren konstatierte Guilford[372], dass die Neigung zu „gefahrvollen Unternehmungen" vermutlich einer der wichtigsten Persönlichkeitszüge ist, der einen Geschäftsführer auszeichnet, da er sich von seinen Untergebenen u. a. dadurch unterscheidet, dass er es ist, der die Entscheidungen zu fällen hat, mit denen das Geschäftsrisiko verbunden ist. Im Assessment Center stellt die Risikobereitschaft ein viel verwendetes Persönlichkeitsmerkmal dar[373].

Wie dieses Merkmal im Praktikum erfasst werden kann, soll abschließend thematisiert werden.

4.3.9.1 Definition und Explikation

Risikobereitschaft ist die Neigung, gefahrvolle Wege zu gehen. Zugeordnet werden kann dieses Merkmal den Motivationsfaktoren, die zeigen, was jemand tut. Risikobereitschaft ist ein Pol eines zweidimensionalen Merkmals. Folgende Indikatoren sind für das Merkmal charakteristisch[374]:

- Liebe zum Forschen;
- Vorliebe für persönliche Gefahren;
- Vorlieben für Reisen und
- Abneigung gegen jede Form von Eintönigkeit.

Demgegenüber ist bei dem anderen Extrem ein starkes Sicherheitsstreben zu beobachten.

---

[372] vgl. Guilford, J. P., Persönlichkeit (1974), S. 441
[373] vgl. Thornton III, G. C., Byham, W. C., Assessment Centers (1982), S. 139
[374] vgl. Guilford, J. P., Persönlichkeit (1974), S. 440

In Tabelle 43 sind Definition und Explikation dargestellt.

Tab. 43: Definition und Explikation der Risikobereitschaft

Risikobereitschaft
Definition:
Risikobereitschaft ist die Befriedigung, die aus risikoreichen Unternehmen resultiert.
Explikation:
Die risikofreudige Person schöpft Erfüllung aus gefahrvollen Handlungen. In der Gleichförmigkeit des Alltags stört sie nicht der Mangel an Abwechslung, sondern die nicht gegebene Chance des Gefahrenerlebens. Ihr liegt nicht an der Vermeidung persönlicher Risiken, sondern sie nimmt diese in Kauf. Sie sucht förmlich nach Gelegenheiten, bei denen ein „prickelndes" Gefahrengefühl erlebt werden kann.

Quelle: in Anlehnung an Guilford, J. P., Persönlichkeit (1974), S. 440 f.

Wie die Tabelle verdeutlicht, ist das Bedürfnis nach risikoreichen Unternehmungen das charakterisierende Element der Risikobereitschaft.

4.3.9.2 Operationalisierung

Zum Abschluss sollen Aufgaben dargestellt werden, mit denen sich die Risikobereitschaft im Praktikum einschätzen lässt.

4.3.9.2.1 Bewertung von Entscheidungsvorlagen

Ein Charakteristikum der Führungskraft ist das Treffen von Entscheidungen. Zieht man den Praktikanten in das Fällen von Entscheidungen mit ein, hat man Aufgaben zur Beurteilung der Risikobereitschaft.

Die Führungskraft sollte immer dann, wenn sie vor der Wahl zwischen einfachen Alternativen steht, auch die Möglichkeit prüfen, ob der Praktikant in das Fällen der Entscheidung mit einbezogen werden kann. Ist dies der Fall, kann man den Praktikanten kurz zu sich bittet und mit ihm das Entscheidungsproblem besprechen und die Konsequenzen der Handlungsmöglichkeiten diskutieren. Hiernach fragt man den Praktikanten, für welche Handlungsmöglichkeit er sich entscheiden würde.

Folgende einfache Entscheidungen können mit Praktikanten erörtert werden:

- Die Vorauswahl von Bewerbern;
- Die Kernaussagen für Statements;
- Die Abläufe für Veranstaltungen.

Über die Entscheidungsempfehlung des Praktikanten lässt sich ein Eindruck von dessen Risikobereitschaft gewinnen.

Das Ergebnis ist festzuhalten und fließt in die Assessorenkonferenz ein.

Da einfache Entscheidungssituationen den gleichen Komplexitätsgrad aufweisen, ist die Durchführungsobjektivität der Aufgabe ausreichend realisiert. Die Hinzunahme des Praktikanten kann im Einzelfall relativ spontan und für nur kurze Dauer erfolgen, so dass der zeitliche Aufwand zu vernachlässigen ist. Für den Praktikanten ergeben sich interessante Einblicke in Entscheidungssituationen auf Führungsebene.

4.3.9.2.2 Besprechung der Praktikumserfahrungen und der Berufspläne

Ist das Praktikum schließlich abgeschlossen, bietet es sich an, dass die verantwortliche Führungskraft mit dem Praktikanten ein Abschlussgespräch führt. Bei diesem Gespräch kann man die im Praktikum gewonnenen Erfahrungen Revue passieren lassen und nach den beruflichen Plänen des Studenten fragen. Ein in dieser Form geführtes Abschlussgespräch kann auch ganz gezielt zur Beurteilung der Risikobereitschaft des Praktikanten herangezogen werden.

Wie alle diagnostischen Gespräche sollte auch dieses Abschlussgespräch nach einem strukturierten Plan erfolgen.

In Tabelle 44 wurde ein solcher erarbeitet.

Tab. 44: Leitfaden zur Besprechung der Praktikumserfahrungen und der Berufspläne

TOP 1: Begrüßung des Studenten
TOP 2: Darstellung des Praktikumsverlaufs und der gewonnenen Erfahrungen
TOP 3: Fragen nach den beruflichen Plänen
TOP 4: Dank für die geleistete Arbeit

Nach einer kurzen Einführung sollte man sich nach den fachlichen und persönlichen Erfahrungen erkundigen und dann zu den Berufsplänen des Praktikanten überleiten. Durch Fragen wie den folgenden kann der Risikobereitschaft des Praktikanten nachgegangen werden:

1. „Liegen Ihre Vorlieben tendenziell mehr in einer selbständigen oder einer angestellten Beschäftigung?"
2. „Würden Sie die Gelegenheit zu einem längeren beruflichen Auslandsaufenthalt wahrnehmen"?
3. „Reizen Sie die größeren Entscheidungsspielräume in einem kleinen oder mittelgroßem Unternehmen?"
4. „Streben Sie eine Führungsposition an?"
5. „Reizt es Sie in einem Unternehmen gestalterisch tätig zu werden?"

Die Eindrücke aus dem Gespräch sind wiederum festzuhalten und in die Assessorenkonferenz einzubringen.

Da diese Abschlussbesprechung standardisiert vorgenommen werden kann, ist die Durchführungsobjektivität in ausreichendem Maße realisiert. Legt man das Gespräch auf einen passenden Termin, ist der zeitliche Aufwand minimal. Der Praktikant kann sich für das absolvierte Praktikum bedanken und im Idealfall Kontakte knüpfen, die für den späteren Berufsweg nützlich sind.

4.4 Auswahl der Assessoren für die Verhaltensbeobachtung im Praktikum

Nachdem für das Praktikum standardisierte Aufgabenstellungen erarbeitet und in den Ausbildungsplan eingebaut wurden, schließt sich als nächstes die

Auswahl einer genügend großen Zahl an Führungskräften an, die sich in die Praktikantenausbildung und -beobachtung mit einbringen.

Folgende Vorgehensweise ist empfehlenswert:

1. Zuerst muss eine genügend große Zahl an Teamleitern ausgewählt werden, da diese als unmittelbare Vorgesetzte der Praktikanten intensiv mit diesen zusammenarbeiten und somit über die besten Beobachtungsmöglichkeiten verfügen. Durch die Ansprache der Abteilungsleiter lassen sich die Teamleiter herausfinden, die das Potential für weitergehende Führungsaufgaben haben und solche auch anstreben. Im persönlichen Gespräch lassen sich dann die Ausprägungsgrade einzelner Eigenschaften erfragen[375] bzw. einschätzen.

2. Da im Assessment Center der Grundsatz realisiert wird, dass Beobachter eine Position innehaben, die ein bis drei Ebenen über der Zielposition angesiedelt ist, sollten auch Abteilungsleiter für das Vorhaben gewonnen werden. Um das Vorgehen zu erleichtern, kann man sich anfänglich auf die Personen stützen, die bereits in frühen Phasen eine Zusage zur Potentialbeurteilung im Praktikum gegeben haben.

3. Sollte der Beobachterpool noch nicht groß genug sein, lässt sich durch die Auswertung schriftlicher Unterlagen der Kreis der in Frage kommenden Personen erweitern. Wichtige Informationen kann die Auswertung von Leistungsbeurteilungen oder Zielvereinbarungsgesprächen[376] liefern.

4. Des Weiteren sollten Mitarbeiter der Personalabteilung auf ihre Unterstützung hin angesprochen werden. Da diese häufig über eine psychologische Ausbildung verfügen, dürften sie am ehesten in der Lage sein, die

---

[375] z. B. sollte erfragt werden, an welchen Schulungen die Teamleiter teilnahmen, da angenommen werden kann, dass geschulte Führungskräfte höhere Ausprägungsgrade in den erfolgsrelevanten Merkmalen aufweisen. Vgl. Moses, J. L., Assessment Center (1977), S. 7

[376] vgl. Moses, J. L., Assessment Center (1977), S. 7 f.

Beurteilung analytisch und weniger durch normative Erwartungsbildung durchzuführen[377].

5. Ebenso sollte der Praktikumsbeauftragte einbezogen werden, da diesem durch die Erstkontakte zu den Praktikanten bereits Informationen vorliegen, die durch die Beobachtung in weiteren Situationen abgesichert werden können.

Insgesamt gilt der Grundsatz, ein breites Spektrum von Führungs- und Fachkräften in die Beurteilung mit einzubeziehen, da empirisch belegt ist, dass die Kriteriumsvalidiät hierdurch verbessern werden kann[378].

Bei kleinen und mittelgroßen Unternehmen wird sich die Auswahl geeigneter Personen einfacher gestalten, da die Praktikantenausbildung dort in der Regel vom Geschäftsführer und dem engeren Führungskreis selbst vorgenommen wird[379]. Aber auch hier sollte versucht werden, weitere Personengruppen in die Beobachtung mit einzubinden, damit sich die Möglichkeiten des Verfahrens ausschöpfen lassen.

Ist eine ausreichende Zahl an Personen gefunden, kann zu deren Schulung übergegangen werden.

4.5 Einweisung und Schulung der Assessoren in die Verhaltensbeobachtung im Praktikum

Mit der Einweisung und Schulung der Assessoren sollten drei Ziele verfolgt werden:

1. Das Verstehen der im Praktikum untersuchten Persönlichkeitseigenschaften.

---

[377] vgl. Thornton III, G. C., Gaugler, B. B., Rosenthal, D. B., Bentson, C., Validität (1987), S. 36 ff.
[378] vgl. Thornton III, G. C., Gaugler, B. B., Rosenthal, D. B., Bentson, C., Validität (1987), S. 36 ff.
[379] vgl. Arnold, W., Pflichtpraktikum (1991), S. 61

2. Das Erkennen von Beurteilungsfehlern und die Erarbeitung einheitlicher Bewertungsstandards.
3. Die Überzeugung, dass durch ein anspruchsvolles und standardisiertes Praktikum die erfolgsrelevanten Eigenschaften zu erfassen sind.

Erfahrungsgemäß kann ein solcher Workshop mit maximal 15 Personen durchgeführt werden. Für die Planung einer eintägigen Veranstaltung empfehlen sich sieben Tagesordnungspunkte, die in Tabelle 45 zusammengefasst sind:

Tab. 45.: Tagesordnung für die Einweisung und Schulung der Assessoren in die Verhaltensbeobachtung im Praktikum

TOP	Tagesordnungspunkt	Technik	Dauer (Minuten)
1	Erwartungsanalyse	Zurufabfrage	30
2 a)	Sammeln von Verhaltensweisen zur Erfassung der im Praktikum untersuchten Persönlichkeitseigenschaften	Kartenabfrage/ Metaplan	30
2 b)	Diskussion der Verhaltensweisen und Änderung ihrer Zuordnung zu einzelnen Merkmalen	Diskussion	120
3	Übung 1: Verhaltensbeschreibung des Gegenübers	Paarübung	30
4	Übung 2: Beurteilung der Persönlichkeitseigenschaften einer Person anhand einer schriftlichen Verhaltensbeschreibung; Präsentation der Ergebnisse in der Gruppe	Einzelübung	30
5	Übung 3: Beurteilung der Persönlichkeitseigenschaften eines „Praktikanten" anhand einer simulierten Praktikumsaufgabe (z. B. Vorstellung der Praktikumserwartungen); Diskussion der Ergebnisse in der Gruppe	Gruppenübung	60
6	Übung 4: Beurteilung der Persönlichkeitseigenschaften eines „Praktikanten" anhand einer simulierten Praktikumsaufgabe (z. B. Besprechung von Arbeitsergebnissen); Diskussion der Ergebnisse in der Gruppe	Gruppenübung	60
7	Zuordnung von Praktikumsaufgaben zu erfolgsrelevanten Persönlichkeitseigenschaften; Diskussion der Ergebnisse in der Gruppe	Kartenabfrage/ Metaplan	60

Nach der Erwartungsanalyse (TOP 1) geht es im Wesentlichen um das Verständnis der im Praktikum untersuchten Persönlichkeitseigenschaften (TOP 2). Durch das Sammeln von Verhaltensweisen sollen die Merkmale konkretisiert werden. Da die Teilnehmer erfahrungsgemäß unterschiedliche Vorstellungen darüber haben, welches Verhalten zur Beschreibung einzelner Eigenschaften herangezogen werden kann, empfiehlt es sich, die Zuordnung der benannten Verhaltensbeispiele solange zu verändern, bis eine Verankerung der Merkmale mit Verhaltensbeispielen erreicht wird, die von allen Teilnehmern getragen wird[380].

Hiernach geht es um die Sensibilisierung für die Trennung von Beobachtung und Beurteilung. Sind hierfür die Grundlagen durch eine Übung gelegt (TOP 3), kann mit einer weiteren Übung das Erkannte gefestigt werden (TOP 4).

Im Mittelpunkt steht dann das Beobachten und Beurteilen anhand simulierter Praktikumsaufgaben (TOP 5 und 6).

Der abschließende Teil der Schulung nimmt sich der Zuordnung der im Praktikum großen Fülle an möglichen Aufgabenstellungen zu dem vorgegebenen Persönlichkeitsprofil an (TOP 7). Die Teilnehmer sollen aus ihren Arbeitsbereichen standardisierte Aufgaben benennen, die den Praktikanten übertragen werden können. Diese „Prüfstationen" sind auf Karten zu schreiben und den auf einer Meta-Planwand benannten Merkmalen zuzuordnen. In der Gruppe wird die Zuordnung diskutiert und um weitere Beispiele ergänzt.

Sind die Teilnehmer mit der im Praktikum auf sie zukommenden Aufgabe vertraut, sind Überlegungen zur Vorauswahl der Praktikanten erforderlich.

---

[380] dieser Teil der Schulung kann im Falle heftiger Diskussionen auch länger als die veranschlagte Dauer von zwei Stunden dauern. In diesem Falle sollte die Diskussion nicht abgebrochen werden, sondern aufgrund der Bedeutung einer einheitlich getragenen Verankerung der Merkmale zu Ende geführt werden. Es empfiehlt sich in diesem Fall auf eine der Übungen Nr. 3 oder 4 zu verzichten, die inhaltlich ähnlich sind

4.6 Vorauswahl der Praktikanten

Da nicht alle Studenten ein um „Prüfstationen" erweitertes Praktikum durchlaufen sollen, stellt sich die Frage, wie aus dem Kreis der Bewerber die „highpotentials" herausgefiltert werden können.

Hier empfehlen sich folgende Vorgehensweisen:

1. Eine günstige Variante besteht darin, dass man sich mit den Praktikanten- bzw. Career-Services der Hochschulen in Verbindung setzt und zu den regulären Praktikumsterminen Vorschläge über interessierte und qualifizierte Praktikanten einholt. Aufgrund der vielfältigen Kontakte, die sich zwischen den Mitarbeitern dieser Einrichtungen und den Studierenden während des Jahres ergeben, ist davon auszugehen, dass man dort einen guten Überblick über die leistungsfähigen Studenten eines Jahrgangs besitzt. Um die Auswahl einzuengen, kann den Serviceeinrichtungen eine Aufzählung geforderter Kriterien übergeben werden mit der Bitte, den eingereichten Unterlagen eine Einschätzung beizulegen.

2. Eine andere Möglichkeit besteht in der Zusammenarbeit mit ausgewählten Lehrstühlen. Seit langem ist bekannt, dass sich diese in die Vermittlung ihrer Studenten mit einbringen. Durch die Betreuung von Seminar-, Haus- und Abschlussarbeiten bzw. Exkursionen ergeben sich intensive persönliche Kontakte zwischen Studenten, wissenschaftlichen Mitarbeitern und Professoren. Um der Gefahr von „Gefälligkeitsempfehlungen" vorzubeugen, sollte auch den Lehrstühlen eine Liste der geforderten Kriterien zugänglich gemacht werden mit der Bitte, ein Empfehlungsschreiben den Bewerbungsunterlagen des Studenten beizulegen.

3. Des Weiteren bietet sich der Besuch von Hochschulmessen an. Diese werden regelmäßig von studentischen Organisationen an Hochschulen durchgeführt. Durch eine ansprechende Präsentation kann auf das eigene Unternehmen aufmerksam gemacht werden. Hat man zudem interessante Projekte zu bieten, ist zu erwarten, dass sich leistungsorientierte Studenten angesprochen fühlen. Durch ein Gespräch lässt sich abklären, ob Inhalt und Ablauf der Praktika mit den Vorstellungen der Studenten in Einklang zu bringen sind.

4. Die Auswertung eingereichter Bewerbungsunterlagen ist eine weitere Möglichkeit der Vorauswahl von Praktikanten. Viele Unternehmen sind als regionaler oder überregionaler Arbeitgeber bekannt und erhalten Initiativbewerbungen auch für die von ihnen angebotenen Praktikantenplätze. Um dies ggf. noch zu forcieren, können Aushänge an Hochschulen oder Anzeigen in studentischen Publikationen geschaltet werden. Geeignet ist die Auswertung der Bewerbungsunterlagen allerdings nur bei der Frage, ob die formalen Kriterien für die Vergabe eines Praktikantenplatzes erfüllt sind[381]. Lässt sich dies anhand der eingereichten Unterlagen nicht eindeutig ersehen, kann dies durch ein kurzes Telefoninterview hinterfragt werden.

5. Schließlich kann die in den vergangenen Jahren immer mehr in Mode gekommene Bewerbung über das Internet genutzt werden[382]. In die Homepage des Unternehmens lässt sich ein Fragebogen einbauen, mit dem biografische Daten und situatives Verhalten erfragt werden. Durch eine elektronische Auswertung[383] können die für das Praktikum in Frage kommenden Studenten kostengünstig identifiziert werden.

Wichtig ist an dieser Stelle noch die Beantwortung der Frage, ob mit Studierenden im Anschluss an eine der oben genannten Vorgehensweisen noch ein Interview geführt werden sollte. Diese Frage ist zu verneinen.

Das Interview wird als Auswahlverfahren zwar häufig verwendet, in seiner Prognosevalidität liegt es aber weit hinter den Erwartungen zurück. Speziell bei der Vorauswahl von Praktikanten, bei der die üblicherweise im Interview stattfindende Prüfung der fachlichen und beruflichen Erfahrungen eine untergeordnete Rolle spielt, sollte auf das Vorstellungsgespräch gänzlich verzichtet werden, da die erforderliche Mindestprüfung der formalen Kriterien mit den oben beschriebenen Techniken weitaus günstiger vorgenommen werden kann. Ein Interview sollte vielmehr zum Beginn des Praktikums durch die Per-

---

[381] vgl. Obermann, C., Assessment Center (2006), S. 208
[382] vgl. Jung, H., Personalwirtschaft (2008), S. 148 f.
[383] vgl. Lohff, A., Preuß, A., Vorauswahl (2007), S. 117 ff.

sonalabteilung vorgenommen werden, um die mit ihm gut zu hinterfragende Leistungsmotivation der Praktikanten zu überprüfen.

Sind die Vorarbeiten abgeschlossen, können die Praktika absolviert werden.

4.7 Durchführung des Praktikums

Die Durchführung des Praktikums sollte sich grundsätzlich an einem Ausbildungsplan orientieren, in dem die ausgewählten „Prüfstationen" eingebaut sind.

Damit die Studenten ihre Vorstellungen in das Praktikum einbringen können, sollte zum Praktikumsbeginn ein Gespräch geführt werden, in dem auf die Ausgestaltung des Praktikums noch Einfluss genommen werden kann[384].

Die Ausbildung wird dann in Form einer gelenkten Erfahrungsvermittlung vorgenommen, bei der die vereinbarten Inhalte durch die Übertragung betrieblicher Aufgaben und das persönliche Gespräch vermittelt werden[385]. Darüber hinaus können die Studenten zu Sonderaufgaben, Assistententätigkeiten und zu Urlaubs- und Krankheitsvertretung herangezogen werden. Nach der Beobachtung des Arbeitsverhaltens ist dieses von der Führungskraft jeweils schriftlich festzuhalten und mit Kommentierungen zu versehen[386].

Das Beispiel einer Niederschrift ist in Abbildung 23 dargestellt.

---

[384] vgl. Gliederungspunkt 4.3.1.2.1
[385] vgl. Gliederungspunkt 2.3.1.3
[386] vgl. Thornton III, G. C., Assessment Center (1992), S. 101

Abb. 23: Beispiel einer Verhaltensniederschrift

Anlass: *Arbeitsgespräch*
Praktikant: *Maximilian Mustermann*
Dauer: *25 Minuten* **Ort**: *Raum 120* Datum*: 25.07.2009*

+SI   *Er hat sich über den Besuch sichtlich gefreut; hat von sich aus mit dem Bericht des Standes seiner Arbeiten begonnen und unaufgefordert Unterlagen präsentiert, die den Fortgang seiner Arbeiten dokumentieren.*

+OR   *Er hat einen Lösungsweg aufgezeigt, den ich sehr beachtlich fand. Dieser basiert auf der Annahme, dass wir in den kommenden Jahren einen herben Einbruch in den Verkaufszahlen hinnehmen müssen. Dies hätte zur Konsequenz, dass wir bislang getätigte Investitionen überdimensioniert hätten. Seine Darstellungen waren flüssig und äußerst präzise.*

+SI   *Als eine Kollegin kam um ihn zum Mittagessen abzuholen, hat er geschickt reagiert: Er hat die Kollegin gebeten Platz zu nehmen und sie in das Gespräch einbezogen. Da es sich nicht um vertrauliche Themen handelte, hörte sie interessiert zu.*

+IN   *Auf meine Frage nach den verwendeten Informationen führte er aus, dass er sich diese von den Fachabteilungen besorgt habe. Er habe Gespräche mit anderen Kollegen geführt und diese über das Vorhaben unterrichtet. Leider waren nicht alle erfreut, dass das Vorhaben nun angegangen wird und wir Einschnitte auf uns nehmen müssen.*

+SI   *Ein eingehendes Telefonat nimmt er nicht ab, sondern sagt zu mir, dass er über die am Display angezeigte Nummer den Namen des Anrufers erkenne und diesen im Anschluss an das Gespräch sofort zurückrufen werden (es handelte sich nicht um ein Privatgespräch).*

+IN   *Er versuchte immer wieder, mich zur Unterstützung seiner Ideen zu bewegen und ihm „grünes Licht" für das Vorhaben zu geben. Er war sehr hartnäckig und in gewisser Weise auch ungehalten, als ich ihm sagte, dass wir alle möglichen Alternativen erst einmal auf ihre Realisierungschancen prüfen müssten.*

+MA   *Auf meine Frage, nach der empfehlenswerten weiteren Vorgehensweise gibt er über gut fünf Minuten eine druckreife Darstellung seiner Überlegungen ab. Er verwendet wenige Fremdwörter und ist imstande kurze Sätze zu bilden. Er verliert nicht den roten Faden. Pausen sind an den richtigen Stellen.*

+SI   *Er bedankt sich für die zugesagten Hilfestellungen.*

Bei dem in Abbildung 23 dargestellten Beispiel handelt es sich um ein 25-minütiges Arbeitsgespräch, das der Ausbilder am 25.07.2009 im Raum 120 (dem Arbeitszimmer des Praktikanten) führte. Aus der Niederschrift geht hervor, dass der Praktikant von sich aus über den Stand seiner Arbeiten berichtete und einen Lösungsweg präsentierte, den der Ausbilder sehr interessant fand (OR Originalität = hoch). Die erforderlichen Informationen holte sich der Praktikant von Mitarbeitern aus der Abteilung, die er mehrmals um Rat bat (IN Initiative = hoch). Als ein Anruf einging, nahm er nicht ab, sondern sagte, dass er den Anrufer am Display erkenne und nach dem Gespräch sofort zurückrufen werde (SI Sensibilität = hoch). Auf die Frage nach der weiteren Vorgehensweise gibt er klare und verständliche Ausführungen über mehrere Minuten hinweg (MA Mündliche Ausdrucksflüssigkeit = hoch).

Die erstellten Verhaltensniederschriften sind von den Ausbildern aufzubewahren und vor der Assessorenkonferenz auszuwerten.

4.8 Auswertung der Verhaltensbeobachtungen

Wurde die Verhaltensbeobachtung ernsthaft betrieben, liegt nach einem mehrwöchigen Praktikum eine beachtliche Zahl an Niederschriften vor. Damit diese Informationen in die Assessorenkonferenz gezielt einfließen können, bedarf es der Auswertung und Zusammenfassung der wichtigsten Eindrücke in einem Übersichtsblatt.

Folgende Vorgehensweise kann gewählt werden[387]:

---

[387] vgl. Thornton III, G. C., Assessment Center (1992), S. 101

Abb. 24: Beispiel einer Verhaltensklassifizierung

Praktikant: Maximilian Mustermann

Mündliche Ausdrucksflüssigkeit

+ Seine Darstellungen waren flüssig und äußerst präzise (Arbeitsgespräch).

+ Er verwendet wenig Fremdwörter und ist im Stande kurze Sätze zu bilden (Teilnahme an einem geschäftlichem Anlass).

+ Auf die Frage, wie er sich das weitere Vorgehen vorstellt, schildert er frei weg und über gut fünf Minuten, seine Ideen. Nach einem kurzen Nachfragen ist er im Stande klar und verständlich weiterzureden, auch wenn es sich um einige neue Aspekte handelt (Arbeitsgespräch).

+ Während des Telefonats ist er freundlich und zuvorkommend; er hört seinem Gegenüber zu und gibt präzise Antworten (Kundenberatung).

+ Seine Worte sind klar und deutlich (Vorstellung der Praktikumserwartungen.)

+ Er verstand es die Zuhörer zu fesseln. Sein Vortrag begann mit einer klaren Gliederung und einer kurzen Einführung in die einzelnen Problemfelder. Mit einer Pointe legte er los, so dass er vorab die Zuhörer schon einmal auf seiner Seite hatte. Sehr gekonnt waren größere Pausen und der Blickkontakt auch zu der Geschäftsführung (Einschätzung eines Mitarbeiters).

+ Gezieltes und präzises Nachfragen beeindruckt auch seine Gegenüber, die ihm daraufhin bereitwillig antworteten (Einschätzung eines Mitarbeiters).

+ Er begann mit einer klaren Gliederung seines Stoffes. Die Vorgehensweise ist äußerst flüssig und für die Anwesenden beeindruckend. Er versteht es auch seine Sprechgeschwindigkeit so zu variieren, dass hiermit auch Bedeutungen weitergegeben werden können (Durchführung von Ausbildungseinheiten).

+ Durch seine klare und flüssige Sprache kann er seine Überlegungen perfekt darstellen (Einschätzung eines Mitarbeiters).

+ Er kann seine Gedanken flüssig darlegen. Man hört ihm zu, da man gut folgen kann (Einschätzung eines Mitarbeiters).

Die vorliegenden Aufzeichnungen werden einzeln durchgesehen. Immer dann, wenn sich eine valide Verhaltensweise zur Einschätzung eines erfolgsrelevanten Merkmals findet, wird diese auf ein Blatt übertragen, das die Indikatoren zur Einschätzung dieser Eigenschaft enthält. Hinter das Verhaltensbeispiel erfolgt in einem Klammerzusatz die Aufgabenstellung, bei der das Verhalten beobachtet wurde, da dieses bei der Vorstellung des beobachteten Verhaltens bzw. bei Nachfragen in der Assessorenkonferenz interessant sein könnte.

Diese für die einzelnen Merkmale erstellten Übersichtsblätter enthalten hiernach die Beobachtungsergebnisse, die in die Assessorenkonferenz eingebracht werden.

Um die im Praktikum gewonnenen Einschätzungen vollständig zusammenzutragen, sollten hiernach die Mitarbeiter zu ihren Erfahrungen mit dem Praktikanten befragt werden. Diese Einschätzungen müssen anhand von Verhaltensbeispielen konkretisiert und in die Übersichtsblätter aufgenommen werden.

Die dann vorliegenden Verhaltensbeispiele bilden die Informationsbasis, die in die Assessorenkonferenz eingebracht werden kann.

Abbildung 24 (siehe S. 186) enthält ein Beispiel.

4.9 Erstellung der Bewährungsprognose in der Assessorenkonferenz

Nach dem die verantwortlichen Ausbilder ihre Beobachtungen und die ihrer Mitarbeiter ausgewertet und zusammengefasst haben, stellt sich die Frage, wie man die über einen Praktikanten vorliegenden Informationen zu einer Bewährungsprognose verdichtet. In Anlehnung an die Assessment Center-Praxis empfehlen wir die Durchführung einer Assessorenkonferenz, bei der die Führungskräfte ihre Beobachtungen vorstellen und zu einer von der Gruppe getragenen Prognose zusammenfassen.

Damit die Reliabilität der Einschätzungen erhöht werden kann[388], sollte eine Kombination der qualitativen und quantitativen Vorgehensweise gewählt werden[389], die in Anlehnung an Thornton/Byham[390] in vier Schritten abläuft:

1. In einem ersten Schritt werden die Führungskräfte reihum aufgefordert, ihre Beobachtungsergebnisse der Gruppe vorzustellen. Während dieser Präsentation machen sich die anderen Assessoren Notizen zu ihren Kurzberichten, um die Verhaltensbeobachtungen weitestgehend schriftlich vorliegen zu haben. Im Anschluss an diese Runde werden die Assessoren vom Moderator aufgefordert, eine Einschätzung der erfolgsrelevanten Persönlichkeitsmerkmale auf einer fünfer Skala[391] vorzunehmen. Die Einschätzungsergebnisse werden dem Moderator bekannt gegeben und von diesem mittels Flip-Chart oder Power Point der Gruppe mitgeteilt.

2. Im zweiten Schritt geht die Gruppe dann dazu über, die vorliegenden Einschätzungsergebnisse zu diskutieren[392], um auf diese Weise zu einer von der Gruppe insgesamt getragenen Einschätzung der vorgegebenen Merkmale zu gelangen.

3. Nachdem die Einschätzungen der erfolgsrelevanten Eigenschaften vorliegen, errechnet der Moderator die Differenzwerte zwischen „Gesamt" und „Soll" und bestimmt die Summe der negativen Diferenzen.

4. Um die Akzeptanz der Entscheidung zu sichern, wird im letzten Schritt das Ergebnis in der Gruppe noch einmal besprochen.

---

[388] vgl. Gliederungspunkt 3.4

[389] vgl. Gliederungspunkt 3.3.7

[390] vgl. Thornton III, G. C., Byham, W. C., Assessment Centers (1982), S. 7 ff.

[391] diese kann wie folgt verankert werden: 5 = liegt erheblich über der geforderten Norm; 4 = übersteigt die geforderte Norm; 3 = entspricht der geforderten Norm; 2 = liegt unter der geforderten Norm; 1 = liegt erheblich unter der Norm; 0 = es bestand keine Gelegenheit Verhalten zu erfassen. Vgl. Thornton III, G. C., Byham, W. C., Assessment Centers (1982), S. 220 f.

[392] der Moderator hat u. a. die Aufgabe, den Prozess so zu steuern, dass sich nicht der Dominanteste durchsetzt, sondern dass Argumente und Fakten ausgetauscht werden und dass Endlosdiskussionen vermieden werden. Vgl. Paschen, M., Weidemann, A., Turck, D., Stöwe, C., Assessment Center (2005), S. 199

In Tabelle 46 ist diese Vorgehensweise noch einmal verdeutlicht.

Tab. 46: Das Ergebnis einer Datenkombination im Praktikum

Merkmale	Assessoren			Gesamt	Soll	Differenz
	A	B	C			
Originalität	4	4	4	4	4,0	
Urteilsfähigkeit	2	2	3	3	4,0	-1,0
Sensibilität	2	3	4	3	4,5	-1,5
Selbstvertrauen	3	3	4	4	5,0	-1,0
Risikobereitschaft	3	3	4	4	4,0	
					Differenzwert	-3,5

Quelle: In Anlehnung an Thornton III, G. C., (Assessment Centers), 1992, S. 108 ff.

Dieses Verfahren wird solange wiederholt, bis für jeden Praktikanten ein von der Gruppe getragener Differenzwert vorliegt.

Danach ist die Assessorenkonferenz beendet.

4.10 Feedback an die Praktikanten und Planung der weiteren Zusammenarbeit

In der Literatur[393] findet sich die Empfehlung, dass das Assessment Center mit der Rückmeldung der in der Assessorenkonferenz erarbeiteten Einschätzungen an die Teilnehmer beendet werden soll. Für die Potenzialbeurteilung im Praktikum ist diese Rückmeldung allerdings aus folgenden Gründen nicht sinnvoll:

1. Zum einen haben die Praktikanten die Assessorenkonferenz als solche nicht wahrgenommen.

2. Zum anderen hätte die Rückmeldung von eigenschaftsbezogenen Beurteilungen keinen unmittelbaren Nutzen für die Praktikanten, da für die wichtige Aufgabe der Verhaltensänderung auch verhaltensbezogene Informationen erforderlich sind.

Viel wichtiger erscheint deshalb das Feedback der betreuenden Führungskräfte nach Beendigung der jeweiligen Ausbildungsstation[394], da das Feedback dann auf konkrete Aufgabenstellungen bezogen und mit Verhaltensbeispielen verdeutlicht werden kann.

Unumgänglich erscheint allerdings ein Feedback über die Ergebnisse der Assessorenkonferenz an diejenigen Praktikanten zu geben, die für einen Einstieg im Unternehmen gewonnen werden sollen. In einem solchen Feedbackgespräch sollte zum Ende des Praktikums durch einen Mitarbeiter der Personalabteilung ganz offen berichtet werden, dass man die während des Praktikums gemachten Beobachtungen ausgewertet hat und der anwesende Praktikant zu denjenigen gehört, die dem Anforderungsprofil des Unternehmens entsprechen. Das Gespräch sollte in Form eines Dialoges geführt werden, in dem auch der Praktikant seine Meinung über die Einschätzungsergebnisse äußern kann[395]. Danach sollte dem Praktikanten unterbreitet werden, dass man mit ihm gerne weiter zusammenarbeiten würde. An dieser Stelle sollten bereits konkrete Vorschläge unterbreitet werden, wie ein Kontakt gehalten und ein späterer Einstieg im Unternehmen erleichtert und verkürzt werden kann. Hierfür bietet sich eine Vielzahl an Möglichkeiten, von denen nur drei vorgestellt werden sollen[396]:

1. Weitere Praktika, die in den Semesterferien oder parallel zum Studium durchgeführt werden. Dieses Angebot kann solange aufrechterhalten werden, bis der erarbeitete Ausbildungsrahmenplan vollständig durchlaufen wurde.

2. Unterstützung bei der Anfertigung einer praxisorientierten Abschlussarbeit gegen Ende des Studiums. Die Unterstützung kann hier von der Suche nach einem geeigneten Thema bis hin zur fachlichen Betreuung durch Fachspezialisten aus dem eigenen Hause reichen.

---

[393] vgl. Paschen, M., Weidemann, A., Turck, D., Stöwe, C., Assessment Center (2005), S. 241 ff.
[394] vgl. Gliederungspunkt 4.3
[395] vgl. ähnlich Obermann, C., Assessment Center (2006), S. 239
[396] vgl. Moser, K., Zempel, J., Personalmarketing (2006), S. 81 ff.

3. Einladung zu informellen Veranstaltungen, um die Kontakte zu Mitarbeitern und Führungskräften aufrecht zu erhalten und die Unternehmenskultur weiter zu verinnerlichen.

Empfehlenswert ist in jedem Falle, mit dem Praktikanten Absprachen zu treffen, wie eine weitere Zusammenarbeit aussehen kann.

Sind solche Schritte vereinbart, gehören die bevorstehenden Aufgaben zu den Bereichen Kontaktpflege und Personalmarketing und sollen hier nicht weiter thematisiert werden.

Die Personalauswahl im Praktikum ist somit abgeschlossen.

5. Schlussbetrachtung

Im Rahmen der vorliegenden Arbeit wurde eine Konzeption erarbeitet, mit der Unternehmen ein betriebswirtschaftliches Praktikum zum Zwecke der Personalauswahl erweitern können.

Um das Ziel zu realisieren, wurden die Gestaltungsprinzipien und -techniken des Assessment Centers auf das betriebswirtschaftliche Praktikum übertragen. Im Mittelpunkt dieser Ausführungen stand die Erarbeitung von standardisierten Aufgabenstellungen, mit denen beobachtbare Informationen über den Ausprägungsgrad erfolgsrelevanter Persönlichkeitsmerkmale gewonnen werden können.

Um die Gültigkeit der Überlegungen zu prüfen, sind nun empirische Arbeiten über die Personalauswahl im Praktikum wünschenswert. Diese könnten in Anlehnung an die bekannte Management-Progress-Studie[397] in großen Unternehmen mit einer Vielzahl an Praktikanten durchgeführt werden. In einem solchen Fall könnten die Praktikanten ein standardisiertes Praktikum durchlaufen, in dessen Verlauf sie in ihrem Verhalten von Führungskräften beobachtet werden. Bei einer späteren Auswahlentscheidung dürfen diese Einschätzungen nicht herangezogen werden. Nach einigen Jahren der beruflichen Arbeit ließe sich die Frage nach dem beruflichen Aufstieg hinsichtlich verschiedener Kriterien, wie Beurteilung durch Vorgesetzte, erreichte Hierarchieebene u. ä. beurteilen.

Sollten sich die prognostizierten hohen Validitätswerte der Potentialbeurteilung im Praktikum bestätigen, hätte dies positive Auswirkungen für alle an der Praktikantenausbildung beteiligten Personen:

1. Die Studierenden könnten auf eine große Zahl anspruchsvoller Praktikumsplätze zugreifen, die für die Verbesserung des Praxisbezugs im Studium außerordentlich wichtig sind.

---

[397] vgl. Bray, D. W., Campbell, R. J., Grant, D. L., Formative Years (1974), S. 1 ff.

2. Die Hochschulen könnten ihrer Aufgabe der Berufsvorbereitung auf hohem Niveau nachkommen, indem für die Studierenden eine große Zahl an qualifizierten Praktikumsplätzen angeboten werden kann, und
3. die Unternehmen hätten die Möglichkeit bereits frühzeitig die besten der angehenden Hochschulabsolventen an sich zu binden, ein Anliegen, das vor dem Hintergrund des demografischen Wandels[398] wichtiger denn je zu werden scheint[399].

Es ist zu hoffen, dass alle Beteiligten den Prozess der Weiterentwicklung betrieblicher Praktika unterstützen.

---

[398] vgl. Holz, M., Da-Cruz, P., Herausforderungen (2007), S. 15 ff.
[399] vgl. Jäger, W., Talent Management (2009), S. 15 ff.

Literaturverzeichnis

Allport, G. W., (Persönlichkeit): Persönlichkeit, 1949.

Arbeitskreis Assessment Center e. V., Assessment Center-Studie 2001, <www.arbeitskreis-ac.de/start40.htm> (Zugriff am 19.08.2009).

Arnold, R., Krämer-Stürzel, A., (Arbeitspädagogik): Berufs- und Arbeitspädagogik, 2. Aufl., 1999.

Arnold, W., (Pflichtpraktikum): Das gelenkte Pflichtpraktikum der Universität Bayreuth, in: Wossidlo, P. R., (Hrsg.), Praktikumskonzepte deutscher Hochschulen, 1991, S. 45-73.

Arthur Jr., W., Day, E. A., McNelly, T. L., Edens, P. S., (Meta-Analysis): A meta-analysis of the criterion-related validity of assessment center dimensions, PP 2003, S. 125-154.

Atteslander, P., (Methoden): Methoden der empirischen Sozialforschung, 12. Aufl., 2008.

Berufsbildungsgesetz vom 23.05.2005 (BGBl. I S. 931).

Begemann, P., (Business-Knigge): Der große Business-Knigge, 2003.

Berthel, J., Becker, F. G., (Personalmanagement): Personalmanagement, 8. Aufl., 2008.

Berthel, J., Diesner, R. A., De Grave, A. J., Langosch, J., Watzka, K., (Swing-Tours): "Swing-Tours". Ein Verhaltensplanspiel zur Diagnose und zum Training von Managementqualifikationen, ZfO 1988, S. 111-127.

Binning, J. F., Barrett, G. V., (Personnel Decisions): Validity of personnel decisions: a conceptual analysis of the inferential and evidential bases, JoAP 1989, S. 478-494.

Birkham, G., (Assessment Center): Assessment Center vor Ort (on the job), in: Sarges, W., (Hrsg.), Weiterentwicklungen der Assessment Center-Methode, 2. Aufl., 2001, S. 155-173.

Brambring, M., (Eignungsdiagnostik): Spezielle Eignungsdiagnostik, in: Groffmann, K. J., Michel, L., (Hrsg.), Enzyklopädie der Psychologie; Intelligenz- und Leistungsdiagnostik, 1983, S. 414-481.

Bray, D. W., Campbell, R. J., Grant, D. L., (Formative Years): Formative years in business, 1974.

Brinkmann, R. D., (Techniken): Techniken der Personalentwicklung, 2. Aufl., 2009.

Bundesanstalt für Arbeit, (Diplom-Kaufmann): Diplom-Kaufmann/Diplom-Kauffrau, 1986.

Bundesinstitut für Berufsbildung, Tarifliche Ausbildungsvergütungen 1976 bis 2007 in Euro, <www.bibb.de/dokumente/pdf/a21_dav_entwicklung_ 2007.pdf> (Zugriff am 20.10.2008).

Bundesvereinigung der deutschen Arbeitgeberverbände, Gedanken zur Reform berufsbezogener Studiengänge, 1974.

Bungard, W., (Problematik): Zur Problematik von Reaktivitätseffekten bei der Durchführung eines Assessment Centers, in: Schuler, H., Stehle, W., (Hrsg.), Assessment Center als Methode der Personalentwicklung, 1987, S. 99-125.

Buttler, G., Fickel, N., (Statistik): Einführung in die Statistik, 2002.

Byham, W. C., (Selection): Assessor selection and training, in: Moses, J. L., Byham, W. C., (eds.), Applying the assessment center method, 1977, S. 89-126.

Cordes, W., Laßmann, G., (Wirtschaftswissenschaftler): Wirtschaftswissenschaftler aus der Retorte, ZfbF 1972, S. 701-704.

Denninger, E., (Hochschulrahmengesetz): Hochschulrahmengesetz. i. d. F. vom 26.01.1976. Kommentar, 1984.

Der Europäische Hochschulraum, Gemeinsame Erklärung der Europäischen Bildungsminister, Bologna, 19.06.1999, <www.bmbf.de/pub/bologna_ neu.pdf> (Zugriff am 31.05.2007).

Deutscher Bundestag, Entwurf eines Vierten Gesetzes zur Änderung des Hochschulrahmengesetzes, Druchsache 13/8796, 1997, S. 1-17.

Deutscher Industrie- und Handelskammertag, (Fachkräftemangel): Kluge Köpfe - vergeblich gesucht! Fachkräftemangel in der deutschen Wirtschaft, 2007.

Deutscher Industrie- und Handelskammertag, (Fachliches Können): Fachliches Können und Persönlichkeit sind gefragt, 2004.

Diekmann, A., (Sozialforschung): Empirische Sozialforschung, 2002.

Dirks, H., (Assessment Center): Assessment Center - Konzeption, Probleme, Ergebnisse, PuP 1982, S. 49-66.

Domsch, M., Jochum, I., (Geschichte): Zur Geschichte des Assessment Centers - Ursprünge und Werdegänge, in: Lattmann, C., Das Assessment Center-Verfahren der Eignungsbeurteilung. Sein Aufbau, seine Anwendung und sein Aussagegehalt, 1989, S. 1-18.

Empfehlungen der Studienreformkommission Wirtschaftswissenschaften, Veröffentlichungen zur Studienreform 29, 1985.

Fittkau, B., (Kommunikation): Kommunikation, in: Sarges, W., (Hrsg.), Management-Diagnostik, 1995, S. 382-394.

Flanagan, J. C., (Technique): The critical incident technique, PB 1954, S. 327-358.

Giese, F., (Handbuch): Handbuch der Arbeitswissenschaft, Bd. 4, 1925.

Gilkey, R., Kilts, C., (Kognitive Fitness): Verbessern Sie Ihre kognitive Fitness, HBM November 2008, S. 26-38.

Gooding, C., Zimmerer, T. W., (Gaming): The use of specific gaming in the selection, orientation and traning of managers, HRM 1980, S. 19-23.

Grochla, E., (Grundlagen): Grundlagen der organisatorischen Gestaltung, 1982.

Guilford, J. P., (Persönlichkeit): Persönlichkeit. Logik, Methodik und Ergebnisse ihrer quantitativen Erforschung, 1974.

Heller, K. A., (Kreativität): Kreativität, in: Schorr, A., (Hrsg.), Handbuch der angewandten Psychologie, 1993, S. 423-427.

Hentze, J., Kammerl, A., (Personalwirtschaftslehre 1): Personalwirtschaftslehre 1, 7. Aufl., 2001.

Hesse, J., Schrader, H. C., (Bewerbungsstrategien): Neue Bewerbungsstrategien für Führungskräfte, 2001.

HIS Hochschul-Informations-System GmbH, (Erfahrungen): Übergänge und Erfahrungen nach dem Hochschulabschluss, 2007, <www.his.de/publikation/forum/index-html?reihe_nr=F13/2007> (Zugriff am 30.07.2008).

Höft, S., Funke, U., (Verfahren der Personalauswahl): Simulationsorientierte Verfahren der Personalauswahl, in: Schuler, H., (Hrsg.), Lehrbuch der Personalpsychologie, 2. Aufl., 2006, S. 146-187.

Höft, S., Lüth, N., (Beobachtung und Bewertung): Beobachtung und Bewertung im Assessment Center: Gestaltungsmerkmale eines AC-Beobachtungssystems, in: Sünderhof, S., Stumpf, S., Höft., (Hrsg.), Assessment Center - von der Auftragsklärung bis zur Qualitätssicherung, 2005, S. 164-180.

Holling, H., Schulze, R., (Statistische Modelle): Statistische Modelle und Auswertungsverfahren, in: Schuler, H., (Hrsg.), Organisationspsychologie - Grundlagen und Personalpsychologie, 2004, S. 73-129.

Holz, M., Da-Cruz, P., (Herausforderungen): Neue Herausforderungen im Zusammenhang mit alternden Belegschaften, in: Holz, M., Da-Cruz, P., (Hrsg.), Demografischer Wandel in Unternehmen, 2007, S. 15-22.

Hunter, J. E., Hunter, R. F., (Predictors): Validity and utility of alternative predictors of job performance, PB 1984, S. 72-98.

Jäger, A. O., (Personalauslese): Personalauslese, in: Mayer, A., Herwig, B., (Hrsg.), Handbuch der Psychologie, Band 9, Betriebspsychologie, 2. Aufl., 1970, S. 613-667.

Jäger, W., (Talent Management): Talent Management ist Personalmanagement, in: Jäger, Lukasczyk, A., (Hrsg.), Talent Management, 2009, S. 15-23.

Jeserich, W., (Mitarbeiter auswählen): Mitarbeiter auswählen und fördern, 1986.

Jung, H., (Personalwirtschaft): Personalwirtschaft, 8. Aufl., 2008.

Kanning, U. P., (Soziale Kompetenzen): Soziale Kompetenzen in der Personalentwicklung, in: Kanning, U., (Hrsg.), Förderung sozialer Kompetenzen in der Personalentwicklung, 2007, S. 13-36.

Kappler, E., (Mentoren-Konzept): das "Mentoren-Konzept" der Universität Witten/Herdecke, in: Wossidlo, P. R., (Hrsg.), Praktikumskonzepte deutscher Hochschulen, 1991, S. 87-107.

Kleinmann, M., (Reaktivität): Reaktivität von Assessment-Centern, in: Schuler, H., Funke, U., (Hrsg.), Eignungsdiagnostik in Forschung und Praxis, 1991, S. 159-162.

Kleinmann, M., (Stand der Forschung): Assessment Center. Stand der Forschung - Konsequenzen für die Praxis, 1997.

Klimoski, R. J., Strickland, W. J., (Assessment Centers): Assessment centers - valid or merely prescient, PP 1977, S. 356-361.

Klotz, A., (Berufsausbildung): Berufsausbildung, in: Bröckermann, R., Müller-Vorbrüggen, M., (Hrsg.), Handbuch Personalentwicklung, 2. Aufl., 2008, S. 115-129.

Kompa, A., (Demontage): Demontage des Assessment Centers: Kritik an einem modernen personalwirtschaftlichen Verfahren, DBW 1990, S. 587-609.

Kompa, A., (Personalauswahl): Personalbeschaffung und Personalauswahl, 2. Aufl., 1989.

Kompa, A., (Assessment Center): Assessment Center, 7. Aufl., 2004.

Korman, A. K., (Managerial Performance): The prediction of managerial performance: a review, PP 1968, S. 295-322.

Latham, G. P., Saari, L. M., Purcell, E. D., Campion, M. A., (Interview): The situational interview, 1980 JoAP, S. 422-427.

Lattmann, C., (Assessment Center): Das Assessment Center-Verfahren als Mittel zur Beurteilung der Führungseignung, in: Lattmann, C., Das Assessment Center-Verfahren der Eignungsbeurteilung. Sein Aufbau, seine Anwendung und sein Aussagegehalt, 1989, S. 19-57.

Laux, H., (Entscheidungstheorie): Entscheidungstheorie, 7. Auf., 2007.

Lienert, G. A., Raatz, U., (Testanalyse): Testaufbau und Testanalyse, 5. Aufl., 1994.

Lievens, F., Thornton III, G. C., (Bestandsaufnahme): Assessment Center-Forschung und -Anwendung: eine aktuelle Bestandsaufnahme, in: Schuler, H., (Hrsg.), Assessment Center zur Potential-Analyse, 2007, S. 37-57.

Lievers, F., (Assessor Training): Assessor training strategies and their effects on accuracy, interrater reliability, and discriminant validity, JoAP 2001, S. 255-264.

Lohff, A., Preuß, A., (Vorauswahl): Web-gestützte Vorauswahl, in: Sünderhauf, K., Stumpf, S., Höft, S., (Hrsg.) Assessment Center, 2007, S. 117-135.

Lorenzo, R. V., (Assessorship): Effects of assessorship on managers' proficiency in acquiring, evaluating, and communicating information about people, PP 1984, S. 617-634.

Lück, H. E., (Organisationspsychologie): Geschichte der Organisationspsychologie, in: Schuler, H., (Hrsg.), Organisationspsychologie - Grundlagen und Personalpsychologie, 2004, S. 17-72.

Malik, F., (Führen): Führen, Leisten, Leben, 7. Aufl., 2000.

Mann, R. D., (Personality and Performance): A review of the relationshsip between personality and performance in small groups, PB 1959, S. 241-270.

Maukisch, H., (Assessment Center): Informationswert und Ökonomie der diagnostischen Prinzipien von Assessment Center Systemen zur Erfassung von Management Potential, in: Lattmann, C., Das Assessment Center-Verfahren der Eignungsbeurteilung. Sein Aufbau, seine Anwendung und sein Aussagegehalt, 1989, S. 251-289.

Maukisch, H., (Einführung): Einführung in die Eignungsdiagnostik, in: Mayer, A., (Hrsg.), Organisationspsychologie, 1978, S. 105-136.

Maukisch, H., Schmidt, P., Strunz, C. M., (Assessment Center): Selbst- und Fremdbeurteilung im Assessment Center, in: Schuler, H., (Hrsg.), Beurteilung und Förderung beruflicher Leistung, 1991, S. 147-169.

Meisel, P. G., (Mitbestimmung): Die Mitwirkung und Mitbestimmung des Betriebsrats in personellen Angelegenheiten, 3. Aufl., 1984.

Memorandum der Schmalenbach-Gesellschaft zur Durchführung eines Praktikums für Studenten der Wirtschaftswissenschaften, ZfbF 1972, S. 705-708.

Moede, W., (Lehrbuch): Lehrbuch der Psychotechnik, 1930.

Moser, K., Zempel, J., (Personalmarketing): Personalmarketing, in: Schuler, H., (Hrsg.), Lehrbuch der Personalpsychologie, 2. Aufl., 2006, S. 69-96.

Moses, J. L., (Assessment Center): The assessment center methode, in: Moses, J. L., Byham, W. C., (eds.), Applying the assessment center methode, 1977, S. 3-11.

Muchinski, P. M., (Selection): Personnel selection methods, IRoIOP 1986, S. 37-70.

Murray, H. A., (Personality): Explorations in personality, 1938.

Nagel, K., (Ausbildung): Die innerbetriebliche Ausbildung von Führungskräften in Großunternehmen, 1974.

Neidig, R. D., (Job Analysis): Reliability of determining dimensions from critical incident job analysis data, AD 1977, 4(1), 1.

Neuhaus, R., (Dokumente): Dokumente zur Gründung neuer Hochschulen 1960-66, 1968.

Obermann, C., (Assessment Center): Assessment Center, 1992.

Obermann, C., (Assessment Center): Assessment Center, 2002.

Obermann, C., (Assessment Center): Assessment Center, 2006.

Orientierungspunkte des Bundesministers für Bildung und Wissenschaft zur Hochschulausbildung, in: Der Bundesminister für Bildung und Wissenschaft, (Hrsg.), Materialien zur Studienreform, Schriftenreihe 30, 1979, S. 261-271.

Paschen, M., Weidermann, A., Turck, D., Stöwe, C., (Assessment Center): Assessment Center, 2. Aufl., 2005.

Pawlik, K., (Dimensionen): Dimensionen des Verhaltens, 3. Aufl., 1976.

Pawlik, K., (Praxisdimensionen): Modell- und Praxisdimensionen psychologischer Diagnostik, in: Pawlik, K., (Hrsg.), Diagnose der Diagnostik, 1976.

Petermann, U., (Selbstsicherheit): Selbstsicherheit, in: Schorr, A., (Hrsg.), Handbuch der angewandten Psychologie, 1993, S. 628-631.

Pervin, L. A., Cervone, D., John, O. P., (Persönlichkeitstheorien): Persönlichkeitstheorien, 5. Aufl., 2005.

Pribilla, P., Reichwald, R., Goecke, R., (Management): Telekommunikation im Management, 1996.

Prim, R., Tilmann, H., (Grundlagen): Grundlagen einer kritisch-rationalen Sozialwissenschaft, 8. Aufl., 2000.

Referenzrahmen für Bachelor-/Bakkalaureus- und Master-Studiengänge, Beschluss des Akkreditierungsrates, verabschiedet im Rahmen der 18. Sitzung am 20.06.2001, <www.akkreditierungsrat.de/beschluesse.htm> (Zugriff am 31.05.2006).

Reilly R. R., Chao, G. T., (Selection): Validity and fairness of some alternative employee selection procedures, PP 1982, S. 1-62.

Robertson, I. T., Iles, P. A., (Selection): Aproaches to managerial selection, IRoIOP 1988, S. 159-211.

Rüttinger, B., Klein-Moddenborg, V., (Weiterbildung); Aus-, Fort- und Weiterbildung, in: Roth, E., (Hrsg.), Organisationspsychologie, 1989.

Sackett, P. R., Dreher, G. F., (Empirical Findings): Constructs an assessment center dimensions: some troubling empirical findings, JoAP 1982, S. 401-410.

Sarges, W., (Weiterentwicklungen): Weiterentwicklungen der Assessment Center-Methode, 2. Aufl., 2001.

Sarges, W., Wottawa, H., (Testverfahren): Handbuch wirtschaftspsychologischer Testverfahren, 2. Aufl., 2004.

Sawyer, J., (Measurement and Prediction): Measurement and prediction, clinical and statistical, PB 1966, S. 178-200.

Scheller, R., Filipp, S. H., (Selbstkonzept): Selbstkonzept - Berufskonzept, in, Sarges, W., Management-Diagnostik, 1995, S. 288-295.

Scheurer, A., (Repräsentationsaufgaben): Repräsentationsaufgaben von Führungskräften, 2001.

Schmalenbach, E., (Kunstlehre): Die Privatwirtschaftslehre als Kunstlehre, ZfhF 1911/12, S. 304-312.

Schmidt, F. L., Ones, D. S., Hunter, J. E., (Selection): Personnel selection, ARoP 1992, S. 627-670.

Schmidt, F. L., Hunter, J. E., (Selection Methods): The validity and utility of selection methods in personnel psychology: Practical and theoretical implications of 85 years of research findings, PB 1998, S. 262-274.

Schmidt, J. U., (Prüfungsmethoden): Prüfungsmethoden in der beruflichen Aus- und Weiterbildung, 2005.

Schmitt, N., Gooding, R. Z., Noe, R. A., Kirsch, M., (Validity Studies): Metaanalyses of validity studies published between 1964 and 1982 and the investigation of study characteristics, PP 1984, S. 407-422.

Schnitker, P., Glaser, W., Hamer, E., (Unternehmerausbildung): Unternehmerausbildung für den Mittelstand, 1983.

Schönfeld, H.-M., (Führungsausbildung): Die Führungsausbildung im betrieblichen Funktionsgefüge, 1967.

Scholz, G., (Konstruktvalidität und Dynamisierung): Das Assessment Center: Konstruktvalidität und Dynamisierung, 1994.

Schuler, H., (Assessment Center): Assessment Center als Auswahl- und Entwicklungsinstrument: Einleitung und Überblick, in: Schuler, H., Stehle, W., (Hrsg.), Assessment Center als Methode der Personalentwicklung, 1987, S. 1-35.

Schuler, H., (Leistungsbeurteilung): Leistungsbeurteilung in Organisationen, in: Mayer, A., (Hrsg.), Organisationspsychologie, 1978, S. 137-169.

Schuler, H., (Potentialanalyse): Assessment Center als multiples Verfahren zur Potentialanalyse: Einleitung und Überblick, in: Schuler, H., (Hrsg.), Assessment Center zur Potentialanalyse, 2007, S. 1-36.

Schuler, H., Funke, U., (Berufseignungsdiagnostik): Berufseignungsdiagnostik, in: Roth, E., (Hrsg.), Organisationspsychologie, 1989, S. 281-320.

Schuler, H., Funke, U., (Eignung): Diagnose beruflicher Eignung und Leistung, in: Schuler, H., (Hrsg.), Lehrbuch der Organisationspsychologie, 1993, S. 235-283.

Schuler, H., Höft, S., (Berufseignungsdiagnostik): Berufseignungsdiagnostik und Personalauswahl, in: Schuler, H., (Hrsg.), Organisationspsychologie - Grundlagen und Personalpsychologie, 2004, S. 439-532.

Schuler, H., Becker, K., Diemond, A., (Potentialanalysen): Potentialanalysen als Grundlage von Personalentscheidungen in einer Dienstleistungsorganisation, in: Schuler, H., (Hrsg.), Assessment Center zur Potentialanalyse, 2007, S. 297-312.

Sechstes Gesetz zur Änderung des Hochschulrahmengesetzes vom 08.08.2002, Bundesgesetzblatt, Jahrgang 2002 Teil I Nr. 57, ausgegeben zu Bonn am 14.08.2002.

Silvermann, W. H., Dalessio, A., Woods, S. B., Johnson, R. L. Jr., (Assessors Ratings): Influence of assessment center methods on assessors ratings, PP 1986, S. 565-578.

Smith, M., George, D., (Selection): Selection methods, IRoIOP 1992, S. 55-97.

Sowarka, B. H., (Soziale Intelligenz): Soziale Intelligenz und soziale Kompetenz, in: Sarges, W., (Hrsg.), Management-Diagnostik, 1995, S. 365-382.

Steiger, B. L.-M., (Studienreform): Zur Entwicklung der überregionalen Bemühungen um die Studienreform seit dem zweiten Weltkrieg, in: Der Bundesminister für Bildung und Wissenschaft, (Hrsg.), Materialien zur Studienreform, Schriftenreihe 30, 1979, S. 157-173.

Stewart, A., Stewart, V., (Managers): Tomorrow's managers today, 1981.

Stogdill, R. M., (Leadership): Personal factors associated with leadership: a survey of the literatur, JoP 1948, S. 35-71.

Sünderhauf, K., (Training der Rollenspielpartner): Das Training der Rollenspielpartner im Assessment Center, in: Sünderhauf, K., Stumpf, S., Höft., (Hrsg.), Assessment Center - von der Auftragsklärung bis zur Qualitätssicherung, 2005, S. 155-162.

Szyperski, N., Winand, U., (Entscheidungstheorie): Entscheidungstheorie, 1974.

Thorndike, E. L., (Intelligence): Intelligence and its use, HM 1920, S. 227-235.

Thornton III, G. C., (Assessment Centers): Assessment centers in human resource managment, 1992.

Thornton III, G. C., Byham, W. C., (Assessment Centers): Assessment centers and managerial performance, 1982.

Thornton III, G. C., Mueller-Hanson, R., (Simulations): Developing organizational simulations, 2004.

Thornton III, G. C., Gaugler, B. B., Rosenthal, D. B., Bentson, C., (Validität): Die prädiktive Validität des Assessment Centers - Eine Metaanalyse, in: Schuler, H., Stehle, W., (Hrsg.), Assessment Center als Methode der Personalentwicklung, 1987, S. 36-60.

Ulmer, P., Jablonka, P., (Ausbilder-Eignungsverordnung): Die Aussetzung der Ausbilder-Eignungsverordnung (AEVO) und ihre Wirkungen, 2008.

Verordnung über die Berufsausbildung zum Industriekaufmann/zur Industriekauffrau vom 23.07.2002, BGBl. I S. 2764.

Verfürth, C., (Einarbeitung): Einarbeitung, Integration und Anlernen neuer Mitarbeiter, in: Bröckermann, R., Müller-Vorbrüggen, M., (Hrsg.), Handbuch Personalentwicklung, 2. Aufl., 2008, S. 131-150.

Weuster, A., (Personalauswahl): Personalauswahl, 2004.

Wex, P., (Bachelor): Bachelor und Master, 2005.

Weyermann, M., Schönitz, H., (Privatwirtschaftslehre): Grundlagen und Systematik einer wissenschaftlichen Privatwirtschaftslehre und ihre Pflege an Universitäten und Fachhochschulen, 1912.

Wissenschaftsrat, Entwicklung der Fachstudiendauer an Universitäten von 1999 - 2003, <wissenschaftsrat.de/texte/6825-05.pdf> (Zugriff am 14.10.2008).

Wöhe, G., Döring, U., (Einführung): Einführung in die Allgemeine Betriebswirtschaftslehre, 23. Aufl., 2008.

Woehr, D. J., Arthur Jr., W., (Assessment Center Ratings): The construct-related validity of assessment center ratings: A review and meta-analysis of the role of methodological factors, JoM 2002, S. 231-238.

Wossidlo, P. R., Schamel, E., Arnold, W., Winkelmann, P., (Sicht der Studierenden): Die Ergebnisse empirischer Analysen zum Praktikum aus Sicht der Studierenden, in: Wossidlo, P. R., (Hrsg.), Praktikumskonzepte deutscher Hochschulen, 1991, S. 115-143.

Anhang

Praktikumsvertrag Leuphana Universität Lüneburg

Sachliche und zeitliche Gliederung des betriebswirtschaftlichen Praktikums

Praktikumsvertrag Leuphana Universität Lüneburg

Prüfungsamt –
Scharnhorststraße 1, 21335 Lüneburg

Praktikumsvertrag

zwischen

_____
Firma - Behörde – Institution
_____
Anschrift
_____
Tel.:

Ausbildungsbetreuer/in der Praktikumsstelle

_____
Name, Vorname Tel.:

nachfolgend **Praktikumsstelle** genannt

und

der/dem Studierenden im Studiengang B.A. Betriebswirtschaftslehre an der Leuphana Universität Lüneburg

_____
Name, Vorname, Geburtsort und –datum
_____
Matrikel-Nr.

nachfolgend **Praktikant/in** genannt

wird in der Zeit von _____ bis _____

folgender

Praktikumsvertrag

geschlossen.

§ 1
Allgemeines

Das Absolvieren des Pflichtpraktikums ist in den Fachspezifischen Anlagen zur „Rahmenprüfungsordnung der Universität Lüneburg für die Bacherlor- und Masterstudiengänge" für den Studiengang B.A. Betriebswirtschaftslehre (Business Administration) geregelt. Die Präsenz in der Praktikumsstelle beträgt mindestens zehn Wochen.

§ 2
Pflichten der Vertragspartner

(1) Die/Der **Praktikant/in** verpflichtet sich, sich den Zielsetzungen des Praktikums entsprechend zu verhalten, insbesondere
a) die im Rahmen des Praktikums erteilten Aufgaben sorgfältig auszuführen und den Anweisungen der Praxisstelle nachzukommen,
b) die gesetzlichen Vorschriften und geltenden Ordnungen, insbesondere Arbeitsordnungen, Unfallverhütungsvorschriften sowie Vorschriften über die Schweigepflicht und den Datenschutz zu beachten,
c) der Praktikumsstelle die im Rahmen der praktischen Tätigkeit gewonnenen Arbeitsergebnisse zur Verfügung zu stellen,
d) den Praktikumsbericht oder das Exposé zur Bachelorarbeit innerhalb von acht Wochen nach Beendigung des Praktikums zu erstellen und dem Prüfungsamt vorzulegen,
e) bei Fernbleiben die Praxisstelle unverzüglich zu benachrichtigen und bei Arbeitsunfähigkeit infolge einer Krankheit spätestens am dritten Tag eine ärztliche Bescheinigung vorzulegen, bei einer Fehlzeit von mehr als einer Woche die Universität zu benachrichtigen,
f) sich zum Studium im Praktikum zurückzumelden.

(2) Die **Praktikumsstelle** verpflichtet sich,
a) die/den Praktikant/in gemäß dem Praxisplan einzusetzen und zu betreuen,
b) die erforderlichen Daten zur Verfügung zu stellen,
c) der/dem Praktikant/in zu ermöglichen, etwaige Fehlzeiten nachzuholen,
d) die/den Praktikant/in für die praxisbegleitenden Lehrveranstaltungen und für Prüfungen freizustellen,
e) der Leuphana Universität Lüneburg die Betreuung der/des Praktikant/in in der Praxisstelle zu ermöglichen,
f) den von der/dem Praktikant/in zu erstellenden Praxisbericht oder das Exposé zur Bachelorarbeit gegenzuzeichnen,
g) der/dem Praktikant/in über die absolvierte praktische Tätigkeit eine Bescheinigung und auf Wunsch ein qualifiziertes Zeugnis auszuhändigen.

(3) Die Leuphana Universität Lüneburg verpflichtet sich, die organisatorische und fachliche Betreuung des Studiums im Praktikum gemäß der geltenden Ordnung sicherzustellen.

§ 3
Organisatorische und fachliche Betreuung

Der/Die von der Praxisstelle benannte Ausbildungsbetreuer/in für die fachliche Betreuung ist Ansprechpartner/in für die/den Praktikant/in und die/den fachlich betreuende/n Professor/in in allen fachinhaltlichen Fragen und zugleich Gesprächspartner/in in allen Fragen, die dieses Vertragsverhältnis berühren.

§ 4
Vergütung

Zwischen der Praxisstelle und der/dem Praktikant/in wird folgende Aufwandsentschädigung vereinbart:

EUR _____.

Der/dem Praktikant/in unterrichtet hierüber gegebenenfalls seinen Förderungsträger.

§ 5
Urlaub

Während der Vertragsdauer besteht kein Anspruch auf Erholungsurlaub.

§ 6
Versicherungsschutz

(1) Durch die Rückmeldung gilt weiterhin der Status einer/eines Studierenden.

(2) Die/Der Praktikant/in ist während des Praktikums kraft Gesetzes im Inland gegen Unfall versichert (§ 2 Abs. 1 Nr. 8 c SGB VII). Im Versicherungsfalle erstellt die Praxisstelle die Unfallanzeige, leitet diese an die zuständige Berufsgenossenschaft weiter und informiert die Leuphana Universität Lüneburg.

(3) Auf Verlangen der Praxisstelle hat die/der Praktikant/in eine der Dauer und dem Inhalt des Vertrages angepasste Haftpflichtversicherung abzuschließen, soweit das Haftpflichtrisiko nicht bereits durch eine von der Praxisstelle abgeschlossene Gruppenversicherung abgedeckt ist.

§ 7
Kündigung des Vertrages

Eine Kündigung des Praktikums durch die/den Praktikant/in ist nur mit Zustimmung der Leuphana Universität Lüneburg wirksam.

§ 8
Geheimhaltung

Der/die Studierende ist über alle im Rahmen der Tätigkeit zur Kenntnis gelangten Betriebsinterna der Praxisstelle Dritten gegenüber Stillschweigen vereinbart. Diese Verpflichtung bindet auch die Leuphana Universität und gilt über die Beendigung des Vertragsverhältnisses hinaus. Wird im Praktikum eine schriftliche Arbeit erstellt (Praktikumsbericht, Bachelorarbeit), so darf eine Veröffentlichung oder öffentliche Ausstellung nur mit Zustimmung der Praxisstelle erfolgen.

Praxisstelle	Studierende/r

Ort, Datum	Ort, Datum

Leuphana Universität Lüneburg Prüfungsamt Im Auftrag	Lüneburg, den

Sachliche und zeitliche Gliederung des betriebswirtschaftlichen Praktikums

Praktikumsbetrieb: ....

Praktikumsbetreuer: ....

Praktikant: ....

Praktikumszeitraum: ....

In den folgenden Seiten ist die sachliche und zeitliche Gliederung der zu vermittelnden Fertigkeiten und Kenntnisse laut Absprache zwischen dem Praktikumsbetreuer und dem Praktikanten enthalten.

Der zeitliche Anteil des vereinbarten Urlaubsanspruches ist in dem Ausbildungszeitraum enthalten.

Änderungen des Zeitumfanges und des Zeitablaufes aus betrieblich oder universitär bedingten Gründen oder aus Gründen in der Person des Praktikanten bleiben vorbehalten.

Praktikant: .... Praktikumsbetreuer: ....
      Unterschrift   Unterschrift

....
      Datum   Firmenstempel/Unterschrift

Die Ausbildungsinhalte „Der Ausbildungsbetrieb", „Geschäftsprozesse und Märkte", „Information, Kommunikation, Arbeitsorganisation" und „Integrative Unternehmensprozesse" sollten während der gesamten Praktikumszeit vermittelt werden.
Fachaufgaben im Einsatzgebiet sind von Studenten höherer Semester zu bearbeiten.

ja/nein	Praktikumsinhalt	Wochen	Bemerkungen
	Der Ausbildungsbetrieb	fortlaufend	
☐ ☐	Stellung, Rechtsform und Struktur		
☐ ☐	Berufsbildung		
☐ ☐	Sicherheit und Gesundheitsschutz bei der Arbeit		
☐ ☐	Umweltschutz		
	Geschäftsprozesse und Märkte	fortlaufend	
☐ ☐	Märkte, Kunden, Produkte und Dienstleistungen		
☐ ☐	Geschäftsprozesse und organisatorische Strukturen		
	Information, Kommunikation, Arbeitsorganisation	fortlaufend	
☐ ☐	Informationsbeschaffung und -verarbeitung		
☐ ☐	Informations- und Kommunikationssysteme		
☐ ☐	Planung und Organisation		
☐ ☐	Teamarbeit, Kommunikation und Präsentation		
☐ ☐	Anwendung einer Fremdsprache bei Fachaufgaben		
	Integrative Unternehmensprozesse	fortlaufend	
☐ ☐	Logistik		
☐ ☐	Qualität und Innovation		
☐ ☐	Finanzierung		
☐ ☐	Controlling		

ja/nein	Praktikumsinhalt	Wochen	Bemerkungen
	Marketing und Absatz		
☐☐	Auftragsanbahnung und -vorbereitung		
☐☐	Auftragsbearbeitung		
☐☐	Auftragsnachbereitung und Service		
	Beschaffung und Bevorratung		
☐☐	Bedarfsermittlung und Disposition		
☐☐	Bestelldurchführung		
☐☐	Vorratshaltung und Beständeverwaltung		
	Personal		
☐☐	Rahmenbedingungen, Personalplanung		
☐☐	Personaldienstleistungen		
☐☐	Personalentwicklung		
	Leistungserstellung		
☐☐	Produkte und Dienstleistungen		
☐☐	Prozessunterstützung		
	Leistungsabrechnung		
☐☐	Buchhaltungsvorgänge		
☐☐	Kosten- und Leistungsrechnung		
☐☐	Erfolgsrechnung und Abschluss		
	Fachaufgaben im Einsatzgebiet		
☐☐	Einsatzgebietsspezifische Lösungen		
☐☐	Koordination einsatzspezifischer Aufgaben und Prozesse		

LEBENSLAUF

Name: Ewald Schamel

Geboren: 26.07.1960 in Glashütten

Nationalität: Deutsch

1966 - 1973	Volksschule Mistelbach
1973 - 1976	Wirtschaftsschule Bayreuth: Mittlere Reife
1976 - 1979	Fachoberschule Bayreuth: Fachhochschulreife
1979 - 1981	Fachhochschule Coburg, Studium der Betriebswirtschaftslehre: Vorprüfung
1981 - 1987	Universität Bayreuth, Studium der Betriebswirtschaftslehre: Diplom-Kaufmann
1987 - 1995	Universität Bayreuth: Leiter Praktikanten-Service
1995 - 1998	Universität Bayreuth: Dissertationsprojekt
1998 - 1999	Institut für Strukturpolitik und Wirtschaftsförderung Halle-Leipzig: Wissenschaftlicher Mitarbeiter/Büroleiter München
1999 - 2001	IHK Nürnberg für Mittelfranken: Referent Medienberufe
2002 - 2006	IHK Darmstadt Rhein-Main-Neckar: Teamleiter Prüfungen
2007 - 2009	IHK Schwarzwald-Baar-Heuberg: Geschäftsbereichsleiter Berufliche Aus- und Weiterbildung
2009	Stiftung Bildung und Handwerk: Leiter Technologie- und Berufsbildungszentrum Paderborn